基于课堂的第二语言习得研究

袁芳远 / 著

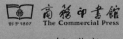

商务印书馆
The Commercial Press

2016年·北京

图书在版编目(CIP)数据

基于课堂的第二语言习得研究 / 袁芳远著. —北京：
商务印书馆，2016
ISBN 978-7-100-12103-3

Ⅰ.①基… Ⅱ.①袁… Ⅲ.①第二语言－语言学
习－研究 Ⅳ.① H003

中国版本图书馆 CIP 数据核字（2016）第 056605 号

基于课堂的第二语言习得研究
袁芳远 著

商 务 印 书 馆 出 版
（北京王府井大街 36 号 邮政编码 100710）
商 务 印 书 馆 发 行
北 京 冠 中 印 刷 厂 印 刷
ISBN 978-7-100-12103-3

2016 年 5 月第 1 版 开本 880×1230 1/32
2016 年 5 月北京第 1 次印刷 印张 10 3/8

定价：30.00 元

目录

Table of Contents

开篇

第二语言习得研究是一门年轻的交叉学科。在过去几十年的时间里，研究者基于不同的学科角度，推出并验证着一系列理论假说和框架模型，试图从不同层面解读第二语言学习/习得这一复杂的人类行为。正因如此，人们对第二语言习得研究有着不同的分类方式，例如根据理论框架分类，根据语言技巧分类等；其中一种是按照学习者学习或习得目的语的环境或地点分类。这种分类把第二语言学习者大致归为两类：自然环境学习者和学校课堂学习者。两类学习者的学习/习得过程有不少相通之处，但相异之处也很显著。对于自然环境学习者而言，目的语是日常生活的交际工具，语言的使用亦即他们学习或习得目的语的过程，习得是在一种有意无意的状态下进行。而对课堂学习者而言，目的语跟学校其他科目一样，是学习的目标，特别是在传统的外语课堂上，教师有的放矢、循序渐进地教授语法、语音、词汇，学生目标明确地学习、练习、应用。

课堂学习者又可分为两大类：二语课堂学习者和外语课堂学习者。前者是指学习大环境所用的交际语言是目的语，比如在北京学习中文，而后者的大环境所用的交际语言不是目的语，比如在美国学习汉语。前者可以天天在课堂以外使用目的语，课内的交际语言也通常是目的语，特别是在学生母语背景不一的课堂上。由于有课堂以外的即时需要，这类学习者学习动力一般较高。外语课堂学习者没有这类先天条件，课堂以外听目的语、用目的语的机会几乎为零，机会一般只限于课堂，其学习目的和学习动力因人而异。目前，不少国家在一些学校设立了浸染式外语课堂，也即把二语课堂学习者的优势整合进外语学习者的环境中，用目的语教授其他科目，比如美国的"中文旗舰领航项目"，学生不仅在外语语言课堂上学习中文，其他专业科目也用中文授课，让学生尽可能浸染在汉语环境中。其他类型的第二语言课堂还有内容型课堂（如商业汉语、医学汉语）、远程教学等。无须赘言，不同课堂由于教师、学生、学习目的、学期长短、所处大语言环境等诸多变数而大相径庭，因此被Long（1980）称为"黑匣子"。但课堂上对所学语言特定的输入方式（教师、教材）、交际对象（教师、学生）、互动过程（师生、生生）、对语言形式的高度关注、语言实际交际功能性大大减弱等特质，似乎又有一定的规律可循，而针对这些规律的探寻以及它们对二语学习进程影响的研究正是基于第二语言课堂研究关注的主线，回答着二语课堂如何才能更有效运作这一基本命题。本书将围绕这一基本命题展开讨论。

从历史角度看，在第二语言习得研究成为一门独立学科的几十年时间里，研究者关注的中心是语言输入、输出、互动对学习者中介语发展的影响，从不同理论视角（如认知学、语言学、社会文化学）加以阐释。多年来，尽管众多的研究者到二语课堂收集资料，探究二语课堂方方面面与习得之间的关系，但很多人的目的是解释二语习得进程的普遍现象和基本规律，对自然环境学习者和课堂学习者并未特意加以区分。还有不少研究者把二语课堂研究与教学法讨论等同起来。把课堂研究独立出来，作为二语习得研究的分支，可以说是近几年的事（Hinkel, 2005）。令人欣慰的是，近年间，业界出版了几本颇具影响力的专著，如 Ellis（2012）的 *Language Teaching Research and Language Pedagogy*（语言教学研究与教学）、Nunan & Bailey（2009）的 *Exploring Second Language Classroom Research*（第二语言课堂研究探索）以及 Loewen（2014）的 *Introduction to Instructed Second*

Language Acquisition（教学环境中的第二语言习得）等。不少业界百科类著作也都把课堂研究当成一个研究分支加以分析、总结、阐述（Ellis，2009；Nunan，2005）。

基于课堂的第二语言习得研究与整体二语习得研究及课堂教学实践密切相关。如前所述，众多的研究者把课堂当成探讨二语学习者学习过程及习得过程的理想研究场所，其研究发现不但对整个领域大有裨益，也有助于我们了解二语课堂与习得之间的关系。基于此，本书各章节会对相关研究加以总结。尽管很多在二语课堂实施的研究其初始目的不是为一线教师提供具体的教学建议，但研究者通过剥离、分析课堂方方面面对学习者中介语发展的正、负面影响，从宏观层面和理论层面对"教什么"和"怎么教"等教学实践具体命题提出了很多有效的建议。另外，一些二语课堂研究者本身就是课堂教师，他们在自己的教学实践中就发现的问题进行实证研究，再上升到理论层面进行讨论，研究结果与课堂教学息息相关，一些可直接应用到实践当中。一言以蔽之，课堂二语习得研究搭建了一个把理论研究和课堂实践相结合的平台，发展此类研究具有较高的理论意义和实践意义。

汉语学习者绝大部分是课堂学习者，课堂习得研究对汉语第二语言习得研究以及课堂教学的重要意义不言而喻。中国三十余年来经济改革的成功，大大提高了中国的国际地位，学习汉语成为席卷全球的热潮，海内外建立了数目众多的汉语教师培训班以及汉语作为第二语言的硕士、博士项目，如何更深入地了解汉语二语习得进程，怎样更有效地实施课堂教学，如何根据汉语本体特点及习得理论编写针对性更强的教材，如何更有效地进行在职和未来教师培训等，均是汉语二语研究界特别关注的话题。但据笔者不完全观察，与国际二语习得界相比，真正意义上的汉语二语课堂研究数量很少，理论阐述、研究范围、资料收集、研究方法等都存有不尽人意之处。

另外，不少业内人士把课堂研究与教学法讨论等同起来，近年发表的一些研究综述文章也未把课堂习得研究成果进行单独讨论，对国际第二语言习得界相关理论和实证研究的介绍也凤毛麟角，致使这一分支的研究基本呈空白状态。

本书的写作旨为填补这一空白做一铺垫工作。我是一名第二语言习得研究者，也是一名教材编写者和一线语言教师，对第二语言课堂研究的兴趣源于我的博士导师Rod Ellis教授。我20世纪末有幸赴美师从二语习得领域权威Rod Ellis教授，在他的指导下，阅读了大量与二语课堂教与学有关的文章，并进行了一系列相关实证研究，博士论文的资料是回到中国收集的，由此对国内的语言课堂有了与此前不同的解读。2001年获得博士学位后，先后在Temple 大学、宾夕法尼亚大学、新泽西州立大学、明德暑期学校、美国海军学院教授汉语、中国文化和第二语言习得课程，并一直从事第二语言课堂习得研究，特别是汉语课堂任务教学法和语言形式教学法研究，并发表相关研究成果。本书可以说是对我过去十年研究的总结和延伸。

本书作为商务印书馆"语言学及应用语言学研究生系列教材"之一，将从理论框架、实证研究、教学实践等角度分析评介国际第二语言习得界过去几十年来对课堂研究的成果，探讨不同教学方式、课堂环境和任务条件对基于课堂的语言教与学诸多方面的影响，其中包括课堂语篇、师生/生生互动、纠错反馈、任务教学、语言形式教学、个体差异等，并在可能情况下结合汉语第二语言课堂的已有研究成果进行讨论，以促进海内外学者对相关课题的关注，为汉语教学实践提供一些理论支持和实践指导。初衷尽管如此，本人也竭尽所能，但因功力、视角、资料来源有限，错误疏漏定有不少，望同行不吝指正。

除开篇和结篇外，本书共分七章：

开篇主要交代写作缘起，介绍全书架构。

第一章对第二语言课堂习得研究做全面介绍，旨在为读者更有效地阅读本书做理论框架和研究方法的铺垫。首先明确课堂二语习得研究这一领域的基本定义，以限定本书的探讨范围。之后将简要介绍第二语言课堂教学的历史变迁，二语课堂习得研究历史，解读二语课堂的两大理论框架及用于二语课堂研究的主要研究方法。章末将对汉语课堂二语习得研究进行简要回顾。

第二章到第七章从不同角度综述国际习得领域对二语课堂的研究。第二章重点讨论第二语言课堂语篇的特点，即早期研究者对当时称之为"黑匣子"的二语课堂的探索，包括Flanders（1970）的"互动分析类别表"、IRF三段式课堂话题链、二语课堂教师和学生的行为特点和语言特点。并提供三个有关美国汉语教学的案例，供读者讨论思考。

第三章从互动假说理论和社会文化理论的角度探讨课堂师生互动、生生互动与语言输入、语义交际以及语言习得方面的关系。第四章综述课堂任务研究的理论发展，任务实施变量对语言流利度、复杂度、准确度的影响，以及不同种类的课堂任务与语言产出的关系等。最后对反对任务教学的声音做简要总结。

第五章和第六章讨论二语研究领域对课堂语言形式教学的研究。第五章首先讨论与课堂语言形式教学有关的一些基本理论问题，然后讨论不同语言形式教学对教学效果及二语习得短期和长期的影响，最后重点总结课堂语音、词汇、语用教学研究。第六章围绕二语课堂纠错反馈这一话题总结业界对这一课堂现象的研究发现和不同阐释，特别是对重述纠错这一课堂使用最多的纠错方式的激烈争论。

第七章是从学习者个体差异的角度对课堂教学与二语习得关系研究的总结，包括学习动机、语言天赋、学习焦虑感、学习策略等，在某种程度上解读了为什么在同样的教学环境下学习效果有好有坏，为什么同样的学习者在不同的环境下学习效果不一的困惑。

结篇就贯穿各章的重点问题做概括性总结，并对汉语课堂二语研究做综述总结。

各章以导读开篇，为读者提供该章相关背景知识、内容介绍和框架结构，希望读者带着问题进行思考性、互动性阅读。各章以内容总结、思考题及阅读推荐结篇，目的是帮助读者更好地掌握和理解该章内容，并希望读者能够理论联系实际，根据各章讨论内容对自身教学环境或研究方向进行深层思考并付诸行动，在力所能及的情况下进行小范围的课堂研究，有兴趣的读者还可根据推荐书目进行深度阅读，为今后研究做理论层面和方法论方面的准备。

本书目标读者为相关研究人员、第二语言专业学生、第二语言课堂教师及对第二语言课堂有兴趣的读者。

第一章
第二语言课堂习得研究概说

本章导读

第一章是对第二语言课堂习得研究的历史、理论框架、主要研究方向和研究工具做纵横两方面的介绍，首先对第二语言课堂习得研究这一领域做基本定义，以限定本书的探讨范围，然后简要介绍第二语言课堂教学的历史变迁。在此基础上对二语课堂习得研究做历史性回顾，然后简要介绍解读二语课堂的两大理论框架以及用于二语课堂研究的主要研究方法，最后对汉语课堂二语习得研究做简要回顾。

第一节　第二语言课堂习得研究的基本定义

根据Nunan（2005：226）的定义，第二语言课堂研究是系统"探究第二语言学习过程是如何在课堂教学影响下改变的"方方面面，具体而言是指"不同教学管理、不同课堂活动、不同方式的语言输入如何促进第二语言发展的"实证研究。第二语言课堂习得研究的关键词是"第二语言""课堂""习得"和"研究"，下面分别对这些关键词做基本定义及简要介绍。

一、第二语言

在二语习得领域里第二语言约定俗成地泛指母语之外的所有语言，包括在目的语环境下学习的非母语语言（如华人在美国学习英语），在非目的语环境下学习的非母语语言（如美国学生在美国学习汉语），父母家人在家使用的语言但不是生活大环境的交际语言（如美国华人子女在美国学习汉语），也包括人们的第三、第四语言。其基本理念是人们在儿童期之后无论在哪种环境下学习另一种语言，认知过程基本上是相同的（Loewen，2014）。为了避免歧义，现在也有很多学者把"第二语言"称为"另一种语言"（another language）。因此本书所说的"第二语言"学习包含在外语环境里和在目的语环境里的语言学习，但在讨论具体研究案例时，会说明研究实施的语言大环境和课堂具体环境，毕竟在目的语环境中学习第二语言和在非目的语环境中学习外语有诸多相异之处，常规的二语课堂与浸染式课堂、内容型课堂、远程课堂也有很多不同。

二、课堂

传统意义上的"二语课堂"是在一个宽敞的房间里老师教、学生学的情景。但随着现代科技的快速发展，"二语课堂"一词被赋予更多的含义，比如网络虚拟教室、远程教学、异时异地教学、Skype一对一辅导都可算"二语课堂"的延伸。本书主要讨论传统意义上的二语课堂，但也会涉及在浸染式课堂、内容型课堂、远程课堂上进行的相关研究。

三、习得

对于"习得"一词，不同研究者有不同的定义。Krashen（1981）认为"习得"（acquisition）和"学得"（learning）有本质的不同，"学得"是一种有意识的人类活动，而"习得"是下意识的、不知不觉的，是人们在所学语言的环境里获得该语言能力的过程和结果。Krashen认为，教师在课堂上应该把重点放到如何使学习者"习得"目的语上，努力创造一个自然真实的语言环境。但很多研究者对Krashen把"学得"和"习得"截然分开的观点持有不同看法。比如McLaughlin（1987）认为，在"有意识"和"下意识"之间找出一个分水岭实际很难做到，"下意识"的习得往往带有对某些语言点"有意识"的理解。Ellis（1994，2009）明确提出，我们应模糊"习得"和"学得"之间的界限，两词可以互换使用。而中介语理论（Selinker，1972）明确告诉我们，习得既是过程又是结果，处于一种流动发展的状态。

　　对于到什么程度才可以说学习者习得了某个语言点，人们也有不同的看法。有学者认为，当某一语言现象第一次出现在学习者的实际使用中就算习得；但也有学者认为，同一语言现象在实际使用中达到90%的准确率以上才可以称作对该语言点的"习得"。Ellis（2005：27—28）总结说，所谓"习得"是指学习者目的语知识系统发生变化的过程。变化的表现可以从以下几个方面甄别：（1）学习者使用了过去没有用过的语言形式；（2）过去使用过的语言形式准确率提高；（3）过去使用过的语言形式在新的语境下使用，或使用了该语言形式其他的语用功能；（4）使用时速度加快。由此可见，Ellis的定义用"发展"一词似乎更加准确，更何况对于大多数成年二语学习者而言，学习多年之后依然与母语说话人的水平相差甚远，永远处在"发展"阶段。因此，很多人现在把语言"发展"与"习得"视为同义词，只不过前者更强调过程，后者更强调结果（Loewen，2014）。

四、研究

　　对于关键词"研究"的定义，我们姑且以Nunan（2009：16）的定义为基准。"研究"是系统的探索过程，主要由三部分组成：（1）问题、难点或理论假设；（2）数据或资料（必须以数据或资料

为基础）；（3）分析和解释。研究过程应符合"效度"（validity）和
"信度"（reliability）的标准，经得起发表之后公众的检验。具体而
言，以课堂为基础的第二语言习得研究是研究者提出与二语课堂教学
直接相关的问题或假设，根据所提问题或假设有的放矢地收集数据或
资料，研究工具及研究过程应符合科学性标准，要对收集的数据和资
料做出科学分析和理论解释。据此，本书只讨论与二语课堂直接相关
的并符合上述三项标准的研究。换言之，语言形式习得顺序研究、语
言技巧及语用功能习得发展规律的研究、语言本体研究、语言政策研
究、思辨性讨论均不在本书的讨论范围之内。教学心得体会、教学法
指导等因不属研究范畴，故也不在讨论之列。

第二语言课堂习得研究可分为在真实课堂实施的研究和以课堂
教学为导向（classroom-oriented）的在实验室条件下进行的研究。对
于前一类研究，由于真实课堂条件所限常常导致标本取样过小、干扰
因素过多难以控制等问题，有的研究者对这类研究提出方法论上的
质疑，认为真正的实证研究应该在实验条件下实施（Goo & Mackey，
2013；Hulstijn，1997），也即以课堂教学为导向的研究。这类研究题
目来自课堂，研究客体是学生或教师，研究者人为地模拟课堂教学的
某个条件或环节进行实验，得出的结论可以用来解读课堂教学的规律
性和特殊性。

对于在实验条件下实施的课堂导向研究是否能够真实地反映
二语课堂，研究结果是否具有普遍意义，也有不少学者存有质疑
（Doughty，2003；Foster，1998）。有学者针对这一质疑进行了研究，
比较两类研究的结果，但不同学者得出的结论大相径庭。有的研究显
示，在实验条件下得出的研究结果与在真实课堂没有什么不同（如
Gass，Mackey & Ross-Feldman，2005），但也有研究证明，实验条件
下得出的研究结果与真实课堂之间存在显著的差别（如Foster，1998；
Eckerth，2009）。Mackey & Goo（2007）对1990年到2006年发表的28

项研究进行了统和分析（meta-analysis），发现在实验条件下进行的研究效值高于真实课堂研究。换言之，同样的研究题目在实验条件下得出的研究数据高于真实课堂。Loewen & Nabei（2007）对此的解释是，学生在实验条件下参加研究与平时课堂表现会有所不同，比如他们的参与态度会更端正，会更注意语言形式的准确性。Yang, Hu & Zhang（2014）针对真实课堂研究的效度问题指出，不能因为真实课堂的条件限制就放弃此类研究，毕竟课堂研究更能反映教学现状，更具实践意义。本书对这两类研究都会涉及，但读者应该对它们的不同有所了解。

第二节　第二语言课堂教学的历史变迁①

纵观上百年来全球第二语言教学，特别是英语及其他欧洲语言作为第二语言或外语的教学，大致经历了翻译法、听说法、交际法、任务教学法等几个阶段，期间还并行出现了直接法（Direct Method）、静默法（Silent Way）、身体反应法（Total Physical Response）等。这些教学法的提出及课堂应用大都有相应的理论背景，这些理论或来自语言学、教育学、心理学。温故而知新，为了更好地了解课堂第二语言习得研究的历史，我们首先回顾一下二语教学方式的历史演变。

一、翻译法

翻译法始于中世纪，是教授希腊语、拉丁语等古典语言的教学法。那时人们学习希腊语和拉丁语的目的是为了阅读原著，提高理性思维能力并改善整体知识结构。翻译法成为一种教学体系大约在19世纪，当时欧洲一些国家在学校开始设立现代外语语言文学课，人们

---

① 本章节是对国际二语教学历史的简单纵向概述，难免以偏概全。如读者希望对这一方面的历史有全面的了解，请阅读 Richards & Rodgers 新版 *Approaches and Methods in Language Teaching*（2014）。

学习外语的主要目的是为了阅读原始文献，教学方法则沿用了教授希腊、拉丁语等古典语言的翻译法。

翻译法用母语授课，把母语作为参照，通过对比两种语言的不同进行教学。教学过程一般是先分析语法，然后逐词逐句把课文译成母语，强调翻译的准确性。翻译可以说既是教学目的，又是教学手段。翻译法不注重语言技能的培养，因此学生实际应用语言能力差。翻译法的盛行期是从19世纪40年代到20世纪40年代，之后其主导地位被听说法取代，成为"落伍"教学方式的代名词，个中原因不难理解：教授古典语言的方式用在教授现代活语言上，内容和形式不匹配。但不可否认的是，在世界各地现代语言课堂上，翻译目前仍然作为一种重要的教学手段在使用，特别是词汇、语法教学。考试也常用双语间的翻译检测学生对目的语准确度的掌握。

二、听说法

听说法始于第二次世界大战爆发后的美国，最初被称为"军队法"（Army Method），盛行于20世纪五六十年代。第二次世界大战期间，美国军人被派往世界多个国家，其中要求一些人熟练掌握被派国语言，担任口、笔译和密码破译等工作。为此，美国政府要求一些高校开办特殊的短期语言训练项目。经过摸索实验，几十所学校开始了此类项目，特点是高强度、浸染式、小班教学、口语为主。参训人员每天十几个小时与母语说话人在一起，反复操练有用句型，直至流利为止。参训结束后，学员一般都能掌握基本会话能力。为军方人士开办的这类特殊语言训练项目的成功，引起了媒体和学界的关注，被认为是一种行之有效的外语教学方式。第二次世界大战后，美国成为世界经济强国，越来越多的人进入美国生活、工作、学习、旅游。这些人需要学习英语，注重发展口语的"军队法"被广泛应用。

听说法在二语课堂的大力推广有其相应的理论基础：结构主义语言学和行为主义。结构主义语言学认为"语言是结构模式的体系"，由语音单位（如音素、调号等）、语法单位（如分句、短语、句子）、语法转换功能元素（如增加、合并、转换）及词汇元素（如功能词、结构词）组成，是线性的有规律的可以加减变换的，因此语言教学应以结构模式为纲实施。结构主义语言学的另一个重要观点是"语言是言语，不是文字"，世界许多语言没有书面形式，只有口语形式，人们是先学会说话才学习书写的，因此口语在语言教学中应拥有优先权。结构主义语言学的这一理论颠覆了人们以往"语言是写在纸上的符号"及"口头语言是书面语不完美的表现形式"的观点。听说法把上述观点应用到二语教学中，强调口语领先。课文为对话形式，上课重视学生语音、语调的训练，以结构为纲编写教材和安排教学过程，在对比分析母语与目的语的基础上找出语法难点作为教学重点反复操练，替换练习、扩展练习都是教材编写和课堂练习的常用方式。

行为主义学说从人类如何学习知识的角度给予听说法"如何教"以理论支持。行为主义起源于美国，占据当时理论界的统治地位，其主要观点是人类学习任何一个技巧都是习惯建立的过程，外语学习也是一样。研究人员通过观察分析动物和人，认为两者的学习过程都有一个共同点，即通过刺激和反应获得新知识，因此语言教学应该是教师对学生进行声音刺激和学生对声音刺激反应的过程。课堂上，教师教授经过选择的正确的语言形式，学生模仿老师的语言，反复训练直到正确掌握为止，即让学生养成一个正确的语言习惯。如果学生犯错误，老师及时纠正，以免养成错误的习惯。

听说法的鼎盛期是20世纪60年代，但之后遭到了来自理论界和教学界的质疑。乔姆斯基的"语言是生成，不是习惯"的理论颠覆了其理论根基"行为主义"。在国际二语教学界，对听说法的批评包括：过分重视机械性训练，忽视语言规则的指导作用；过分重视语言的结构形式，忽视语言的内容和意义。但不可否认的是，听说法至今仍然有大批的支持者。人们对听说法批评的质疑是，为什么听说法无论在最初的"军队法"年代还是现在，都有不少学习成功的案例，但却遭到国际二语教学界的抛弃？听说法得到很多人支持的另一个重要原因是，使用听说法教学，教师是课堂的主导，教学内容是事先计划好的，学生课前也知道学什么，因此教学双方都可以有的放矢地进行准备；此外，听说法提倡语言学习的准确性，非常符合人们心目中对"学习"的理解。

三、交际法

20世纪50年代末，乔姆斯基著名的"普遍语法"（Universal Grammar, UG）理论对行为主义的语言学习理论提出批判。乔姆斯基认为，无论语言学习还是语言实际应用都是由人类特有的与生俱来的大脑功能所支配，是内在的、有规律的、具有创造性的。例如，儿童自出生便浸染在母语环境中，会自然而然地并且创造性地使用母语，原因是儿童大脑中具有一种特殊的语言机制。语言学习实际上是一个发现、学习的过程。六七十年代，第二语言习得研究的一系列新发现也佐证了乔姆斯基对行为主义语言学习理论的质疑。例如，Corder（1967）发现无论学习者的母语是什么，在使用目的语时所犯的错误具有一定的规律性，呈阶段性特征。而后又有研究者证明学习者自身带有"内在学习课程表"（built-in syllabus），也就是说，学生学什么、什么时候学都有其内在规律。外在因素（比如课堂教学）很难改变内在规律。因此，若是老师课堂所教的内容与学生内在学习课程表不一致，教学效果往往不会理想。交际法教学先驱Hymes（1972）提出，第二语言的学习不应只包括语法和词汇，还应包括特定交际环境的其他方面因素，如情景、功能、意念、社会身份、心理、性别、语体、重音、强调等，因此学生应学习去理解在特定环境下母语说话人的意思并能根据语境恰当地表达自己。功能理论提倡者Halliday（1973）提出，语言不是由单词连串起来的系统，而是表达意义的系统，语法和词汇只是表达意义的工具，意义才是语言存在的真正目的。

受上述二语学习理论的影响，自20世纪70年代开始，交际法逐步替代听说法，成为国际二语教学的主流方式。交际法认为，语言是人类交际的工具，其基本特征是交际功能，即语言的社会功能，因此语言教学应重视语言与社会的关系，应强调语言在社会中的应用，重点培养学习者的语言交际能力。交际法具体的教学原则包括：（1）以功能为纲，根据学习者的需要选择语言教学材料；（2）教师在课堂上为学生创造一个尽可能真实的交际环境，如使用实物、图片、影像等以展示自然的语言材料和真实的情景；（3）只要不影响交际，学生可以犯错误，教师要保持他们学习交际的积极性；（4）注重语言使用时表达之外的社会因素，如等级、性别等；（5）减弱教师在课堂上的主导地位，以学习者为中心。

交际法的特点在于从学生实际出发确定教学内容，使教学过程尽可能地贴近实际交际语境，培养学生在生活中的语言实际使用能力，因此可以说，交际法更注重语言表达的流畅性。但交际法以功能为框架编写的教材及教学内容安排，打乱了原有的语法自身系统，也颠覆了传统教学从简到难、以准为上、以教为中的原则。另外，同一交际功能可以用多种语言形式表达，如何选择和取舍，没有相应的标准。再者，使用交际法教师很难充分准备教学，也很难客观地测试和评估学生的学习成绩，特别是教师本人也是非母语说话人的情况下。这些都增加了教师在实施交际法时的困惑和不安全感。

不少学者把交际法分为强式交际法（strong version）和弱式交际法（weak version）。以上介绍的是强式交际法的特征，即"用中学"，学生通过模仿、参与具有实际意义的交际活动达到学习目的。而弱式交际法则是强调为了交际要学会语言的社会功能，是"学中用"，培养学生交际能力的课堂活动只是语言学习的过程之一，是教学的一个组成部分，其他组成部分可以是语法讲解、纠错练习、课文习诵等。换言之，弱式交际法是在教授语意功能框架下不同教学技巧的综合，因此可以说强式交际法和弱式交际法的共通之处是"教什么"，即语言的交际功能，但"怎么教"就大相径庭了。

四、任务教学法

任务教学法由交际法派生出来，最早由强式交际法的代表人物Prabhu（1987）提出。他当时在印度主持Bangalore交际教学项目，以完成课堂任务的方式来组织教学，教学内容由一个个任务组成。Prabhu认为，学生可以把注意力放在完成课堂交际任务的同时，达到学习语言的目的，即语言的"顺带学习"（incidental learning）。而对于"怎么教"，Prabhu（1987）从认知角度把课堂任务分为三类，即信息沟通活动（information-gap activity）、意见沟通活动（opinion-gap activity）和推理沟通活动（reasoning-gap activity）。这三类任务的共同之处是任务设计者让参加任务的双方或多方掌握不对等信息，为了完成任务，各方必须寻找、使用合适的语言，交流协商，达成一致，在完成任务的同时达到了语言学习、使用的目的。例如，一组学生要求找出一个最理想的春假旅游目的地，他们事先都有自己的选择或教师已为他们选择好的旅游目的地，也分别持有相应旅游目的地的介绍材料，在达到统一共识的过程中，他们要用目的语交换意见，分享资料，解决他们之间信息和观点不对等的问题，在找到各方都满意的春假旅游目的地的同时，顺带学习、使用了目的语，达到了"用中学"的目的。

早期任务教学法的基本理念与强势交际法相同，强调语言学习的交际性、真实性、用中学等特点，承继了交际法语言知识介绍的非系统性和学习成果难以评估的缺陷。与交际法不同的是，任务教学法不是以"功能"为纲制定教学内容，而是以"任务"为线组织教学。由于"任务"一词拥有极大的弹性和延展性，任何与语言学习有关的课堂活动都可以被视为任务，因此很多早期任务教学法的研究者都在试图为"任务"一词定义，即到底什么是任务，具有什么特点和成分，与传统意义上的课堂活动、练习和操练有什么不同。但自20世纪90年代后期到现在，研究者把关注点放到课堂任务教学的具体方面，如让学生重复课堂任务对语言产出速度和准确率的影响。我们会在第二章、第三章对任务教学展开进一步讨论。

值得提出的是，在如何实施任务教学这一层面上，与强式交际法和弱式交际法的分类一脉相承，任务教学法也分"以任务为基础的语言教学"（task-based language teaching）和"以任务为支持的语言教学"（task-supported language teaching）两大类别（Ellis，2003）。前者以让学生完成不同的任务为教学内容，而后者把任务整合到以语言形式或以功能为纲的教学中去。但有的学者不同意这种分类，认为"以任务为支持的语言教学"的弱势任务法实际上是传统教学方式的翻版，只不过加上"任务"一词的点缀而已。

五、后方法论

目前有学者提出第二语言教学已经进入了"后方法论时期"，也即没有一个一统天下的教学方法，教师可以根据自己的教学需要选择最适合的教学方式或不同教学方式的组合。后方法教学最具影响的倡导者是Kumaravadivelu（1994，2006）。他认为，以往一些教学理论专家处在语言教学的"核心"地位，把一个个教学法概念化并发展成相应的理论模式，而一线教师则处于"外围"，只是在课堂教学中对所提出的教学法理论被动地理解、接受、实践，形成了一种自上而下的运用模式，教师的作用被"边缘化"。他认为，第二语言教学是在特定的社会、文化、经济和政治环境中进行的，教师与学生以往的社会经验和生活经历、与目的语语言文化的差异、学习者的学习目的等都会对教材、教学计划、课堂活动形式以及评估方式产生一定的影响，以不变应万变的教学模式是不能有效地指导复杂的、变化中的、有着不同需求与背景的语言教学。因此，教师要做到有效教学，必须对课堂内外诸多因素做相应的研究，根据自身的教学理念、风格和经验，构建一个自下而上、具有特定性、实践性和可行性的教学方式，并运用到教学实践中去，再加以不断完善。

Kumaravadivelu的后方法教学理论并未给课堂教学提供具体的指导和建议，而是一种宏观的教学理念。但Kumaravadivelu绝非提倡教师在教室里可以随性而为，而是提倡教师对教学所涉及的各方面因素具有深入透彻的了解，包括教学理论、教学方式，学生、教材、教学目标、第二语言课堂习得理论和相关研究等，在此基础上做出最适合自己具体教学环境的选择。

以上是对国际二语教学历史的简要介绍。其实一言以蔽之，二语课堂教学是对学习者语言学习过程的人为"干预"。从这个角度来看，Ellis（2005）把以上林林总总的各种教学方式、模式、理念分为两大类：直接干预和间接干预。"直接干预"是指教师教学目的明确，告知学生他们将要学习或训练的内容，像以语法为纲的"听说法"、以功能为纲的"交际法"都属此类；而任务教学则属"间接干预"。

第三节　第二语言课堂习得研究的历史回顾

多年来，研究者对第二语言课堂习得研究的争论主要围绕下面两个问题进行讨论：（1）课堂教学是否可以帮助学习者提升所学目的语水平？（2）如果答案是肯定的，教师如何在课堂上更有效地促进学习者的语言发展？

早期很多研究者受乔姆斯基普遍语法理论的影响，并看到第二语言课堂所教与所学之间的差距，以及课堂学习者到目的语环境交际能力不尽人意的情况（Krashen，1981），对第一个问题的回答持否定态度。而彼时的课堂教学是指以语言形式为主的翻译法、听说法教学。这些学者认为，第二语言课堂应该为学习者提供一个类似儿童学习母语的环境，把语言当成交际工具来学，而不是像学习数学、物理那样把它当作课程科目来学。经过几十年理论研究的发展以及无数研究者的科学论证，现在大部分研究者对第一个问题的答案是带有条件的肯定，即课堂教学可以有效地提升学习者的语言水平，但课堂教学也不是万能的。目前研究界把关注中心转移到对第二个问题的探索，即怎样做才可以使教学效果最大化。由于课堂教学所涉因素诸多，包括学习环境、教师特点、教学方式、学习者自身等，使得对这一问题的探索绝非"是"或"不是"那么简单。下面我们简要地回顾一下第二语言课堂习得研究的历史。

第二语言习得研究作为一门独立学科始于20世纪六七十年代，但对二语课堂的研究在此前就已开始。Chaudron（2001）对1915年至2000年发表在*The Modern Language Journal*（《现代语言期刊》）上的二语课堂研究从内容和方法两大方面进行了回顾性总结。尽管发表在该期刊的二语课堂研究文章只是领域内的一部分，且不包括2000年以后的研究，但我们从Chaudron的综述里依旧可以看出基于课堂的第二语言习得研究的发展轨迹。

一、早期二语课堂研究

Chaudron认为，二语课堂研究应该以20世纪80年代为界。80年代以前，研究者主要从宏观上比较不同二语课堂教学方式的有效性。五六十年代，二语教学新的教学理念层出不穷，使用哪种教学方法更有效更快捷，成为各级主管部门所关心的问题，因此出现了大量此类研究，如Beck（1951）试图找出当时刚刚出现的听说法相对于传统翻译法的优势，Nieman & Smith（1978）比较按学生量身定做的个性化教学相对于传统大班上课的优势等。

然而，当时的研究并不关注教师和学生的具体课堂行为，测试方式往往是比较使用不同教学法教出来的学生考试成绩或语言技能的整体表现。尽管不少研究规模宏大，涉及多个教学项目，耗费大量资金，但所得结果不尽人意，并不能证实哪一种教学法比另一种更好。以Scherer & Wertheimer（1964）为例，他们的研究旨在调查听说法是否优于翻译法，把学生分为两组，一组使用听说法，教师上课时注重学生口语、听力训练，使用归纳法教授语法。另一组使用翻译法，注重阅读、翻译训练。最后的研究结果显示，听说组在听说方面的考试成绩明显好于另一组，但在阅读和翻译方面另一组的成绩高得多，且所得结果都具有统计学意义。该研究结果似乎说明，在教学当中，教师重点训练学生的哪种技能，哪种技能就好，但并不能说明哪一种教学方法更优于另一种方法（Nunan，2005）。

Swaffer、Arens & Morgan（1982）的研究结果从另一个角度揭示了此类研究不尽人意的原因。不同以往研究，三位研究者不是比较不同教学法教出的学生成绩，而是让教师填写问卷及参加与研究者的一对一访谈。研究结果发现，不同组别的教师在实际教学中其实使用了很多近似的做法，而不是研究者期待的在相应教学法应该使用的典型做法。这一发现说明，把不同教学法当成研究变量很可能导致错误的研究结果：在同一种教学法的标签下面，不同的教师可能做不同的事情；反之，在不同教学法的旗号下，教师很可能使用相同的做法。另外，课堂是由人组成的，其千变万化很难掌控，把不同的课堂看成一个不变的整体进行比较，由于干扰因素过多，得出的结论往往不是对真实课堂的准确反映。由此看来，早期二语课堂研究在研究方法上存在着极大的缺陷，研究方法上的不完善直接或间接导致了研究结果的不准确性。

Doughty（1988，2003）针对这类研究在方法论上存在的缺陷提出，证明教学方法有效的课堂实证研究应具有三大要素：（1）研究者应提出某一个或某几个语言形式作为研究的课堂教学目标，比如英语不定冠词；（2）课堂教学实验应想方设法克服真实课堂的局限性，实验步骤具体化；（3）有合理的比较、评估方式，比如设"对照组"、多次后测。对于课堂研究方法，我们下面再做详细介绍。但自20世纪80年代起，从宏观角度比较教学方法的研究已鲜有人涉及，到90年代基本销声匿迹，取而代之的是详细观察师生课堂行为的课堂进程研究以及上述Doughty提倡的狭义教学方式比较，不同课堂效果评估工具也应运而生。由于宏观教学方法比较研究对现实课堂研究已不具意义，本书将不展开讨论。

二、20世纪80年代至90年代中期的二语课堂研究

20世纪80年代是二语习得领域具有突破性发展的年代，出现了不少至今左右人们对二语习得看法的学说，比如Krashen 对"学得"和"习得"的区分及其"可理解输入"假说（comprehensible input）（1981，1982），Long 的互动假说（1985），Swain的"可理解输出"假说（1985）等。这些理论的问世及随之而来的相关研究，不但引起了二语课堂出现不同的教学方式，如交际法及由此发展的任务教学法等，也大大促进了二语习得的整体研究。

80年代二语课堂研究的重点从宏观教学法比较研究转移到对教室里教师和学生的关注，即课堂语篇研究。教师是课堂上目的语的主要输入者（特别是在外语教学环境中）和课程走向的掌控者，对教师的研究包括教师上课时的语言特点，如说话语速、提问方式、第一语言使用比例等；对学习者的研究包括学生之间的个体差异（语言学习动机、语言天赋、学习策略）、课堂参与的质与量、互动方式等。课堂语篇研究以描述性为主，如我们下面在研究方法一节中提到的互动

分析、语篇分析等。这一期间，出现了很多根据互动理论设计的课堂研究观察工具，包括我们在第二章重点讨论的语言教学交际行为记录分类表（Communicative Orientation of Language Teaching，COLT）（Allen、Fröhlich & Spada，1984）。

这一期间也开始出现二语课堂教学与习得进程相关性的研究，研究方法以描述为主，但部分研究者已开始使用实验方法，验证、发展、补充一些有影响的理论框架，比如探索母语说话人与非母语说话人之间互动时使用的交际策略和效果、不同课堂任务与学生互动量的关系，课堂师生互动、生生互动对语言形式习得的影响等。但很多研究并非在真实课堂进行，而是在实验条件下实施。Nunan（1991）对当时有影响的相关研究报告统计发现，55篇中只有15篇是在真正的二语课堂进行的。人们开始质疑实验条件下得出的研究结果是否能真实反映实际课堂这一问题。尽管如此，实验条件下的研究内容与二语课堂息息相关，对人们了解二语课堂有重大的借鉴意义，也为下一阶段的深入探讨奠定了良好的基础。

三、20世纪90年代中期之后的二语课堂研究

可以说90年代中期开启了真正意义上的二语课堂研究（Ellis，2012），即我们上面提到的Doughty（1988，2003）所提倡的具体化科学化的课堂研究。与以往研究相比，研究者的关注中心从描述课堂语篇及互动特点到输入、输出、互动、选择注意力与习得发展之间的动态研究，出现了一批课堂纠错反馈，任务特点与语言产出，课堂互动机会及学习效果的研究等。90年代以后，曾被一些交际法教学提倡者批判的语言形式教学在二语学习上的重要性及必要性又被提出，但研究者关注的焦点已不再是语言形式教学是否需要，而是如何在课堂上针对不同群体的学生、不同特点的语言形式更有效地进行教学，如何平衡教学中意义和形式的关系等。这些仍是如今二语习得领域最热门

的课题，也是本书讨论的重点，详见第三章到第六章。

90年代中期，一批研究者开始从社会文化理论角度（如Aljaafreh & Lantolf，1994）阐释二语课堂学习的发展进程，探寻课堂互动环境如何影响学习者学习进程的问题，其中包括师生互动、生生互动，学生自我互动，把关注中心引向课堂的主角——学生。从社会文化理论视角进行的研究，大大推进了课堂二语习得研究进程。随着科学技术的发展，网络教育的普及，人口流动的加速，新世纪课堂研究范围也开始从传统课堂走出去，关注起计算机辅助教学、留学语言学习等。这类研究数量不多，我们并不单独立章，相关研究将分散在各章。

综上所述，第二语言课堂习得研究在短短的几十年时间里，研究成果颇丰，出现了不同理论假说和框架模式，研究方法也日趋完善，使得研究向广度和深度发展，为我们了解二语课堂提供了一个个窗口。

第四节　解读第二语言课堂习得的主要理论框架

在过去的几十年时间里，第二语言习得研究已成为独立的学科。其间，各种理论框架、假说、模式层出不穷，难以细致分类。鉴于此，Lantolf（1996）把用于解释二语习得过程的相关理论大致分为计算模式（computational model）和社会文化理论两大学派。在过去的几十年里，前者扮演了绝对的重要角色，后者近年来也得到越来越多的认可。另外，不少学者互相借鉴，得出了不少重要的研究结论，比如Swain团队（2001, 2002等）的系列研究。

一、计算模式学派

"计算模式"学派也被业界称为"互动–认知"（Interactionalist-cognitive）学派，其中互动理论无论在整体二语习得研究领域还是分支课堂二语习得研究领域，都是影响最大的理论流派。二语习得互动学说理论最早由Evelyn Hatch 在20世纪70 年代提出，之后经过一系列二语习得理论、假说、模式的补充、完善，成为解读二语习得过程最重要的理论流派。二语习得互动学说的代表理论有Krashen（1985）的可理解输入假说、Long（1985，1996）的互动假说、Swain（1985）的可理解输出假说、Schmidt（1992）的注意力假说、Selinker（1972）的中介语理论等。互动理论的支持者认为，二语习得是一个认知过程，是在外界给予的目的语输入和提供的输出机会的作用下产生的。在二语课堂上，教师输入的质和量，提供给学生输出机会的质和量，对学生输出的反馈，及反馈后学生的反应等都是互动学说支持者关注、探讨的课题。除了以上提到的专有名词之外，语言吸收（intake）、监控（monitor）等都是该流派常用的词。从"互动-认知"角度研究二语习得已有几十年的历史，其中派生出不少框架、假说、模式等，在此难以一一展开解释，以后各章若有涉及再做讨论。这一派的研究者通常使用实验的方法来证明学得/习得的近期效果和远期效果，设对照组、前测、干预实验、即时后测和延时后测等。

二、社会文化理论学派

社会文化理论与互动理论的根本不同是把"输入"和"互动"视为二语学习的环境和过程，关注的是学习者在这个过程中如何发展语言以及发展的效果。对社会文化学派来说，二语课堂是"鹰架搭建"的过程，这个过程除了发生在教师与学生之间，也可以发生在两个学习者中。在学生之间的互动过程中，他们以一种合作的方式把自己的资源贡献出来，齐心协力共同完成老师教给的课堂语言任务。社会文化理论的主要概念是鹰架（scaffolding）、最近发展区（zone of proximal development）、合作学习（collaborative learning）、自我言语（private speech）、他人制约（other regulation）等。从社会文化角度解释二语课堂的研究者常常使用的研究方法是"会话分析"和"人类交际法"（见下），但也有研究者使用前测和后测的方式，以显示课堂二语学习的发展结果。

第五节　用于第二语言课堂研究的主要方法

人们对研究方法有着不同的分类方式，最为普遍的是把研究分为量化和质化两类。在国际二语习得研究领域，量化研究占据统治地位。Lazaraton（2000）对国际二语习得研究领域四大期刊前七年发表的论文做了统计，发现88%的文章是量化研究，10%是质化研究，2%是部分质化研究。人们还从研究设计、资料采集和结果分析三个层面对研究方法进行分类：研究设计可以是在实验条件下进行的或在非实验条件下进行的，资料采集可以是定量的或定性的，结果分析可以是数据统计的也可以是解释性的。但这种分类似乎过于细致过于繁复。还有研究者把研究方法分为描述式研究（descriptive）和实证式研究（confirmative）两大类，其中描述研究也可有数据分析，比如某种语言形式出现的百分比。Nunan（2005）和Ellis（2009）对于二语课堂研究方法的分类都承继这种分类方法。下面我们按照Ellis（2009，2012）的分类对二语课堂研究常用的研究方法做简单介绍。

一、描述式研究

描述式研究属于探索式研究，即从实际到理论的研究，是"此"时"此"地的局部研究，注重在自然情况下发生的过程。在二语课堂研究中，研究者重点考察并分类记录课堂上教师、学生的课堂行为，不同互动种类的次数，互动产生的过程，以及互动在二语学习上所起的作用。研究者一般到课堂现场进行观察记录，对课堂录音录像等，之后再对采集的资料做转写分析。对研究结果的评估和分析可以是量化的（如学生提问次数及频率），但大部分是质化的。常用于描述第二语言课堂互动的研究工具有如下几种：

互动分析（Interaction analysis） 研究者对课堂行为进行分类，如学生举手、教师微笑等，以符号记录出现次数，然后计算出现频率。在这个意义上，互动分析算是量化研究。互动分析是课堂语篇框架研究常使用的方法。但这种方法的弊端是，不同研究者对复杂的课堂行为有着不同的理解，由此有不同的课堂行为分类，使得不同研究之间难以比较借鉴。另外，以符号标记某种课堂行为出现的次数把许多课堂关联行为割裂开来，如课堂的问与答，因此难以还原整体课堂过程。

语篇分析（Discourse analysis） 语篇分析是社会语言学家使用的重要研究工具。二语课堂研究者借鉴这一方式把课堂出现的话语片段进行归类、比较、分析，比如Long & Sato（1984）使用这种方法分析教师课堂问题，Chaudron（1977）分析教师的课堂反馈等。相对于互动分析，语篇分析更注重课堂言语之间的关联性和结构性，常用于研究课堂进程、课堂互动等。

会话分析（Conversational analysis） 会话分析是社会学、社会语言学、语用学使用的重要研究工具。社会语言学认为会话是一个言语活动过程，其中每一步都是双方相互协商的结果，都是构成正确理解下一步的前提，会话双方都是在运用自己的语言知识及非语言知识来表达自己、理解对方。会话分析的基本目的是解释说话人表达的意思，受话者又是怎么样理解并做出反应的。二语课堂研究者使用会话分析为了同样的目的，分析课堂上教师、学生话语背后的成因，以解析真实的课堂。

微观跟踪分析（Microgenetic analyses） 微观跟踪分析是一些社会文化理论研究者观察记录课堂互动方法，详细记录学习者之间如何通过互动合作完成任务的互搭鹰架语言进步的过程。

二、实证法研究

实证法（Confirmative）研究与描述式研究最大的不同是理论先行（theory-driven），即研究者根据某个理论提出假设，设计步骤、收集资料，报告统计结果，得出证实假设或推翻假设的结论并加以分析和解释。二语课堂实证研究关注的话题往往是比较不同的教学条件，验证某个理论假说，找出不同课堂教学不同变量之间的相关性，用描述（descriptive）数据和推断（inferential）数据显示比较结果，前者通常用平均数和标准差（standard deviation）显示，后者用p值表示组别差别或r值表示相关性大小。常见的实证研究包括实验研究（experimental）和关联研究（correlational）两大类。

实验研究　实验研究应具备以下条件：参加者随机分配到实验组和对照组，有一定的样本数量，设有前测、即时后测、延时后测，研究目的是比较检验某种教学方式或学习条件相对于另一种教学方式或学习条件对学习某个目标形式是否更有效。实验研究是计算模式学派二语课堂研究使用最多的研究方法，属量化研究，是对实验结果的比较。

关联研究　关联研究是检验变量之间相关性的研究，比如课堂出勤率与学习成绩是否存有相关性。

准实验研究（Quasi-experimental）　准实验研究是指在真实课堂上进行的实证研究。研究方法与实证研究一样，但会受到真实课堂条件的限制，比如学生人数、课程进度、行政干预等，不同组别的参加者并非随机取样，有时样本数量过小，各实验组人数不均。准实验研究相对于在实验条件下进行的研究更能够准确地反映真实课堂，为不少课堂实验研究者使用。但也有不少研究者对这类研究的效度提出质疑，弥补方法之一是延长实验时间，使用多次延时后测等。

三、常用测量工具

课堂二语习得研究常用的衡量标准大致可分为对目的语形式准确

率的计算、意义沟通机会和整体语言质量等，代表着不同理论学派对语言习得的认识，常用的有：

目的语形式的准确率 研究者常用的测量目的语形式准确率的工具有多项选择、对错判断、完型填空、改错、用所给词汇造句等。但不少研究者对这类工具是否能判断出学生目的语形式的习得发展提出质疑。

意义沟通（meaning negotiation） Long提出的互动假说认为，学习者在语言使用过程中因为语言能力欠缺可能会造成沟通不畅，互动双方为完成交流目的必须进行意义沟通，在沟通的过程中，学习者可能会意识到自己的语言错误，达到顺带学习语言形式的目的；因此意义沟通的多寡可以视为语言学习机会的多寡。意义沟通分为理解核实（comprehension check）、确认核实（confirmation check），澄清请求（clarification request）三大类（详见第二章表2-5）。

语言相关片段（language-related episode） 这一测量方式来自可理解输出假说（Pushed Output Hypothesis）的提出者Swain，是指学生在意义沟通过程中，因自己语言能力不够或对已使用的语句产生疑问时，中断正在进行的交际话题，与合作者讨论语言形式的片段。这类片段可能引发的结果为：（1）改正所犯的语言错误；（2）没有改正所犯的语言错误；（3）改正所犯的语言错误，但在其他方面出错。另一种类似的测量方式被称为"语言聚焦片段"（language-focused episode）（Loewen，2005）。语言相关片段和语言聚焦片段也是一些研究者判断学习有效性的评估标准。

语言质量的综合衡量 Skehan（1996，1998）提出，课堂教学应该以发展学生语言的流利度、复杂度和准确度为目标，这三项指标也成为衡量语言产出的重要标准。流利度测量学生输出的速度和在输出过程中的中断时间；复杂度测量输出语言的词汇、语句的难度和广泛度，准确度测量学生输出语言与目的语系统的差距。

实证研究牵涉到研究的效度（validity）和信度（ reliability）。"效度"是指实证研究测量到的结果是否真实反映了考察的内容，例如早期宏观教学方式比较研究显然没有测量到所要的结果；目前很多研究者使用判断对错等方式来衡量学生对目标形式的掌握，但这种"准确率"只能说明学习者理解了目标形式的规则，并不意味他们能在实际交流中使用。"信度"是指研究者之间和测量工具的一致性，是指两个或两个以上研究者对同一组数据或采集的材料使用相同的标准做出相对一致的判断。二语课堂研究和其他社会科学类研究一样，注重研究方法的科学性，从研究设计、研究工具的选择与实施、资料/数据的处理或计算、所得结果的分析和解释以及结论的得出等，都需要研究者严谨的学术态度和训练有素的研究功底。我们在阅读研究文章时，也需要从上述几个方面进行批判式阅读。

四、混合型研究（Hybrid）

任何研究都有其局限性，实证研究也是如此。比如说单纯的实验结果只是比较组别的不同，往往会忽略过程中的细节，而细节可能会直接影响实验结果。我们前面提到的早期宏观教学方式研究就是典型的实验研究，但由于没有对过程做出仔细观察和记录，未能发现教师名义上使用不同的教学模式，但实际使用了近似的教学方式，因此导致所得结果的不准确。现在越来越多的研究者在使用实证研究方式的同时使用描述性研究，对实验过程做仔细观察和记录，用所得结果解释数据结果，使研究更具说服力。这类研究被称为"混合型研究"，或称为"结果-过程"（product-process）研究。

五、统和分析（Meta-Analysis）

近年来二语课堂研究领域不少研究者采用统和分析法。统和分析是对以往做过的同一题目的数个实验研究结果进行综合统计，所得结果可以为人们提供一个相关题目的综合画面和数据总结。比如Norris

& Ortega（2000）对以往有关语言形式教学的49个实验研究做了综合统计。他们首先对已有研究进行筛选，找出符合标准的研究，然后分类对入选研究进行一系列数据统计，对各个类别的效应值（effect size）进行叠加，得出最终结论。他们的结果显示，显性语言形式教学比隐性语言形式教学的有效性更强。Li（2010）对纠错反馈的统和统计结果显示，在实验室条件下进行的纠错反馈效果高于在真实课堂上进行的研究。

六、行动研究

二语课堂习得研究的实施者大致分为三类：（1）研究者，他们关注更多的是二语习得的基本规律，更多地把课堂当作搜集资料的场所，研究基本上是从理论来，回到理论中去；（2）既是研究者又有课堂教学经历，课堂二语习得研究有影响的研究成果大都出于这类研究者，如Rod Ellis、Susan Gass等；（3）一线教师，大部分一线教师没有受过严格的二语习得方面的研究方法训练，也缺乏相应的理论知识，但他们就自己教学中发现的问题进行小范围的探索式研究，属于从实践中来到实践中去式的研究。这类研究统称为"行动研究"（action research）。

行动研究是教师在教学的过程中对自己的教学观念、采用的教学方法以及由此产生的教学效果进行反思并改进的过程，即确定问题—制订改进计划—将计划付诸行动—评估结果—进行下一轮行动的过程。本书介绍的研究题目都可用于行动研究，如教师提问种类、课堂第一语言使用比例、任务实施条件、教师纠错反馈类别、学习动机策略等。行动研究是在自己教学范围内进行的局部研究，教师不必严格按照本书提到的研究过程进行，如不需设对照组或进行严格的数据分析，但本书介绍的一些方法可用到行动研究中去，比如采访、教学日记、问卷调查、课堂观察等。

第六节　汉语第二语言习得研究简要回顾

与国际二语习得研究相比，汉语第二语言习得研究起步较晚。以美国为例，20世纪90年代以前只有零星文章发表，如Hayes（1988）关于汉字学习策略的研究。真正发展起来是在90年代，出现了一批针对汉语特点的习得顺序研究，如Jin（1992，1994）关于"把"字句和无主句的研究，Wen（1995）关于"了$_1$"和"了$_2$"的研究，Ke（1996）和Everson（1998）关于汉字学习策略的研究，Everson & Ke（1997）关于汉语阅读策略的研究等。新世纪之后，研究文章呈几何数增长。但汉语课堂研究只在近几年才发展起来。

如前所述，国际二语课堂研究随着二语教学市场的变化和二语习得理论及研究方法的发展，呈阶段性发展至今。早年研究者关注的是课堂语篇、教师课堂语言特点，以描述法研究为主；八九十年代人们关注的是不同课堂任务特点、可理解输入和意义协商互动之间的关系，实证性研究数量增加；当前更多的研究者把重心放到语言输出、课堂纠错反馈、语言形式教学、任务法教学上，以实验研究为主。但汉语二语课堂研究没有经历上述阶段性发展过程。还是以美国为例，研究者数量极少，研究文章星星点点，可以说基本呈空白状态。比如，课堂纠错反馈、任务教学、语言形式教学是目前国际二语课堂研究的重点，但汉语二语界此类文章只有寥寥数篇（不包括理论介绍和教学经验文章），如Li, S.（2012）通过网络进行的语用功能教学实验，Li, S-F.（2014）的纠错反馈与语言能力、工作记忆的相关调查，Shen（2010）汉字双码教学实验，Yuan（2012）任务时间与实施条件对学生语言流利度、复杂度、准确度影响的研究等。

或许由于数量过少，且研究方法有可商榷之处，近年来发表的几篇汉语二语习得研究的综述文章均未把课堂研究单独列项进行总结。以Zhao（2011）文为例，在其综述里，只是分类总结了以往对不同语言形式的习得顺序研究，比如"把"和"了"等，似乎对二语习得研究这个领域理解得过于狭窄。Zhao特别在最后总结中提到，现在有关学术刊物只是登载语言本体研究和与教学有关（pedagogy-related）的文章，显然作者把课堂研究视为教学法讨论类文章，不能不说是遗憾。Ke（2012）的综述长达40余页，重点总结了美国学者汉语二语习得研究，对汉字学习策略、阅读策略做了非常详细的总结，也对语法形式、语用功能习得顺序的研究做了综述性阐述，但未对课堂研究进行分类总结，只对个别研究有所提及。

　　与国际二语习得界相比，汉语作为第二语言的研究起步较晚。尽管如此，对课堂教学与学习者汉语语言能力发展的相关研究已经开始，本书的写作目的之一就是呼吁更多的研究者特别是研究生关注、进入这一领域，从理论角度和实证层面对汉语课堂"教什么"和"怎么教"进行科学的分析研究，搭建一个把理论研究和课堂实践结合的平台。

结语与思考

　　本章对课堂二语习得研究主要研究方向和研究工具做了纵横两方面提纲挈领的介绍，为读者更好地阅读本书以后各章做一个铺垫，同时也希望读者通过阅读本章对自己阅读过的二语课堂研究文章做一些回顾性的分析、思考、总结。为了更深入地理解本章内容，请找出一篇汉语二语课堂习得研究文章，认真研读后写出一篇分析总结报告。请注重该研究的研究题目、实施时间、理论框架、研究方法、设计方式、结果分析、研究结论、课堂实际指导意义、局限性、不足之处及未来研究方向等。

深度阅读推荐

1．Chaudron, C.（2001）Progress in language classroom research: Evidence from *The Modern Language Journal*, 1916-2000. *The Modern Language Journal*, 85(1), 57-76.

Chaudron 是最早开始第二语言课堂研究的学者。在这篇文章中，作者从研究范围到研究方法对2000年以前发表在*The Modern Language Journal*上的第二语言课堂研究进行了综述，可作为二语课堂研究的入门阅读。

2．Ellis, R.（2012）*Language Teaching Research and Language Pedagogy*. Malden, MA: Wiley Blackwell.

Ellis是著名的第二语言习得研究专家。这部著作是他对过去30余年研究界对第二语言课堂多方面探索的总结，可以说是第二语言课堂研究的百科全书。

3．Loewen, S.（2014）*Introduction to Instructed Second Language Acquisition*. Routledge.

这本书深入浅出地讲解了在教学环境下第二语言习得研究的最新发现和教学实践意义。研究实例大都是近几年发表的，读者可以从中了解本领域的最新动态。

4．Nunan, D. & Bailey, K. M.（2009）*Exploring Second Language Classroom Research*. Heinle: Cengage Learning.

Nunan多年来一直从事第二语言课堂研究。这部著作从研究方法的角度向读者介绍了不同类型的第二语言课堂研究，是有志于进入本研究领域的教师和研究生的必读书。

5．Richards, J. C. & Rodgers, T. S.（2014）*Approaches and Methods in Language Teaching (Cambridge Language Teaching Library)*. Third Edition. Cambridge University Press.

　　这部著作自1986年出版以来，读者众多，影响深远，2001年和2014年分别推出了第二版和第三版。该书对第二语言课堂教学方法的历史变迁和各个流派特点做了非常详尽的介绍。

第二章
第二语言课堂语篇

本章导读

第二语言课堂语篇研究始于20世纪60年代末，是研究者对当时被称为"黑匣子"的第二语言课堂框架和特点的描述和分析。课堂语篇研究大都使用互动分析法、语篇分析法、会话分析法和人种学研究的基本方法（个别访谈、日记研究等），以描述性研究为主。学界对课堂语篇的关注，一是出于教师培训的目的，向教师展示什么是好的课堂行为，什么是可以改进的课堂行为；二是记录课堂上的教与学是如何通过课堂互动一步一步实现的。本章分三个部分对二语课堂语篇研究进行综述：（1）二语课堂语篇框架特点；（2）二语课堂教师行为和语言特点；（3）二语课堂学生行为和语言特点。最后提供三个有关美国汉语教学的案例，供读者讨论思考。

第一节　第二语言课堂语篇研究

第二语言课堂由教师和学生组成，教与学产生于师生（口头）语言交流互动的过程中。这一过程有开始、中间和结尾等特定环节，互动者的角色和身份也与自然环境中大部分互动不同。对这一互动过程特别是语言互动规律的研究就是第二语言课堂语篇研究。

　　一般而言，教师是第二语言课堂上唯一的目的语输入者，课堂互动基本上是在教师的掌控之中，特别是在传统的语言课堂上。为了扮演好领航员的角色，教师课前要计划好教什么（课程设计）和怎么教（教学方式），或许还要事先想好实施计划的环境（课堂气氛），上课实际上就是将这些计划付诸实现。然而这个实施过程不是发生在真空里，而是在和学生的互动中。学生是有生命、有思想、有背景的不同个体，会对教师的计划实施有这样那样的反应，因此对教师来说，课堂计划实施进程会出现很多变数，有很多不可预知性，教师要根据出现的情况不断做出判断，随时修正原来的教学安排。因此，课堂互动是师生双方的共同产物（co-product）。尽管如此，教师是课堂的主导者，可以预测课堂结束时的教学结果，也即教学计划的完成。而对学生而言，他们在课堂教学过程中，得到的是教师提供的目的语输入、练习、使用机会，以及对另一种语言和文化的开放态度。由此可见，二语课堂既有规律性又有不确定性。下图是Allwright & Bailey（1991：23）为说明二语课堂语篇而设计的平面图。

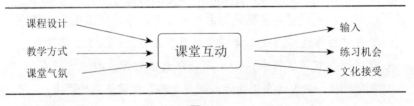

图2-1

一、课堂互动：Flanders 的"互动分析类别表"

　　早期对二语课堂语篇研究的基本方式是使用互动分析法（interaction analysis）记录课堂语篇特点。互动分析是研究者根据自己对二语课堂的看法对课堂语篇的主要方面进行甄别，比如教师提问、板书等，然后把这些主要方面进行归类，分项列入统计表。使用者在观察实际课堂时或分析课堂录音/录像时，根据表中各类课堂行为出现的次数进行统计进而计算频率、比例，从而描述所研究课堂的特点，甄别最能促进学生语言进步的课堂行为类别，比较不同课堂语篇等。20世纪六七十年代二语课堂研究者大都使用此类方法进行研究。据Long（1980）统计，当时一共有22个此类分析表，有的把课堂行为分为83类，有的只有7类，使得不同研究之间很难比较。早期最有影响的互动分析工具是Flanders（1970）的"互动分析类别表"（Interaction Analysis Categories, FIAC）。该分类表最初设计的目的是为了培训教师，因此关注点主要在教师课堂行为上。下表是亓华和李雯（2010）译成中文的Flanders的"互动分析类别表"。

表2-1　互动分析类别表

分类		编码	内容
老师语言	间接影响	1	教师表达情感，接纳学生的感受
		2	表扬或鼓励学生行为
		3	接受学生的主张和观点
		4	向学生提问
	直接影响	5	讲解
		6	给予指导或指令
		7	批评或维护权威性
学生语言		8	学生被动说话（比如回答教师提问）
		9	学生主动发言或向老师提问
无效语言		10	沉默、怀疑或暂时停顿

从上表可以看出，Flanders把课堂语言分为10个类别，其中8类是针对教师课堂语言设计的，因此有人批评他忽略了学生在课堂互动中的作用。后来很多分析表在Flanders的基础上进行修改，增加了学生

课堂行为类别，比如Krumm（1973）的分类表。互动分析法后来逐渐被其他研究方法取代。正如我们在上一章提到的，对它的批评之一是研究者以符号标记课堂行为，把课堂师生互动之间的关联割裂开来，只有数字，没有过程，不知效果，因此很难还原整体课堂过程。Long（1980）对互动分析法的局限性做了非常好的总结。

有研究者使用Flanders的互动分析表观察描述汉语二语课堂，下面我们以亓华和李雯（2010）的研究为例。这两位研究者的研究客体是一堂中级汉语会话课，教师来自美国一所著名大学，研究工具是Flanders"互动分析类别表"。两位研究者先以符号标注表中各类课堂行为出现的次数，然后使用统计软件进行计算，在此基础上对这堂课的过程特点进行分析。研究结果部分如下：教师说话比例低于常模，学生说话比例高于常模，教师提问比例高于常模，教师多数时间是在指令、讲解、提问，学生主动参与时间不足整个参与时间的1%，整体课堂是按照教师提问—学生回答—语言点操练顺序进行，操练时间占整堂课时间的80%以上。从以上研究结果来看，这是一堂非常典型的听说法课堂。研究者对这种教学方法持肯定态度，认为相对于国内以教师讲解为主的第二语言课堂，这堂课学生张口说话比例高，值得国内教师借鉴。

二、交际课堂"语言教学交际行为记录分类"

20世纪80年代交际法开始风靡二语教学领域，但是在交际法这个大架构之下，不同的教师有着自己具体的教学方法，相互之间很不一样。为了适应研究、记录交际法课堂教学过程的需要，Allen、Fröhlich & Spada（1984）根据交际教学法理论和心理语言学关于习得理论的解说设计了一套课堂观察项目表，称为"语言教学交际行为记录分类表"（Communicative Orientation of Language Teaching，COLT）。这套观察项目表依然使用互动分析法对各种课堂行为分类，但克服了以前研究者提出的一些缺陷，比如加上开放式描述部分，课堂行为分类更全面、细致。

　　语言教学交际行为记录分类表分为上下两部分。第一部分围绕交际课堂的中心"课堂活动"设计，大类别的第一项是课堂活动开放式描述，然后是活动参加者组织结构（整班还是小组）、活动内容（组织课堂还是关注语言形式）、活动涉及语言技巧或活动形式（听、说、读、画图）、活动使用材料（阅读材料长度、是否真实语料）等。每个小类别再细分，如关注语言类又细分为语言形式、功能、语篇等。第二部分用于记录课堂互动中的交际特点。

　　语言教学交际行为记录分类表推出之后同样遭到批评，其中之一是过于繁复，难以应用，主观性过强，有时让使用者难以为某一课堂行为归类。Spada & Fröhlich（1995）又出书解释该表的使用。他们总结说，这套观察工具得到了业界广泛的认可，有很多研究者在使用，较具权威性，记录的课堂行为也比较全面。但也有研究者不同意这样的结论，比如Ellis（2012）。Nunan（2005）认为，语言教学交际行为记录分类表可以让研究者量化课堂互动过程，记录、比较二语课堂的交际程度，使得不同课堂的比较成为可能。他根据这套课堂观察工具设计了一些问题，研究者通过回答这些问题，可以把握课堂交际过程的不同方面。我们看看Nunan的问题。

表2-2　Nunan 设计的问题

特点	问题
第一部分：课堂活动	
课堂活动类别	课堂活动的类别是什么？比如说是句型练习、角色扮演或是听写练习？
活动参加者组织结构	教师是否与整班学生一同参加？ 学生是分组活动还是独自在自己的座位上活动？
活动内容	活动内容的中心是组织教学、语言（形式、作用、篇章、社会语言特点）还是其他？ 活动题目面比较宽泛还是比较狭窄？ 选择题目的是老师、学生还是两者共同的决定？

续表

特点	问题
活动技能	学生使用的语言技能是听、说、读、写还是这几种技能的组合？
活动使用的材料	使用材料的类别？ 课文的长度？ 材料的来源和目的？ 材料使用中对活动进行的控制度大小？
第二部分：课堂互动	
目的语使用	目的语使用了多少？
信息差	活动时需要的信息事先可知程度？
语言长度	活动时所用语言的长度是可延长的还是只被限制到一个词、一个短语还是一句话？
过程反应	参加者是否对一段话做出反应还是对既定信号做出反应？
整合他人刚说完的话	说话者说话时是否对他人刚说出的话做出反应？
话语开端	学生是否有机会开始新的对话题目？
语言形式限制	教师是否期待学生使用特定的语言形式？

注：据Nunan（2005：233）翻译。

下面是Allen、Fröhlich & Spada（1984）根据表中第二部分对两堂不同教法的课堂互动片段做出的分析：一堂课教学方式比较传统，一堂比较有交际教学的特点。左边是教师和学生之间的课堂话语片段，右边是对两段话语片段交际特征的分析。让我们看看两个课堂的不同：

表2-3

	话语片段	交际特征
传统式教学	老师：今天几月几号?（What is the date today?） 学生1：四月十五号。（April 15th.） 老师：好。 老师：今天几月几号?（What is the date today?） 学生2：四月十五号。（April 15th.） 老师：好。	目的语/假性提问/语言量小 目的语/可知信息/语言量极小/语法使用有限 目的语/评论/语言量小 目的语/假性提问/语言量小 目的语/可知信息/语言量极小/语法使用有限 目的语/评论/语言量小
交际式教学	老师：这个周末你做什么了？（What did you do this weekend?） 学生1：我去看电影了。（I went see a movie.） 老师：不错啊。看的什么电影？（That's interesting. What did you see?） 学生：星球大战。我非常喜欢。他真棒。（EI. I really liked it. He is so cute.） 老师：我也看了，特别喜欢。别人还有看过的吗？（I saw it also and really liked it. Did anyone else see it?）	目的语/真性提问/语言量小 目的语/不可知信息/语言量小/语法使用无限制 目的语/评论/扩展话题（真性提问以得到信息）/延伸话语 目的语/不可知信息/延伸话语/假性提问/语法使用无限制 目的语/评论/扩展话题（真性提问以得到信息）/延伸话语

从以上分析而看，交际式教学的片段更接近自然语境，师生互动更真实，也更具有交际法教学特点。

三、三段式课堂话题链

对以教师为主导的二语课堂语篇研究，还有一部分研究者使用语篇分析的方式分析课堂框架，其中最有影响的是Sinclair & Coulthard（1975）的课堂话题链三段式，即"话题开始—回答—评论"（initiation-response-feedback, IRF），原先是两位学者根据语言学和社会语言学理论对第一语言课堂语篇的描述，其中师生对答的三段式非常符合第二语言课堂上典型的师生互动，因此研究者常使用它记录分析二语课堂过程。请看下例：

> 教师：王朋，今天几月几号？　　　　（话题开始）
>
> 学生：今天二月三号。　　　　　　　（回复）
>
> 教师：很好。　　　　　　　　　　　（评论）

很多研究者发现，IRF 三段式占据着以教师为主导的二语课堂的整个过程，体现着知识传递这样一个特质（Lemke，1990），也表现了课堂教师和学生地位不平等的事实（Berry，1981）。对IRF还有不同的说法，比如IRE，E指的是评估Evaluation（Mehan，1979），Q-A-C（Question-Answer-Comment，问题—回答—评论）（McHoul，1978）等。研究发现，传统的以教师为中心的二语课堂是由一连串这样的对答链组成的，每一步（move）可以由不同的表现形式（act）实现，比如说第二步回复可以是对教师提问的回答，也可以是因为回答不出来的道歉。第三步教师评论可以是对学生答复的接受（accept）"是的"，评价"不错"或"不对"，评论"有道理"，或提示"今天二月三号还是二月四号"等。前面提到的亓华和李雯（2010）关于汉语会话课的研究，他们就发现，整堂课基本上是按照教师提问—学生回答—语言点操练顺序进行，可以说是IRF 三段式的另一种表现形式。

人们对IRF三段式在二语课堂普遍存在的现象持有不同的看法，但大部分学者持否定态度。这些学者普遍认为，在IRF三段式的课堂教学中，学生没有过多的机会输出长一点的话语，也不太可能使用目的语实现更多的语言功能，IRF不是真正的交际互动，不存在自然互动双方的交际距离（gap），不是具有真正意义的意义沟通（meaning negotiation）。Nystrand（1997）指出，IRF三段式与学生的学习机会呈反比，也就是说，用得越多，学习效果越差。Van Lier（2000）也认为，在充满IRF三段式的课堂教学中，学生的学习主动性受到了严重的制约。但也有研究者不同意以上对IRF的负面评价，比如Wells（1993）提出，IRF无所谓好坏，主要看当时课堂的具体情况以及使用IRF所要达到的课堂目的。

研究者对IRF 三段式的每一话轮都非常关注，但引起人们最多兴趣的是最后一个话轮：教师反馈（下两节对第一和第二话轮再做讨论）。比如Lerner（1995）和 Seedhouse（2004）对教师第三话轮零反馈进行了研究。Lerner认为，零反馈是教师给学生机会继续原来的话语；Seedhouse认为，零反馈是教师对学生回答的正面肯定。更多的研究者关注教师反馈的不同功能。Jarvis & Robinson（1997）对小学英语外语课堂上教师第三话轮的特征进行了详细分析，指出第三话轮不仅是对学生回答的总结或评价，更是在扮演推动师生话语互动发展的角色。Waring（2008）通过对教师正面反馈（如不错、非常好）的研究提出，这类充满鼓励的评价其实对学生的语言发展起着制约作用。Nassaji & Wells（2000）调查了小学自然、艺术课上的三段式对话，发现评估式反馈阻碍了学生的话语输出，不能很好地促进师生互动的进一步发展，但包含其他信息的反馈则能够很好地促动学生继续输出，可以使课堂互动变成自然环境下的互动。Cullen（2002）将第三话轮中的教师反馈分为评估式反馈和话语性反馈，认为两者之间有本质的不同，话语性反馈更加具体、丰富，创造了一个师生讨论的平台，促进了三段式话语的延续。例如教师根据学生的回答可对学生的话语进行重述（recast），进而促使学生注意语言形式。请看下一段课堂对话片段：

　　　　教师：王朋，你每天早上做什么？　　（话题开始）

　　　　学生：我听中文录音。　　　　　　　（回复）

　　　　教师：你每天早上听中文录音。　　　（评论）

　　　　学生：我每天早上听中文录音。　　　（回复）

在这一段对话片段中，教师没有用简单的评价结束学生的回答，而是重述了学生的回答并加入学生没使用的时间状语"每天早上"，学生在此基础上又做了回应，加上了时间状语，因此这段对话片段成为了IRF（R），而最后这个R也就是Lyster & Ranta（1997）所称的"领悟回应"（uptake），是学习者对语言形式掌握并使用的外在表现。

对于IRF三段式的第三步教师反馈的研究是目前二语课堂习得研究的热门话题之一，我们将在第三章和第六章展开详细讨论。在此我们要特别指出的是，IRF三段式并不是二语课堂进程的唯一架构模式，由学生开始并掌控的话语篇章也出现在二语课堂上，比如任务教学课堂、小组活动等。

四、话轮转换和话语修复

对第二语言课堂语篇特点，另外一批研究者使用会话分析（conversational analysis）的方式，描述课堂互动参加者在会话的每个环节是如何弄懂对方又如何回应的。他们最为关注的是课堂话轮转换（turn-taking）和话语修复（repair）两个问题。话轮转换是指人们会话语权交接的过程，话语修复是指在会话中出现问题交流不能继续下去时（如听不懂）人们修复的过程。

在自然语境中，几个人说话时一般一次只有一个人在说话，这个人可以挑选下一个说话人，也可以让在场的其他人自我选择做下一个说话人，此时通常有几个人都要选择做下一个说话人，形成一种话语权"竞争"状态。但在传统第二语言课堂上，这种话轮转换机制通常并不存在。Lorscher（1986）在调查德国英语外语课堂时发现，话轮转换权几乎全部掌握在教师手中，教师挑选下一个说话人，学生说完后也会把话语权再还给教师，教师也有权打断或终止学生的话语权。Van Lier（1988）总结出二语课堂话轮和话语修复的基本规律：在全班共同活动时，或一个学生在说话或很多学生一起说同样的话，如果情况不是如此，便会出现话语修复过程。Markee（2000）进一步总结了二语课堂话轮转换机制，话语题目是教师事先决定的，话轮转换到学生时通常是一起说；一般来说，教师的话轮长，学生的话轮短，如果学生话语长至句子，那他们是被教师要求展示知识，这些都表示了师生之间话语权的不平等。

上述描述的主要是以教师为主、以语言形式为纲的传统二语课堂。然而，现在许多二语课堂并非自始至终都是如此，如很多教师会让学生做活动，以课堂任务为主或为辅。在这些课堂上，话论转换机制与上面描述的有所不同。Seedhouse（2004）把不同课堂教学语境分为四类：（1）以语言形式为主的教学语境，课堂关注点在语言的准确性上；（2）以意义表达为主的教学语境，课堂关注点在语言使用流利性上；（3）任务活动教学语境；（4）组织课堂教学语境，比如教师讲解如何做某项活动。这些不同的教学语境会有不同的话轮转换机制。以下是Ellis（2012：99）根据Seedhouse的分类总结的：

表2-4

语境	话轮转换特点
以语言形式为主	严格的话轮转换控制； 教师发起话轮转换，学生接话回应； （可能出现）教师对上一轮话语的评价。
以意义表达为主	话轮转换呈多元状态； 话轮转换控制在学生手中； 当教师控制话轮转换时，学生是否有机会转换延伸话题至关重要。
课堂活动	话轮转换形式取决于课堂活动性质； 学生必须主动建立话轮转换机制； 学生使用的语言可能非常简单，为的是尽快完成课堂任务。
组织课堂教学	通常是教师一言堂，没有话轮转换； 下列情况可改变这个情况： 　学生要求老师做进一步解释； 　教师提出展示性问题； 　教师要求学生重复进程。

从上表我们可以看出，二语课堂并非铁板一块，只有一种由教师控制的话轮转换机制。但Seedhouse同时也承认，课堂上真正的以意义表达为主的与真实会话语境相似的情况非常少。

课堂上的"话语修复"是会话分析研究者的另一关注点。Sacks、Schegloff & Jefferson（1974）总结说，在自然语境中，话语修复可以：（1）自我开启修复过程并自我实施修复；（2）自我开启修复过程但他人实施修复；（3）他人开启修复过程但自我实施修复；（4）他人开启修复过程并实施修复。在自然环境下的会话过程中，第一种可以说是最理想的话语修复过程，第四种最不理想。但研究者发现（如Seedhouse，2004），在二语课堂上，特别是在"以语言形式为主"的课堂语境中，第三和第四种修复过程更为常见。这类话语修复的过程通常是：教师让学生提供一个正确的话语片段但学生给不出来，在这种情况下，教师会给学生机会实施自我修复，如果学生修复失败，教师会自己实施修复或让另一个学生修复，无论教师鼓励犯错学生自我修复还是让其他学生修复，都为学生提供了学习机会。但在实际课堂上这种情况并不常见（Ellis，2012）。Seedhouse 发现，在"以意义表达为主"的课堂语境中，话语修复往往跟自然话语语境相似，教师也往往会忽略语言错误，允许学生用简单甚至错误的语言，除非"意义沟通"失败，学生不修复错误就不能继续沟通下去。如何在二语课堂上实施话语修复与"意义沟通"和"纠错反馈"密切相关，我们会在第三章和第六章展开。

五、"鹰架"搭建：社会文化理论下的二语课堂语篇

社会文化理论下的二语课堂语篇是通过"鹰架"搭建和寻找"最近发展区"提供互动学习的合作过程。鹰架搭建的原义是指架设在建筑物外部用来帮助施工的一种设施，社会文化理论把鹰架搭建概念应用到二语课堂教学上，引申为支持学生的策略，目的是保障学生学习成功、把所学知识和技能延伸到新的领域，并在学生能自立时及时撤离。教师要按照学生知识和技能发展的需要搭建鹰架，也就是要找到Vygotsky所说的"最近发展区"。最近发展区是指个体已有的能力和潜在发展能力之间的差距。Wood、Bruner & Ross（1976）描绘出六种课堂鹰架搭建的方式：调动学习兴趣、简化要完成的任务、强调任

务特点、保持学习动力、控制学生的畏难情绪、为学习者做语言模板等。Guk & Kellogg（2007）对韩国小学课堂上课堂鹰架搭建进行了比较调查，发现鹰架搭建出现在师生互动和生生互动当中。在师生互动中，教师用分析教学的方式讲解语言特点，鹰架搭建主要通过语言知识讲解、学生复读、提问等实现；而生生互动的鹰架搭建发生在小组活动的共同完成语言任务的过程中；两种鹰架搭建相辅相成。我们下一章再对课堂鹰架搭建展开讨论。

社会文化理论有关课堂语篇的另一个研究分支是探讨IRF三段式中最后一个轮回教师鹰架的搭建，Waring（2008）提出，如果教师在这一轮回对学生正确回答使用鼓励评语，会剥夺学生进一步学习的机会，取而代之的是教师可以用"你为什么这样认为？"的问题继续搭建鹰架，为学生提供更多的语言输出机会。另外，社会文化理论对小组活动在二语学习上的作用也发表了不少有影响的文章，我们将在下一章展开讨论。

第二节　第二语言课堂上的教师

课堂二语学习和自然条件下二语学习的最大不同是前者学生得到的语言输入主要来自教师（教材以及其他学生），特别是在非目的语环境下学习外语的学生，因此课堂上教师语言及其在与学生互动中提供的语言输入对第二语言学习/习得至关重要。Krashen从理论层面上阐明了二语课堂教师语言对学习者学习的重要性。他在《第二语言习得的原则和实践》（*Principles and Practice in Second Language Acquisition*）（1982）一书中提出了五项第二语言习得理论，其中"输入假设"（the Input Hypothesis）是核心部分。Krashen认为，只有当二语学习者接触到可理解的语言输入（comprehensive input），即略高于他现有语言水平的输入，其中介语才有可能向前发展，这就是著名的"i+1"理论。"i"代表学习者现有的语言知识,"1"代表略高于学习者现有的语言知识部分。Krashen认为,理想的输入应具备以下四个特点:(1)可理解性,不可理解的输入只是一种噪声;(2)输入应既有趣又相关,无论是教师课堂语言还是教材,课堂任务越有趣越有关联,学习者就越有可能在不知不觉中习得语言;(3)输入不要按照语法程序提供;(4)学习者要有足够的输入量,习得一个新的语言结构,几道练习、几篇短文远远不够,只有通过长时间有意义的语言接触才能实现。习得是随着时间的流逝自然而然达到的,不能直接教会。

Krashen的理论代表了当时众多研究者对二语教师课堂语言的兴趣。到真实课堂观察课堂教师,探究教师语言特征以及教师是如何通过提问题、改错、反馈等方式让自己的输入变得更具可理解性是研究者关注的话题。以下我们先简短讨论二语教师课堂语言特点,然后讨论教师课堂问题和母语/目的语的使用,而课堂教师改错和反馈我们在第六章再重点展开。

一、教师语言

早期出现不少针对教师语言特点的研究,Holmes(1978)的研究最具代表性。Holmes通过研究发现,二语课堂上因为教师年龄长于学生,有掌握课堂走向的责任,教师与学生之间的不对等关系等,说话量占整体说话量的80%。教师课堂话语内容包括组织教学、课堂管理、讲解语言现象,问学生问题、回答问题、指令学生活动、改正学生错误、和学生聊天等。与课堂外母语说话人比较,教师一般而言说话语速较慢,停顿多且长,说话更清晰,声音更大,语调重音更明显,使用常用词汇的比例更高,句子更简短,使用更多的叙述句,自我重复率更高等。但Holmes也发现,不同教师之间的差别很大,差别主要与所教学生的语言水平有关。总而言之,二语课堂教师语言具有成年人跟儿童说话的特点,即保姆式语言(caretaker-talk)。

　　儿童在母语习得过程中，来自成人的话语输入是他们听得懂的，也是他们语言发展的来源。但教师在课堂上使用保姆式语言是否有益于学生目的语的发展是研究者关注的问题。有的研究者持肯定态度，如Wong-Fillmore（1985）。但也有学者认为，教师如果不使用Krashen所说的"可理解语言"，可能会迫使学生去注意输入中的语法特点，不然他们会听不懂教师所说的话；只有这样，才能促进学生语言知识的发展（White，1987）。近年来，对二语课堂教师语言特点的研究不多，原因可能是这类研究已有定论。

　　在汉语二语教学界，近年有个别学者对汉语教师语言做了研究。郝琳（2003）对50名汉语教师进行了不记名问卷调查，调查教师课堂语言特征。研究结果显示，有的教师坚持使用自然语言，但大部分教师会"屈就"学生的语言水平，调整自己的语言，使用句子、词汇简单的语言。研究者认为，后一类在初级教学中对学生学习是有积极作用的，但到高年级，教师语言应更接近自然语言水平。

二、教师课堂提问

　　我们刚才提到，第二语言课堂语篇中充满着IRF三段式，而教师提问作为IRF三段式的开启，自然引起很多研究者的关注。早期研究者热衷于对教师课堂问题的分类，有的研究者从形式上分，有的根据问题的功能分，也有的从认知角度分。

　　Barnes（1969）根据形式把教师问题分为四类：（1）事实性问题（是什么）；（2）原因性问题（"怎么了"和"为什么"）；（3）开放性问题；（4）用来组织课堂或拉近师生关系的社交性问题。Barnes进一步把第二类问题分为开放性问题（open question）和闭合性问题（closed question），前者的答案可以是多个，后者的答案只有一个。但Barnes特别指出，二语课堂上存在着很多"伪问题"（pseudo-question），一些表面上看起来有多个答案的开放性问题，实际上是闭合性问题，答案只有一个，比如"你现在上几年级？"。因此他下结论说，由于二语课堂的特质，教师问题分类不但要从形式上分，还应从功能上分。

Long & Sato（1983）对二语课堂教师问题的分类也是根据形式而分。他们把问题分为两大类：回应性问题（echoic questions）和认识性问题（epistemic questions）。回应性问题用来确认交流双方是否明白对方的意思，以保证交流顺畅，可分为理解核实（comprehension check）、澄清请求（clarification request）和确认核实（confirmation check）。认识性问题是向对方索取信息，可进一步分为展示性问题（display questions）和参考性问题（referential questions），前者属明知故问，提问者已知问题答案，提问目的不是索取答案，而是检验对方是否知道答案或掌握相应的知识；而后者是提问者不知道答案，提问目的是索取答案。"展示性问题"一般是闭合性问题，而"参考性问题"可以是开放性问题（open referential questions），有多个答案，也可以是闭合性问题（closed referential questions），只有一个答案。教师课堂问题分类请看下面根据Long & Sato（1983）的分类表（例句由本文作者提供）。

表2-5

问题类别	具体分类	例句
回应性问题	理解核实	同学们，你们都明白吗？
	澄清请求	那位同学，你的话我不太明白，你再说一遍，好吗？
	确认核实	那位同学，你的话我不太明白，你是说"吃过饭了"吗？
认识性问题	展示性问题	这个词的英文是什么？
	参考性问题	你为什么迟到了？

其实很多问题很难准确归类。比如老师在早晨第一节课问某同学"你吃过早饭了吗？"，此时他或许并不知道学生是否吃过早饭，属参

考性问题，但他的真实目的是检验这个学生是否会用"了"字回答问题，又属展示性问题。Hakansson & Lindberg（1988）对教师课堂问题从不同层面做了更详细的分类：（1）问题的形式（是非问题、选择问题、特殊问题）；（2）问题的认知层面（单纯要求学生重复或要求学生进行思考后回答）；（3）交际层面（展示性问题或参考性问题）；（4）问题走向（问题与语言相关还是跟实际生活相关）。由此可见，一个问题有多个层面，教师在很多情况下是有多重目的的。

对于不同形式问题的出现频率，Ellis（2009）总结说，二语课堂教师问题主要是"闭合性"和"展示性"问题。Long & Sato（1984）对六个英语二语课堂的调查表明，教师提问了476个展示性问题，128个参考性问题，前者比例远远高于后者。而在他们搜集的自然环境语料中，参考性问题与展示性问题的数目分别是999和2，母语说话人之间很少有人用展示性问题来考察对方。Long和Sato总结说，二语课堂高数量的展示性问题表明教师在课堂上的教授重点是语言形式，而不是使用语言进行真正的意义交流。

Brock（1986）做了一项实验研究，把四位教师及所教班级分为实验组和对照组，实验组的教师接受课堂提问训练，尽量在课堂教学上使用参考性问题。实验结束后的研究结果表明，实验组教师使用参考性问题的数量多于展示性问题，与对照组相比差异具统计学意义；实验组学生对参考性问题的回答从长度到复杂度都高于对展示性问题的回答。上述研究说明，二语课堂应更多使用参考性问题，为学生提供使用语言进行交流的机会。

在汉语二语课堂研究领域里，Zhang（2009）利用话语分析的方法，对两名中文教师课堂提问的动态过程、问题类型、提问策略以及提问话语进行了比较分析，考察了两个不同教师提问行为在创造学生课堂话语参与机会、为学习提供鹰架帮助方面的差异。研究者发现，教师提问的质量决定学生回答问题的质量。亓华和杜朝晖（2008）在北京师范大学9个中级汉语会话平行班上对9位教师的课堂提问做了研究。他们依照Long & Sato（1984）的分类对教师问题进行了分类统计。结果显示，9位教师之间相比，展示性问题与参考性问题使用的比例大不一样，前者从80.2%到18%不等，后者从81.7%到18.6%不等。这一结果表示，展示性问题已不像Long & Sato（1983）研究结果显示的那样，占课堂教师问题的大多数，有的汉语教师在课堂上已很高比例地使用参考性问题。从课堂阶段看，教师在课文导入阶段的提问的问题，参考性问题占绝对多数，9位教师中有3位百分之百地使用了参考性问题；但到生词阶段和课文讲解阶段，展示性问题比例居多。这一结果表明，教师选择使用展示性问题还是参考性问题与课堂阶段相关。研究者并未全面否定展示性问题，认为展示性是课堂教学不可或缺的，但同时也建议，教师要更多地使用参考性问题。他们还用实例展示两种问题混合使用的策略。有时教师先用展示性问题考察学生语言知识的掌握情况，然后用该语言知识把话题转移到学生身上，用参考性问题问其他学生。这或许说明，课堂教学把两类问题结合在一起使用或许是不错的选择。

教师提出问题后，给予学生的"等待时间"也是早年部分研究者关注的课题。Rowe（1974，1986）对非语言课堂的研究表明，教师在提问后给予学生的平均等待时间是一秒钟，一秒钟后教师或是自己提供问题答案，或是换另一种方式重问问题，或让另一个学生回答问题。Rowe还发现，如果教师等待时间延长至三到五秒，问题回答的平均长度就会增加，回答失败的数量就会减少，主动回答的可能性就会增加，答案的质量也会提高。Rowe 的结论同样适用于二语课堂。White & Lightbown（1984）发现，教师通常不给学生足够的等待时间，而时间越短，学生回答的问题就越短。Holley & King（1971）发现，教师在等待时间上受过策略训练后，学生回答的句长和复杂度都会增加。刘弘、靳知吟、王添淼（2014）对汉语课堂熟手教师与新手教师在课堂上给予学生的等待时间进行了对比，发现熟手教师的等待次数和等待时间都少于新手教师，说明等待时间的长短与教师问题的质量有关。熟手教师由于经验丰富，提出的问题更切中要点，更符合学生的语言水平，所以学生回应快。因此他们的结论是，等待时间的长短与教师提问方式、提问质量、课堂应变能力等因素密切相关。

除了等待时间之外，教师问题质量的最好检验是问题之后学生语言输出的机会与回答的质量。Brock（1986）对大学高级英语二语班的课堂研究显示，参考性问题回答的平均长度为10个单词，而展示性为4.3个，具有统计意义。Long & Crookes（1987）、Nunan（1990）、White（1992）、亓华和杜朝晖（2008）的研究也都得出了类似的结论。亓华和杜朝晖（2008）对9个中级汉语会话平行班的两类问题引出的学生回答字数是展示性问题回答字数平均为4个汉字，而参考性问题回答字数平均为19个汉字，远远高于展示性。从他们给出的10个片段可以看出，展示性引出的回答有时非常短（如片段一），有的时候学生根本不回答，导致平均回答字数较低。这一发现说明，展示性问题有时不能引发输出机会的产生，但也有例外（如片段二）。

【片段一】

老师：烦是什么意思？烦。

学生：麻烦。

【片段二】

老师：韩流是一种什么现象？

学生：韩流是很多人喜欢看韩剧。

这两个片段说明，展示性问题是否能引发理想的话语输出不能一概而论，第二个学生的回答就很长。因此White（1992）呼吁研究界重新审视展示性问题，应对它做更细致的分类。另外在IRF三段式中，教师通常都会给学生的回答从内容到语言做出显性或隐性评价，教师的评价或许停止该话语轮，或引发新的一轮，我们在上面已做了简要讨论，第六章再做延伸讨论。

三、第一语言/目的语言使用

无论20世纪五六十年代的听说法教学还是80年代开始的交际法，以至后来的任务教学法，在课堂上使用第一语言都是不受鼓励的，特别对于在非目的语环境下学习外语的学生，他们得到语言输入的机会几乎只限于课堂教师说话。在课堂教师语言使用种类的研究中，最有影响的是Duff & Polio（1990）对美国加州大学某分校的13个外语课堂的研究。

参加此项研究的外语课堂有亚洲语言和欧洲语言，其中也有中文。资料收集包括每个语言两节课的实地教学观察和录音、学生问卷、教师访谈等。研究者在分析26节课的观察资料和录音之后表明，不同课堂之间目的语使用的比例差异很大，从10%到100%，平均为67.9%，中间数为79%。同一位教师两节课的目的语使用量也存在差别，从0.6%到39.2%不等。13位教师中，有6位使用了90%以上的目的语。学生问卷显示，绝大部分学生对任课教师目的语使用量表示满意，无论教师的使用率是10%还是100%，由此研究者得出结论，学生并不认为高频率的目的语使用会影响他们课堂上的理解。换言之，课堂如果较多地使用目的语，同样可以达到语义传递的目的，且较多地使用目的语可以增大学生的语言输入量。研究者结合课上目的语使用的百分比结果对任课教师进行了深度访谈，内容包括教师的教育背景、教学理念、对学生语言程度的判断、对学生选修目的语的看法，及所在院系对课堂目的语使用的规定。访谈结果显示，决定课堂目的语使用多寡的因素有：（1）目的语与英语（学生母语）的距离，即目的语是否跟英语一样同属印欧语系，若两者距离大，使用目的语讲解语法和课堂管理难度就较大。这一结果与课堂录音显示的百分比差异基本吻合，几个书写系统不同于印欧语言的语言，课堂目的语使用百分比都比较低。（2）所在系对课堂目的语使用的规定。这项研究涉及的语言系共有7个，其中3个系严格禁止教师上课用英语，这3个系的3

位被访教师都特别强调，系里的规定是他们口头使用英文很少的重要
原因。还有5位教师提到，上级鼓励他们上课时尽量使用目的语。但
另外2位教师提到，他们的上级从来没提起过上课使用什么语言的问
题。（3）授课内容。在以讲解语法条目为主的课堂上，英文使用量高
于句型操练和练习。13位中的5位老师提到，用英文讲解语法更有效，
可以节约有限的课堂时间；但也有2位教师提到，学生可以自己用英
文学习课本上的语法条目，上课不需使用英文再讲一遍。（4）教师
本身对课堂使用目的语/学生母语的态度。在参加研究的13位教师中，
2位有语言教育学位，3位上过语言教学法课程，这5位均认为外语课
上应尽量多使用目的语。但使用目的语比例较低的教师并不认为他们
应该增加目的语的使用量，因为会占用过多的讲解时间。其中1位教
师正在自己上英语课学习英文，提到自身的英语课堂学习经验说，上
课使用目的语学习进步很快，但给学生的压力太大。还有2位教师认
为，外语课的目的是教给学生目的语国家的文化、历史、语言，因此
英文是必不可少的课堂交流工具。另外研究者还发现，教师英文程度
的高低与课堂英文使用量没有相关性。研究者最后对提高课堂目的语
使用量做出以下建议：（1）使用简化的目的语与学生沟通，比如多重
复几次、降低语速、学期开始时就教给学生常用的课堂用语；（2）多
使用教学辅助手段，比如卡片、幻灯；（3）自录教学过程，进行教学
自我提高；（4）所在系建立外语课堂使用目的语的规定；（5）每次上
课留下几分钟用母语答疑，其他时间使用目的语教学等。

　　Duff & Polio的研究表明二语课堂使用学生母语是常见的现象。近
年来，一些研究者对二语课堂使用学生母语采取了更容忍的态度，特
别是社会文化理论派的学者。他们认为，学生母语是搭建鹰架区的工
具（Anton & Dicamilla，1999），使用母语是不可避免的，有时是有
益二语学习的（如 Harmer，2007）。Harmer（2007）认为，在语言学
习的初始阶段，母语和目的语之间的翻译是自然的，不可避免的，两

种语言的相互比较会促进语言学习，对营造良好的语言学习气氛也有好处。Edstrom（2006）根据对自身课堂的研究也提出了相似的观点。她发现，在语法教学、课堂管理和验证学生理解时，她常常会从目的语转向学生母语，这样她可以跟学生更好地沟通，保持更良好的关系，完成用目的语不太可能完成的任务，比如讲解文化现象。

国内学者王召妍、郑新民（2012）对汉语课堂使用英语和汉语的问题进行了个案研究。参加研究的教师教学经验丰富，了解现行教学理论，英文流利，任教一年级综合课。研究者通过课堂观察录音、教师学生访谈等收集资料。在对任课教师的访谈中，研究者使用刺激回忆法，边放录音边提问题，让教师回到当时的授课语境中，解释汉英转换的教学功能。研究定量统计结果显示，参试教师课堂每节课英语平均使用量为29%；在236个IRF对话回合中，纯汉语对话24%，纯英语对话18%，含双语转换占58%。在1 118个话轮中，含英语的话轮为712个。由此可见，在汉语初级课里，非目的语的使用量非常大。研究者在分析含双语转换的IRF系列时进一步发现，教师汉英语码转换多发生在第三个序列，首轮教师使用汉语量为68%，但第三个序列只有15%，且转换通常呈汉英走向，说明IRF系列的第二步学生反应是教师语码转换的主要影响因素之一。参试教师认为，汉英转换是在词汇、语法等表达受到学生汉语水平的限制情况下，被迫转到学生熟悉的语言上，是教学效果所驱动的，教师本着经济的原则，在最短时间，以最便利的方式，用最省力、最易被接受的方式进行讲解，进行语义协商。在对学生的访谈中，研究者发现大部分学生接受课堂上教师使用英语。他们认为，如果汉语实在不能沟通，借助英语辅助汉语教学是一种可接受的有效方法。但也有一名学生反对课堂说英语。这位学生自己也是一名教师，他认为课堂上师生最好都使用汉语。教学政策也是影响教师使用英语的因素之一。尽管2002年国家汉办出台政策，要求对外汉语课最大化地使用汉语，减少英语作为课堂媒介语的使用（Wang & Kirkpatrick，2012），但被试学校并没有对教师提出相应的要求，这也应该是被试教师使用英文比例大的原因之一。这一发现与Duff & Polio（1990）的发现相同。研究者的结论是，课堂教学中，使用非目的语教学，对教学内容起到解释、翻译和语篇衔接的作用，是提高课堂互动质量的有效教学策略。

综上所述，第二语言研究的主流互动学派对课堂使用非目的语持反对态度（如Ellis，1984），但也有研究者持肯定态度。对于二语课堂使用何种语言，Harmer（2007）的建议或许比较折中：二语教师首先应该承认学生母语的存在并给以尊重，在学习初始教师应跟学生进行沟通，告诉他们什么时候可以用，什么时候不可以用，比如在完成交际任务时，母语应该禁止使用。Harmer的建议还是过于笼统。下面两个片段（王召妍、郑新民，2012），教师使用英文是否必要值得商榷。

【片段一】

T：流血，blood，还有流什么？

S1：流眼……（3s）

T：流眼什么，tear，how to say "tear"？

S2：眼水。

T：眼水？（板书眼泪），you know, this means tear, 眼泪，the water comes out of the eyes, 流眼泪。

【片段二】

T：你像一个老师。

S：像？

T：像就是like。

四、教师教学理念与课堂实际行为

教师教学理念（teachers' belief）与实际课堂行为是否一致是教师行为研究的另一条支线。教师理念是指教师对教学的看法（Woods，

1996)，包括对学科、教学、学生、学习、教师角色、课堂等的认识和态度，指导着教师的教学决策与课堂行为。影响语言教师理念有诸多因素，其中最重要的是本人之前语言学习经历，无论正面或负面。但教师理念是可以在外界的影响下改变的，一是通过教师培训，一是通过自己对教学实践的反思。

刘璇和江新（2010）对教学实习对职前教师语法教学观念的影响做了一项研究，研究对象是90名大学三年级对外汉语本科生，原始资料来自实习前和实习后的两次问卷调查，问卷内容涵盖语法教学的作用、策略和纠错三大方面。研究者通过比较两次问卷结果发现，实习学生可以通过实习培训和实践反思加强或改变原有的教学理念。研究显示，实习后学生加强了语法教学在整体教学中作用的观念，但对如何教授语法的看法有改变，比如对显性语法教学作用的态度分数下降，交际互动对语法学习作用的平均分数上升。实习生通过实习更赞成使用汉语（而非英语）教授语法，课堂纠错更加重视语言形式和表达的正确性。但研究者同时发现，实习生对某些课堂策略持有矛盾状态，比如课堂即时纠错、归纳法教授语法等。但由于被试在实习期基本是课堂观察，时间只有三个星期，且资料采集仅通过单纯问卷，上述结论还需进一步论证。

对于教师教学信念关注最多的是教师所说的理念与课堂行为之间的差距。研究发现，教师所陈述出来的教学信念与他们在课堂上的实际教学行为有时候并不一致，影响因素包括宏观教学政策、流行的教学观念、客观教学环境、与学生的关系等（Ellis，2012）。本章最后提供了两名美国汉语教师由于客观环境的制约教学理念与教学实际相矛盾的案例。江新和张海威（2011）就这个问题对三位教学经验不一的教师进行了个案研究，资料采集通过问卷、教学观察和采访。研究结果显示，准教师的教学理念和教学行为相当不一致，新教师的教学理念和教学行为一致的情况比较多，不一致比较少，老教师的教学理念和教学行为相当一致。也就是说，教龄影响着教学理念和教学行为的一致性。

Lü & Lavadenz（2014）对39位美国中小学汉语教师进行了教师理念问卷调查，还对其中的4位新教师进行了课堂录像，并就录像中表现的教学行为对他们进行了个别访谈。研究者发现，尽管这4位教师认同美国以学生为中心的能力教学标准，但实际教学中很少使用互动式交际课堂活动，表现了陈述出来的教学信念与实际教学行为不一致的状态。

第三节　第二语言课堂上的学生

与教师研究比较，对学生课堂行为和语言特点的研究并不多，这或许是因为学生在课堂语篇中所起的作用远不如教师那么重要，参与量只有三分之一左右。早期对课堂学习者的研究主要是把他们与自然环境下的学习者相比，比如语法、语用、交际能力发展规律等，以证实课堂教学的必要性。本节在对这些研究做归纳总结的基础上，对课堂学生母语使用现象和课堂参与量做讨论。

一、课堂学习者习得发展规律

Lightbown（1983）对魁北克法语区学英语的36名儿童进行了语法形式习得的研究，为期一年。研究结果显示，外语课堂学习者对英语进行时和第三人称单数的习得与自然环境学习者基本相同。但研究结果同样显示，课堂大量输入某一语言形式会对学生使用该目标形式有阶段性的影响。Ellis（1984）对3个刚到英国学习英语的儿童进行了跟踪调查。尽管研究是在第二语言学习环境进行，但3个儿童开始时接受的语言输入仅限于课堂教学。Ellis发现，他们习得英语否定词和疑问句的习得规律跟自然环境的学习者完全一样。Ellis（1992）又报告了在21个月课堂教学环境中两个儿童习得英语请求的情况，发现课堂提供习得请求的语用机会很丰富，但跟自然环境还是有差别，两个学习者在开始阶段很长时间请求他人帮助时只利用上下语境而不使用请求词（如"Please give me..." "Can you...?"）实现请求目的。

　　课堂学习者语言交际能力发展的路径与自然环境下的二语学习者也很相似。对自然环境下的学习者观察发现，很多人会在初始阶段经历相当一段时间的"安静期"（silent period），但课堂学习者通常从一开始就被"强迫"张嘴。尽管如此，一些在目的语环境中的儿童还是在学习初始阶段拒绝张口，有的长达几个月（Iddings & Jang，2008）。Gibbon（1985）调查了47个居住在悉尼的英语二语学习者，发现他们之间"安静期"长短差别很大，但平均在两个星期左右。根据Krashen（1981）的可理解输入假说，安静期给学生提供了通过"听"去习得二语的机会，Iddings & Jang的研究也证明了这一点，他们的研究对象虽然不常说话，但是当参与到一个只听不说的课堂活动时，也能根据指令做出动作，几个月后开始说话。相关研究的另一个发现是学生不张嘴并不意味不说话，他们可能小声跟自己说话（private speech）。Saville-Troike（1988）在为期18个星期的研究中，把微型麦克风挂在被试的脖子上，发现5个孩子在安静期都有自言自语的现象，或重复别人的话，或自己练习，到最后除了一个孩子都张口说话了。上述研究似乎证明，课堂安静期同样是二语习得的一个初始过程，是学习者得到输入的时期，这段时间可能会出现自我言语现象，但这都是今后开口说话的前奏，对二语学习很重要。社会文化理论学派把自我言语看成语言习得的一个重要过程。但二语课堂安静期研究大都在儿童二语课堂进行，成年课堂几乎没有。

　　再有，课堂学习者语言使用能力习得与自然环境下的二语学习者也很相似。开始阶段使用大量的定势语言（formulaic language）进行课堂交际，自我创造语言也通常是一两个单词（Ellis，2012），经过一段时间，他们开始从定势语言提取有规律的用法自我创造语言，但通常简化句子结构，比如不用主语、不变换词格、提问时不主谓倒装等（Girard & Sionis，2004）。

二、课堂母语使用

与自然环境下的二语学习者相比，课堂二语学习者的目的语既是学习目标，又可以是课堂交际的工具。Long曾到美国一个英语二语小学课堂进行观察，发现课堂给予学生使用目的语的机会非常少，学生也没有机会听到别人使用目的语交际。Long认为这样的课堂教学对语言习得非常不利。在学生使用同一母语的二语课堂上，学生之间会用很多母语进行交流。很多研究者从社会文化学的角度考察这个现象，找出学生使用母语的目的：（1）很多学生使用母语是为了达到社交目的，可能是课堂上的窃窃私语，也可能很多人一起说话；（2）使用母语讨论与课堂进程相关的话题，比如完成课堂任务的目的和过程；（3）用母语交流解决由于目的语水平所限引起的问题，比如用母语互相帮助，讨论语法点、词汇等（Ellis，2012）。课堂使用母语似乎更多地发生在外语课堂和浸染式课堂上。据 Storch & Wigglesworth（2003）的研究发现，二语课堂上是否使用和使用多少母语，很大程度取决于学生自己对语言学习的态度，一些学生会拒绝使用母语。使用母语多少与课堂活动的难易程度和性质也密切相关。Storch & Aldosari（2010）的研究发现，学生在做和语言形式相关的活动中，更容易从目的语转向母语；他们还发现，两个语言程度较低的学生配对完成课堂任务时几乎全程都在使用母语。

对于课堂使用母语的问题，不同学派有着不同的看法。一些研究者从社会文化学的角度出发，认为二语课堂使用母语并非是件不利于课堂教与学的事，母语有利于搭建鹰架，营造愉快的课堂气氛；但互动学派认为课堂使用母语会减少学生输入、互动、输出的机会，使用目的语对二语学习的益处大于使用母语。

三、二语课堂的参与量

课堂二语学习者话语大致分为两类：与教师互动的话语和与其他学生的交流。前者话语的质与量在很大程度上取决于教师课堂的引导。正如前文所提，在IRE三段式中，教师如何提问、学生回答之后如何引导都决定着学习者的课堂话语量。与其他学生的交流同样取决于教师的课堂安排，比如是否安排很多小组活动等。

研究显示，教师可以通过以下几个方式增加学生课堂互动的参与量：鼓励学生主动向老师提问，打破IRF教师掌控课堂的格局。Pica 等（1993）根据研究结果向教师建议，教师讲学生听、教师问学生答的传统课堂教学可以根据Krashen 的可理解输入理论和Long 的互动学说做些调整，比如教师唯恐学生不懂，占用过多课堂时间讲解等，其实教师可以根据所讲内容和学生进行真实的互动交流，让学生说话，检查他们是否真正明白所讲的，而不是只要求他们说出正确的句子。教师的问题不应只限于展示问题，而是真正的互动，师生之间可以就是否听懂所讲的话题进行互动交流，其他同学在观察教师和别的学生的交流中，同样可以受益。对该研究的讨论见第三章。

小组活动是增大学生参与量的一个重要手段。研究表明，学生语言输出质量在分组活动与大班上课不太一样。Long 等（1976）曾在实验条件下对以教师为主的课堂互动和学生分组活动的互动进行了对比，发现在后一种情况下，学生说话的总量高很多，而且使用更多不同方式的语篇功能，比如提问、开玩笑，争着说话，要求对方就没听懂的地方做出解释等，也因此有着不同种类的自然互动，输出言语的种类也更多。Long & Porter（1985）又列出小组活动对学习者的其他益处，比如学习者可以得到更多的个体关注，有助于营造良好的学习环境，让学生有更高的学习动力等。Pica & Doughty（1985）也发现，分组活动后的输入输出量远高于全班一起活动。Magee & Jacobs（2001）在新加坡汉语二语课堂进行了一项研究，20个学生参加，分别在3个教学条件组（a.教师引领；b.学生分组讨论；c.分组由学生讲解阅读材料）阅读3篇短文。研究结果显示，就话语轮数和c-短语数（c-unit）而言，条件c高于条件b和条件a，条件b也高于条件a，且具统计意义。Zhao & Bitchener（2007）发现，大班做交际活动课时如果出现语言形式讨论时，一般都是学生出现错误时才启动，而小组活动时这类讨论都是学生自发开始的，也就是说，学生在分组活动时，主观能动性更强，更主动发现问题，寻求帮助，而且自我修正错误的次数也比大班上课多，当然大班互动过程数量较少的原因是教师很少提供这样的机会。

　　对于小组活动，反对的声音也不少。Rulon & McCreary（1986）比较了教师引领的课堂讨论和学生小组讨论，发现从学生言语的长度、句式复杂度和互动特点上看，两者没有什么不同，唯一的不同是小组活动时意义交流的次数较多。Williams（1999）认为，小组进行交际活动时学生很少把注意力放到语言形式上，只有老师在场学生才有可能，但高级班的学生把注意力放到形式上的可能性大于初级、中级学生，但即便如此，也只是词汇层面的，而非语法层面的。Magee & Jacobs（2001）的研究显示，三分之一的学生更喜欢教师引领的课堂阅读，因为同学之间的互相讲解可能出错，因此他们提议分组活动只应是课堂教学的补充。小组活动的另一个缺陷是，学生的语言错误会让其他学生得到非标准的目的语输出，这种影响会导致学生语言化石化（fossilization）的现象，也正因为如此，Prabhu（1987）反对课堂任务分小组进行，更提倡大班一起做。但Porter（1986）和Ohta（2001）都发现，其实学生很少重复小组其他学生的错误，也就是说，学生得到其他学生非标准目的语的影响并不严重。Pica（1994）也指出，小组活动的有效性取决于多种因素，比如说小组成员是不是有差不多一样的文化背景、课堂任务的性质等。因此她总结说，小组活动在课堂语言教学中应占有一席之地，但它不能保证学习者的成功。对于学生在课堂上如何提高参与的数量和质量，我们将在第三章、第五章再做深入、系统的讨论。

第四节　来自汉语第二语言课堂的案例

本节展示三个美国汉语教学的个案研究：案例一以第一人称描述一位在美国读书的中国台湾籍教学助理的教学经历；案例二是二语习得领域社会文化学派领军人物Lantolf和他的同事通过一个汉语课堂学习者的日记，发现学生对汉语课、汉语学习态度的改变；案例三是对一个有经验教师课堂教学体验的全方位研究。这三个研究是从教师、学生主体的角度对课堂实际进行的描述，具有长期、详尽、自下而上的特点，希望读者从这三个案例中获得一些对美国汉语教学更深层的了解，并对此做出一些理论上的分析。

一、案例呈现

【案例一】Yang（2008）是从中国台湾到美国攻读应用语言学博士学位的在读研究生。就读期间，他到所在大学东亚系任中文课二年级助教，帮助主教老师做小班句型操练。Yang本人是一名英语二语学习者，在中国台湾也有教授英语的经验，对教学理论有比较多的了解。他在教授汉语期间，通过自我观察和撰写教学日记，对自己在汉语二语课堂所经历的和自身已有的教学理念及学习经验进行比较与反思。通过他的描述，我们了解到，Yang经历了中国台湾文化和美国文化的冲突、流行教学方式与汉语二语课堂教学方式的矛盾。比如中国传统教学法强调学习是靠背诵获得的，美国学生通过学习中文也渐渐习惯了靠死记硬背学习汉字。Yang还发现指导教师让他带领学生做句型练习，不允许他上课使用新的词汇和语法，违背了他所认为正确的Krashen的"i+1"教学理论。教材中对中国文化负面的描述（如随地吐痰）和两岸关系的题目也让他感到非常不舒服。尽管系里规定语言课高级班教师要用汉语，但他有时候觉得，花费长时间用汉语解释一个单词得不偿失，学生也觉得不舒服。Yang的研究一方面让我们思考汉语教学是应该坚持比较传统的教学方式还是拷贝西方语言的教学方式，一方面也让我们感觉到新教师教学理念成形道路上的困惑。

【案例二】Lantolf & Genung（2002）的研究从学生角度展示了美国汉语教学的另一个侧面。研究对象是一个在美国上汉语课的学生（文中名叫PG），研究资料来自她的学习日记。PG是一个语言学博士生，对流行的各种习得理论、教学理论、课堂教学方式都有很好的了解。另外，她学过数门外语，体验过其他欧洲语言使用交际法上课的方式。PG的汉语课是暑期九个星期的初级强化班。在没开课之前，她有着强烈的学好汉语的动机。但上课之后，她对教师传统的教学方式以及带有中国特色的课堂文化非常不满意。比如小班句型课上，教师非常机械化地带领学生操练，对学生提出的语法问题"了"的使用不予回答，上课只操练刚学过的词汇和语法，让学生大量背诵课文。汉语教师的做法跟她已知的交际法教学理念截然相反，这一点在Yang（2008）的研究也提到。PG对任课教师推行的中国式课堂文化也很不满意，比如上课开始时要说"老师早"，下课时要说"谢谢老师"。PG向任课教师和项目负责人反映她的不满，项目负责人说，汉语是一门非常不一样的语言，不适合用交际教学方式教授。在"斗争"无果的情况下，PG的满腔热情转变为拿到学分就好的态度，用研究者的话是，从原来一个"好的语言学习者"转变为一个"好学生"。尽管最后两个星期教师上课不再是机械化的句型操练，而是引进了一些交际开放式互动任务，PG又不习惯了，因为把她从已经熟悉的"舒服区"（comfortable zone）又拉了出来。Lantolf & Genung给我们展现的是一个不成功的汉语语言教学和学习的案例。PG的案例虽然不典型，但也带给了我们一定的思考：汉语教学是否应该融入现行西方语言教学的一些方式？汉语教师对PG这样的学生应该怎么办？

【案例三】Duff & Li（2004）也做了一个汉语教学案例研究，研究对象是一位在北美一流大学汉语课任教的教师（文中名叫Jin）。Jin是一位在北美教书几年、学生口碑良好的教师，有应用语言学硕士学位，并有在美国教授英语的经历，对各种习得理论、教学理论、课堂教学方式都有很好的了解。她教的是一个初级汉语班，学生都是学习积极性很高的学生。研究资料来自课堂观察、录音、问卷、对被试教师和学生的个别访谈，调查时间为一个学期。据研究者报告，Jin讲解语法基本采用 Skehan（1996）所说的讲解—练习—活动（Presentation-Practice-Performance，PPP）方式，属于比较传统的以语言形式为主的教法。Jin有时会感到非常矛盾："应该怎么教"来自她所了解的二语习得理论，而课堂实际要求她在有限的课堂时间内完成规定的教学计划，她必须按照教学大纲完成教学任务，讲解语法点、示范操练、改正学生错误。这样一来，留给学生互动的时间非常少。研究者还发现，尽管Jin试图为学生提供更多的小组活动，尽量减少改错、操练、示范活动，但学生在访谈中表示，理想的语言教学模式就应该是学生之间的互动越少越好，改错、练习、示范越多越好。学生的问卷调查还显示，尽管小组活动让他们觉得自在、舒服，但对来自同伴的发音、语法错误，让他们担心受到错误语言输入的影响。一位学习动机很高的学生甚至认为，小组活动非常有害，因为学生听到的是错误的语言使用标本。研究者在文章结束时呼吁重新审视基于欧洲语言教学的研究发现和教学理念，这些理论和理念是否适应外语课堂，特别是非欧洲外语语言课堂。研究者还认为，研究界应该从认知学、社会文化学的角度探究学生对语言教学看法转变的原因。

二、案例小结

以上三个案例描述了教师教授或学生学习汉语的实际经验，从中我们可以感受到三位当事人的困惑。前两个案例的研究者显然对现行汉语教学基本持否定态度，而第三个案例的研究者在展示Jin的困惑的基础上建议整体二语研究界的反思，而不是汉语教学是否应该改革走交际法教学的道路。尽管从这三个案例中，我们难以得出正确与否、好与坏的结论，也难以判断案例所描述的是否反映了现实汉语教学的普遍性，但以管窥豹，让我们对美国汉语教学有了一个基本的了解，即美国汉语教学是以教师为主、以语法为纲的3P教学方式，与本章讨论的来自国内学者对汉语课堂语篇描述的基本一致。对于现状，有的学生接受，有的开始不接受但后来也习惯了。如果这个推测是准确的，那么本章对传统二语课堂语篇特点的总结基本上是对汉语课堂的描述。作为读者和汉语教学工作者，你同意这样的推测吗？同意与否，你的理由是什么？国内教师和学生也会有上述案例描述的理念与现实冲突的矛盾吗？如果没有，为什么呢？请带着以上问题继续阅读本书。

本章结语与思考

本章介绍了早期研究者开发出来的观察第二语言课堂互动的研究工具及多年来的相关重要发现，对我们了解课堂互动特点、课堂教师与学生的话语行为特点有着重大意义。当年的一些研究议题现在仍是研究者关注的中心，比如从IRF延伸出来的课堂纠错反馈。早年课堂语篇研究多以描述性研究为主，但对什么样的课堂行为触发习得发生的因果关系解析不够，而这种解析正是目前课堂研究关注的中心。

对于本章对二语课堂语篇特点的描述，特别是对汉语课堂的研究发现，你或许有自己的看法和补充。如果可能，请带着你的看法到汉语二语课堂进行观察，观察教师语言特点、话轮转换、IRF第三段教师语言特点等。若能使用本章中介绍的观察工具最好，如Flander的"课堂互动观察表"。观察后，你还可以就一些教师课堂决策问题或学生表现设计一些问题对观察对象进行采访，最后写出一篇观察报告。

深度阅读推荐

1. Duff, P., & Polio, C. (1990) How much foreign language is there in the foreign language classroom? *The Modern Language Journal*, 74, 154-166.

这篇文章对美国某大学多个外语课堂教师语言使用做了研究。研究者通过课堂观察、问卷、深度访谈等方式探讨了教师在课堂上使用学生母语和目的语数量背后的原因。

2. Krashen, S. (1982) *Principles and Practice in Second Language Acquisition*. Oxford: Pergamon.

Krashen是第二语言习得研究的开山之人。在这部著作中他提出了五项第二语言习得理论，其中"可理解输入假设"，即经典的"i+1"理论，引发了众多讨论。

3. Lantolf, J. P. & Genung, P. (2002) "I'd rather switch than fight": An activity theoretic study of power, success and failure in a foreign

language classroom. In C. Kramsch (Ed.), *Language Acquisition and Language Socialization: Ecological Perspectives* (pp. 175-195). London: Continuum.

　　Lantolf 是第二语言习得界著名的社会文化理论学家。这篇文章从社会文化理论的角度展现了一个汉语学习者学习动机变化的案例，从某种程度上反映了汉语课堂的现状。

　　4．Spada, N. & Fröhlich, M. (1995) *The Communicative Orientation of Language Teaching Observation Scheme (COLT)*. Sydney, MacMillan.

　　这部著作对COLT量表做了全面系统的介绍。COLT量表是20世纪80年代在交际法语言教学理论影响下设计的课堂观察工具，用于考察以交际为目的的教学原理在课堂上的应用以及对学习效果的影响，是使用频度较高的二语课堂观察工具。

　　5．Tsui Bik-may，Amy. (1985) Analyzing Input and Interaction in Second Language Classrooms, *RELC Journal*, 16, 8-30.

　　这篇引用率很高的文章是早期对亚洲外语课堂的研究。研究者在综合前人设计的课堂互动分析表的基础上设计了更为完善的分析表，记录了香港两个英语课堂教师输入及师生互动的情况。

| 第三章 |
第二语言课堂互动

本章导读

互动理论是第二语言习得研究领域最重要的理论。从狭义上说，互动理论是指从20世纪80年代Michael Long发展起来的第二语言互动假说；从广义上说，互动理论包括Krashen可理解输入、Long互动假说、Swain可理解输出、Schmidt注意力理论、Gass互动模式等一系列相关理论。互动理论是盛行于欧美二语课堂交际法教学和任务法教学的理论基础，其基本理念是课堂教学应最大化地并行之有效地提供目的语输入、互动、输出的机会和条件。互动也是社会文化理论阐释第二语言学习的关键词。本章首先从历史的角度回顾互动理论的发展，然后重点讨论早期围绕互动所做的研究以及互动意义协商与课堂任务的关系。本章还将讨论社会文化理论对课堂互动的阐释和实证研究。最后提供两个课堂互动的反例供读者思考分析。

第一节 互动理论的历史回顾

一、Krashen的可理解输入假说

我们在上一章提到，20世纪80年代初Krashen的"输入是语言习得

唯一源泉"的理论假说得到了理论界的广泛认可。其基本理念是，第二语言习得跟第一语言一样是靠"听"母语说话人获得的，具体表现在课堂上就是依靠听并听懂教师的语言输入而学习语言，而教师提供的语言输入应含有一些新的语言形式内容，当学习者在理解教师语言时，将已有的语言知识与所听到的新的语言知识进行比较，重新整合自己的语言知识系统，从而使习得发生。Krashen提出，使语言输入变成可理解的方式是简化语言。教师上课或母语说话人对二语学习者说话时，应使用相对简单的词汇、反复使用同样的词汇、打短长句，使用关联词突出上下文的时间、空间关系，依靠上下文语境等。Chaudron（1983）和Long（1985）的研究为Krashen 的理论提供了实证根据。一场学术演讲，两个不同版本，一个是原文，一个是使用Krashen建议的方式把语言简化的版本。研究结果证明，二语学习者在对学术演讲的理解得分上，后者远高于前者。但是，Chaudron（1983）和Long（1985）的研究只是证明了可理解输入与语言理解的关系，并未证明输入与习得之间的关系。二语学习与儿童习得母语毕竟有很大的不同。

随着人们对二语课堂以及二语学习过程研究的深入，Krashen的可理解输入假说遭到了众多研究者的质疑。比如Krashen只是关注教师输入对学生习得的作用，却较少关注学习者的主动性作用；再有，教师很难确认学生现有的语言知识，也很难决定什么语言知识是他们的"+1"而非"+2"或"−1"的知识；另外，在接受语言输入时，学习者会把注意力更多地放在传递的意义上，而不太会注意使用的语言形式（Larsen-freeman，1983），因此可理解输入并不能与语言习得画等号。Schmidt（1994，2001）针对"可理解输入相当于习得"的推断提出了"注意假说"，他认为，输入只能帮助人们学习语言，但这种帮助只能在学习者有意识地注意到输入中的语言形式才有可能发生。Gass（1988）也提出，只有理解了的输入（comprehended input）才有助于习得。

二、Long的互动假说

20世纪80年代早期，众多研究者在Krashen 理论的影响下，把注意力放到如何使语言输入变得可理解上。Long也是其一，但他把Krashen 的可理解输入假说往前推进了一步，发展了互动假说。Long在大量观察、分析、对比母语说话人之间的话语交流与母语说话人和二语学习者交流的基础上，发现母语说话人在与二语说话人交际时，比母语说话人之间的话语交流互动频率要高很多。他还发现，当母语说话人在与二语说话人进行双向信息互换（two-way exchange of information）时，与仅是单方提供信息而另一方单纯接受的单向输入相比，会出现更多的语言调整次数，有更大的可理解输入量。Long认为，在母语说话人与二语说话人的互动过程中，当一方说话内容不为对方理解时或曰提供的是不可理解输入（incomprehensible input）时，对话便会中断，形成理解缺口（gap），听话一方会向说话一方寻求解释，而说话一方为了让对方明白，想方设法调整自己的语言，使自己的语言变得更容易理解（可理解输入）。在这个互动过程中，学习者在理解来自对方含有新语言现象的话语时，将自身已有的语言知识与听到的新的语言知识相比较，重新整合自己的语言系统，进而达到语言习得的目的。因此，把语言输入变得可理解的方式可以是母语说话人在互动中根据非母语说话人的语言水平进行的语言修正。相对于简化语言的可理解输入，意义协商互动提供的输入量更大，对二语习得更重要（Long，1981，1983，1985）。

Long进一步提出，互动修正除了母语说话人通过简化语言（语法、词汇等）、放慢语速、展开讲解、使用手势、利用语境暗示等方式实现，还可以通过一些交际策略，其中有：（1）理解核实（comprehension check），比如母语说话人问二语学习者"你懂吗？"；（2）确认核实（confirmation check），比如母语说话人问学习者"你说的是机场吗？"；（3）澄清请求（clarification request），比如母语说话人问学习者"我不懂，你的意思是什么？"。通过这些交际手段，母语说话人的语言向二语学习者可理解语言系统靠拢，并且是通过真正意义上的语义沟通。概括而言，语义协商中的互动修正（interaction modification）使得语言输入可理解，而可理解输入又能推进习得，因此互动可以促进二语习得的发生。自此，在二语习得领域里，互动成为了语言学习的关键词（Loewen，2014）。图3-1是Long（1983：214）对这一过程的描述。

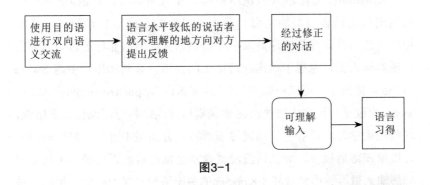

图3-1

正如Ellis（2012）总结的，Long 的互动假说有两个层面上的意思：（1）互动语义协商可以提高输入的可理解度，有助于学习者的听力理解；（2）互动语义协商有助于学习者的习得。Long早期的互动学说提出后，出现了一批相关研究报告，对Long的理论进行验证、补充、批评、发展。比如，不少研究者对Long忽视语言形式提出了批评，指出互动中发生的意义沟通可以增加学习者的语言输出量，但并不意味语言输出量的增大就等于语言习得的发生，因为学习者把注意力更多地放在意义上，而不太会注意到使用的语言形式（如Loschky，1989）。Pica（1992，1994）结合Swain的可输出假说提出，互动不仅给学习者提供可理解输入，而且还可以通过纠错反馈改正他们的语言错误，迫使他们修正输出，使他们的输出向标准目的语靠拢。1996年，Long修正了原来的互动假说，在早期互动假说的基础上，整合了Swain的可理解输出假说、Pica的反馈修正及Schmidt的注意力假说。Long的新互动假说再次引发了一大批有关互动过程与语言形式学习、习得的研究，具体到课堂研究有两条主线：（1）课堂语言形式教学（见第五章）；（2）课堂互动中教师纠错反馈与学生语言习得的研究（见第六章）。

三、Swain 的可理解输出假说

Krashen在其可输入假说中提出，输入是语言习得的唯一源泉，而输出只是语言习得的结果，而不是习得的起因。20世纪80年代早期的二语习得研究把关注点放在母语说话人如何向非母语说话人提供可理解输入上，忽视了输出在习得上的作用，直到80年代中期 Swain（1985）提出了"可理解输出"（"强制输出"，pushed-output）假说。Swain通过观察加拿大法语沉浸式课堂后发现，与母语说话儿童比较，这些法语学习者在听力、阅读等理解输入方面毫不逊色，但生成的语言质量却落后很多，而法语沉浸式课堂全部用目的语授课，不缺乏可理解输入量，她由此挑战了Krashen的关于输出只是习得的结果而不是起因的理论。Swain认为，单纯的可理解输入不能让二语学习者习得目的语，因为对输入内容的理解只是在语义层面上，不是在句法层面上，听者不一定需要具有输入中含有的语言形式知识才能理解内容，但人们产出语言时必须理解并能使用所用的语言形式才行，在这个过程中，学习者必须注意并调用自己已有的中介语语法，实现输出目的。总而言之，输出是语言习得不可或缺的一部分。Swain的理论因此被称为"可理解输出"。

Swain（1995）又提出，语言输出在目的语习得的三个层面上扮演着重要角色：（1）注意（noticing）。在学生理解输入意义时，并不一定注意到内含的语言形式，但在生成输出时，会立即注意到自

己现有语言知识和内容表达之间的差别。（2）假设测试（hypothesis testing）。输出时，学习者会使用现有的语言知识实施输出，在这个过程中，他在测试自己对目的语知识的假设是否正确。（3）反思（reflection）。学习者在互动过程中实施输出后，会立即得到对方对自己语言输出质量的反馈，对方的反馈会使他"反思"自己的语言输出并做出输出修正。20世纪90年代，Swain把社会文化理论整合进她的理论中（1998），把"可理解输出"一词改为"合作对话"（collaborative dialogue）。在过去二十几年的时间里，Swain和她的同事进行了一系列的实证研究，提高了业界对合作学习及语言输出重要性的认识。

Swain的可理解输出假说有着重大的理论意义。这一假说强调了学习者自身在二语习得过程中的主动角色，是对输入理论、互动理论的补充和发展。但可理解输出只注重学习者如何整合已有的二语知识，没有涉及如何通过输出学习新的语言知识。Pica（1994）总结说，输入和输出都与语言形式学习密切相关，前者让学生有机会接触新的语言知识，后者让学习者有机会使用自己中介语系统中已存在的语言形式，而互动在母语说话人/课堂教师与学习者的反复交流过程中，通过输入、反馈和输出，让学习者注意到新的语言形式并尝试使用此类语言形式，致使习得发生。

四、Schmidt的注意力理论

注意力理论的提出是基于Schmidt（1990）本人学习葡萄牙语的经历。在学习期间，他记下学习笔记并把自己与他人的对话录下来，发现自己说话中出现的新语言点（主要是语法点）几乎毫无例外地都是他先前注意到并写进日记中去的。他由此得出结论，语言学习在某种程度上是注意的结果，"人们只学习他们注意到的事情，不去学习他们没有注意到的事情"（Schmidt，2001：30）。他因此反对人们可以通过下意识地接触大量语言（可理解）输入达到语言形式习得的目的。他认为，Krashen的可理解输入只能作为语言能力发展的基础，输入可以转化为吸收（intake），但这种转化只是在学习者注意到该形式的条件下才可发生。具体而言，注意过程由三部分组成：（1）学习者注意到输入中的某个语言形式；（2）跟他自己现有语言系统进行比较，也即研究界常用的术语"比较差别"（noticing-the-gap）；（3）把注意到的形式整合进自我语言系统。一言以蔽之，Schmidt所说的"注意"是把外界学习条件与内部机制结合起来的媒介机制。

Schmidt的注意力理论被理论界广为接受。Long的后期互动假说借鉴了这一理论，强调互动中"注意"的重要性。注意力理论也成为了促进二语显性语言形式教学的理论基础。近年来，研究界一直在探究"注意力"在输入与学习之间的媒介作用，特别是注意力的性质和多寡与学习效果的关系。研究者发现，不同种类的课堂任务或教学方式会引发不同的语言加工处理，何种语言加工处理方式能更有效地促使学习者注意输入中的语言形式是研究者关注的话题。

五、Gass的互动模式

Gass（1997）整合了基于互动假说发展起来的不同学说，特别是Schmidt的注意假说和Swain的可理解输出假说，从学习者认知的角度（而非Krashen的输入提供者）设计了一个"二语习得模式"。简言之，二语学习者在面对众多的输入时，只可能吸收（intake）他们注意到的并理解了的那部分输入，也只有这部分输入对学习者的输出起作用。Gass 的"二语习得模式"从输入到输出共有六个阶段，见图3-2（Gass，1997: 3）。

"输入"是指输入（听和读）中含有的可以帮助习得的语言形式。"注意到的输入"（apperceived input）是指学习者在面对众多来自输入的语言形式，只会注意到其中一些，至于注意到哪些，跟学习者原有的中介语知识以及他的感情因素有关，比如学习动力、焦虑感等。"业已理解的输入"（comprehended input）是指学习者通过语义和形式分析后理解的语言形式。"吸收"（intake）是指学习者动用自己的普遍语法知识、第一语言知识等，把理解了的语言知识吸收进大脑的过程。"整合"（integration）是指"吸收"后出现的不同可能性：学习者可能将新的语言知识整合进入

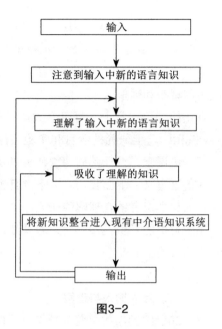

图3-2

已有的中介语系统，也可能不接受新的语言知识，还可能没有即时接受但把新的语言知识储存在大脑短期记忆系统内。"输出"是指学习者使用新的语言知识的过程。该过程既是习得发生的外在表现，又是进一步习得的源泉，会循环再回到输入过程。

　　Gass的互动模型可以说是对互动与习得关系最全面、最清晰的阐释（Ellis，2009）。但因为该模式把从输入到输出视为大脑活动一步一步的叠加，也受到了来自社会文化学派的批评。

第二节　互动、理解、习得和课堂教学

　　Michael Long早期的互动假说是基于自己的观察分析提出的，基本属于理论层面上的推断。提出后，一批研究者紧随其后，对语言互动或曰"意义协商"（negotiation for meaning）进行了一系列的细

化研究。早期的研究多属描述性研究，如第二章提到的Long & Sato（1983）对课堂互动中教师问题的分类研究。也有一部分研究使用实验方法，探索教师（母语说话人）与学生（非母语说话人）互动时采用的策略和理解效果，但多数研究是在实验条件下进行的，而不是在真正的二语课堂上。尽管有人质疑这类研究的环境效度（ecological validity），但研究的题目和实验条件与课堂教学息息相关，对我们了解二语课堂、设计不同课堂任务以及学习者在互动中的角色具有重要的借鉴意义。下面我们对以下题目进行讨论：（1）可理解输入和互动输入与学习者语言理解的研究；（2）意义协商是否可以在课堂教学中触发习得的发生；（3）学习者是如何从大量的课堂输入中选择摄取语言形式的。

一、互动输入与理解

20世纪80年代中期至90年代，Teresa Pica 和她的团队就Long的互动理论进行了一系列的相关研究，提出了一些极具价值的实证根据和研究结果。比如，Pica、Young & Doughty（1987）就Krashen和Long的不同输入理论进行了一项研究。研究的参加者是12个中级英语二语学习者。任务是学习者跟母语说话人一对一完成30个方向指令任务，具体是母语说话人发出指令，学习者按照指令把相应的物体放到图片的某个地方上，比如"把书放到书架上"。被试分为两组，一组听到的指令是研究者事先经过简化的指令（premodified direction），简化方式有缩短句子、重复实义词等。另一组学生听到的指令未经加工简化，与原来给母语说话人的指令一样，但被试如果听不懂，可以跟母语说话人互动，直到可以根据指令进行拼图。这两组一组根据Krashen的简化语言实现语言的可理解输入，一组根据Long的互动修正实现语言的可理解输入。研究结果显示，两组的理解准确率都很高，分别为69%和88%，但第二组的成绩远好于第一组。另外，两组的语言输入量都高过未经加工的原来指令。两组相比，第二组的输入总量比第一组高三分之一。研究者同时发现，第二组互动输入时，学生向母语说话人提问，尽管问题简短，重复使用实义词、方向词等，但这些问题致使提供给他们的输入量大增。研究者的结论是，无论是事先简化的输入还是经过互动调整的输入都比原来未经加工的指令更能帮助学生理解，如果理解输入等于习得，这两种方式都有助于二语习得，但经过互动调整的效果更好。这一研究结果验证了Long的互动学说理论的第一个层面：互动输入有助于提高学习者的语言理解力。

　　Pica（1992）团队在上述研究的基础上又做了进一步的研究。该研究使用的任务仍是指令听力任务，但任务条件有所不同。被试分为三组：第一组是互动组，跟上面研究的第二组任务条件一样，学生可以跟母语说话人积极互动；第二组的参加者只是观看第一组互动，不可以参与，在观察他人互动的情况下完成指令任务；第三组也不参加互动，听到的指令是事先简化修正过的。三组的理解成绩都很高，分别为88%、78%、81%。这一结果说明，学习者（第二组）并不一定要自己去互动，听他人互动同样有助于输入理解。研究者又对三组被试进行了个别访谈，发现分数高的学生并不一定依赖互动去理解输入，但水平低的学生一定需要。这一发现支持了Long（1983）的观点：互动对早期二语习得至关重要。Pica等人的研究具有重大的教学意义。在以教师为主导的课堂上，教师可以使用输入—互动—理解的方式取代占据课堂语篇的IRF三段式，教师在课堂上使用真实的语言资料，学生不明白时可以提问，教师再与学生互动，直至他们理解。这类互动不但帮助与教师互动的学生理解，其他同学也可受益，而且这一切都是发生在真实的语言互动当中。相比而言，在IRF三段式教学中，学生大多在回答教师提出的展示性问题，其中很多问题是明知故问，并不是真正的意义沟通，学生始终处于被动学习的状态。

二、互动输入与语言形式习得

上述Pica团队的研究证实了Long提出的互动语义协商有助于学生输入理解的推断，但互动输入是否与语言习得有因果关系是研究者更关注的话题。据 Gass（2003）所说，最早开始这类研究的应是Sato（1986，1990）。Sato在她的研究中观察了两名越南移民儿童在互动作用下习得英语的情况，重点观察他们对英文过去式词尾的掌握。观察结果显示，与母语说话人频繁的互动使得这两名儿童积极主动地使用目的语，愿意与别人交流，但大量的互动交流并没有显示对他们英文过去式的使用有所帮助，尽管输入和互动中拥有大量的英文过去式词尾变化，他们的准确率依然非常低。Sato认为，或许她选择的目的语形式并不具代表性，动词过去式词尾变化发音很轻，造成其彰显性（saliency）极低，学习者完全可以通过上下文而不用过去式词尾变化就可以实现交流互动的目的。Sato总结说，语言输入和互动可以帮助学习者习得某些语言形式，比如英文副词的位置，但并不是全部，比如英文动词的词尾变化。我们下面看看几个在课堂上进行的互动与习得相关性的研究。

（一）Pica的研究

Pica（1994）提出，互动中语义协商和语言修正提供了学习者学习的条件和机会，但他们是否习得了相关的语言形式，取决于他们听到母语说话人反馈之后的语言回应。比如，当学习者不明白母语说话人所说的话语时，母语说话人会重复刚说过的话或换另一种方式说；当母语说话人不明白学习者说的话语时，也会重复自己刚说过的话或换另一种方式重说。在这样一个过程中，学习者有机会从对方的反馈中审视自己的中介语系统，在做进一步回应时就会修正自己的输出语言。这就是我们上面提到的Pica反馈修正理论。

为了证实互动与习得的关系，Pica（1994）重新分析了Pica团队1989年和1991年两项研究的原始资料。在这两项研究中，共有32对母语说话人和中级英语二语学习者共同完成的四项互动任务。Pica发现，在完成每项任务的过程中，双方一来一往的互动有多次把学习者注意力引向语言形式（词汇和语法）的机会。Pica统计，四次任务中，一共发生了2 361次把学习者注意力引向语言形式的互动话语轮，其中558次是母语说话人发出的互动信号，675次是母语说话人对非母语说话人的回应（response），578次是非母语说话人发出的互动信号，550次是非母语说话人的回应。下面片段便是一例。母语说话人使用断句突出方式把非母语说话人的注意力拉向语言形式，但表层目的是帮助后者理解：

> 母语说话人：There's a chimney on the left.
>
> 非母语说话人：What?
>
> 母语说话人：A chimney on the left.

但Pica同时也发现，在578次学习者由于母语说话人不明白自己的话语而做的进一步回应中，他们语言片段大都是非常简单的短语，占近三分之二。比如母语说话人说"You have a carport on the left side."，学习者的回应便是"Left side？"，而不是语法结构完整的句子。学习者还常用开放式问题（What？）做出回应（占13%），或重复母语说话人整句的某个单词（占9%）。比如母语说话人说"We got a plant?"，非母语说话人回应说"Plant？"。学习者有限的语言能力致使他们在输出时不能使用完整的目的语句式。

Pica的上述分析结果表明，互动通过输入、反馈、强制输出等方式提供了学习者语言发展的条件和结果，但学习者的中介语结构不一定发生变化。语义交流时，只有在一方不理解对方的情况下，双方才会就语言形式问题进行交流，但非母语说话人可以用非常简单的话语进行。另外，互动对学习者语言形式的发展是有局限性的，双方可以就词汇和语法结构进行互动沟通，但英文词缀就很难，比如英文的过去式词尾变化，汉语的"了、着、过"等，因为互动双方不使用这些词法变化，依然可以达到理解的目的。

（二）Ellis团队的系列课堂研究

Pica的研究是在实验条件下进行的。Ellis、Tanaka & Yamazaki（1994）的研究从某种程度上复制了Pica等人（1987）的研究，但是在真实课堂进行的。更重要的区别是，这项研究设有前测、即时后测、一个月后的延时后测、两个半月以后的随访后测（follow-up test），用数据证实了课堂不同输入方式与语言学习的关系。这项研究是在日本两个不同城市的高中英语课堂进行的，与Pica的研究设计相似，也是教师发出指令，学生按照指令把厨房用具放到特定位置上。参加者分为三组，除了两组与Pica一样之外，还设有基准组（base-line），所给指令是母语说话人之间使用的，提供给学习者时未经加工。

研究结果显示，互动组的理解得分远高于其他两组，得到的输入量高于事先简化组；事先简化组和基准组相比，一个研究地点的简化组高于未简化组，另一个研究地点的两组输入量不相上下。这项在真实课堂上进行的研究基本证实了Pica等（1991）就互动学说对课堂教学的预测：在以教师为主导的课堂上，教师可以用输入—互动—理解的方式有效地实施课堂教学，教师输入的是真实的语料，师生可以就不理解的地方进行真实的互动，直至理解，效果好于教师只是简单地对语言进行加工（Krashen，1982）。更具实际意义的是，Ellis等人的研究用实证的方式验证了可理解输入与词汇习得的关系。数据统计显示，事先简化组和互动协商组对所涉词汇的掌握程度在三次后测中成绩明显高于基准组，并具有统计学意义；互动协商组的成绩高于事先简化组。这一结果似乎说明，互动协商不但有助于提高学生的理解力，也有助于他们的词汇习得。研究者还发现，互动组得分高的学生并不一定是提问最多、和教师互动最多的学生。研究者认为，学生的理解力有强弱之分，较强的学生如果不理解，就会提出针对性很强的问题，希望直接得到所要的答案。换言之，互动中的语言调整量大小与学习效果不一定成正比，这一结论是对Long的互动理论的修正。这一发现同时证明了Gass（1988）所提出的"理解了的输入"比"可理解输入"更重要的观点。

为了进一步证实互动输入与理解及与词汇学习之间的关系，Ellis & Heimbach（1997）做了进一步的研究。参加者是学英文的五六岁日本儿童，他们分成小组一起听指令完成任务，在任务实施过程中可以跟老师互动，并且没有时间限制。但是结果显示，无论在输入理解和单词学习上，成绩都不理想，听力理解的成功率只有25%，而单词认知保持率几乎为零。Ellis & Heimbach据此认为，互动输入的有效性与学习者的年龄相关，年龄小的学生由于认知能力有限，听不懂所给命令，因此没有能力去理解所提供的输入。这一结果再次证明了Gass（1988）的"理解了的输入"比"可理解输入"更重要的观点。

Ellis（1995）对1994年的研究资料做了进一步的分析，有了新的发现：互动组完成任务的时间长达45分钟，而其他两组只用了10分钟，他因此推论互动组的高分数或许是因为时间而致，而不是因为互动所致，因为时间长意味着得到的输入多。Ellis & He（1999）针对时间因素做了进一步的研究。研究在美国一所英语二语班进行，设有三个实验条件，事先语言简化输入、输入后简单互动、输入后互动输出，前两个条件与Ellis（1994）的后两组一样，但把两组的任务完成时间都延长至45分钟，而第三组是参加者听完命令后可以互相讨论，然后输出听到的指令，时间同样是45分钟。研究设有六次不同时间的后测，除了设有听力理解和词汇识别考试外，还增加了口头产出后测。研究结果显示，在前两个条件下实施的听力任务理解分数（68%和71%）、词汇识别分数及口头产出测试，互动输入与简化语言输入两组之间没什么不同。这一结果证明了Ellis（1995）的推断：互动输入理解效果和词汇掌握成绩高于简化语言输入是因为前者的时间长，输入量大，而不是单纯的互动所致。结果还显示，输出组听力理解分数

（81%）和词汇习得分数均高于简化输入组和互动输入组并具有统计学意义，说明互动输出比互动输入和简化输入更有助于习得的发生，证实了Swain的可理解输出的观点。Ellis & He强调说，在互动输出的过程中，学习者主动参与，并有机会选择使用何种语言形式进行输出，大脑对语言形式有着更多的深加工，因此学习效果高于只有教师掌控的输入，无论是简化输入还是互动输入。

（三）Loschky的课堂互动－习得研究

Loschky（1994）做了与Ellis（1994）相似的研究，不一样的是Loschky除了研究互动输入与词汇习得的关系，还研究了互动输入与语法形式习得的关系。该研究在美国一所大学日语班进行，有41名学生参加，设有基准组、事先语言简化组和互动输入组，并进行了前测和后测，目的语形式除了词汇之外，还有日文中处所成分两种位置的用法：前置和后置。与Ellis（1994）相似，他的关注中心除了找出不同输入形式与理解成绩的相关性之外，还试图找出输入与词汇习得和语言形式习得的关系。在输入理解方面，Loschky的研究结果与Ellis一样，但形式习得方面相左：互动输入组的理解成绩高于只有输入没有互动的两组，但后测中的词汇成绩和语法成绩三组之间没有不同。即单纯的通过互动输入进行的语言调整，不能帮助语言形式习得，两者之间不存在因果关系。基于上述结果，Loschky认为，语言输入的理解程度高低与语言习得效果的好坏关联不大，无论是可理解输入还是互动输入，如果学生只把注意力放到互动表达的意思上，而没有注意使用的语言形式，不会有形式"吸收"的可能性，因此不会对语言形式学习/习得有所帮助。由此，Loschky质疑Long（1985）关于输入等于习得的观点，而强调Schmidt（1990，1992）有关"注意力"在习得上的重要性。

（四）Mackey的互动－习得研究

上述研究均未证明互动输入与语言习得之间是否存在直接的因果关系。Mackey（1995，1999）的两项研究却证明了互动输入的确可以促进中介语的发展。Mackey的目的语形式是英语疑问句，研究设计与Ellis等（1994）相似，设有对照组和三个输入模式：与母语说话人互动、事先语言调整输入、观察他人互动但不参加互动。被试为34名母语背景不同的成年英语二语学习者，分五组，有两组直接与母语说话人互动，这两组中，一组被试的英文水平还未达到开始习得英语问句的发展阶段[①]，另一组的英文水平已达到这一发展阶段。研究设有前测、后测、延时后测。研究结果显示，达到开始习得英语问句发展阶段的互动组尽管在即时后测中没有显示相应的阶段发展，但在延时后测中表现出他们的英语问句发展进步了一个阶段。研究者认为，互动输入的效果不能立即产生，但可能具有延时效果，会对未来的语言习得产生良好的影响。不具备习得英语问句发展阶段的互动组在后测中没有显示相应的阶段进步，说明学习者学习/习得的发展阶段与互动极为相关。与Pica 和Ellis研究结果不同的是，Mackey研究中的事先语言调整组和观察他人互动组的阶段发展效果均不明显，Mackey据此强调主动参加互动的重要性。

Mackey的研究具有开拓性意义，首次证明了互动与习得的正相关性，但互动对习得的正面影响与学习者语言发展阶段有关，且影响力可能不会立即显现。但值得我们注意的是，此项研究是在实验条件下进行的，而且被试人数很少，其研究发现需要进一步的验证。

三、课堂互动与习得

Oliver & Mackey（2003）发现，课堂上教师与学生的互动产生在以下几个情况中：（1）教授语言形式时；（2）讨论内容时；（3）师

---

① 研究发现，二语学习者习得语法形式有其自然发展规律，习得同一语法规则也按照一定的阶段发展。以英语否定句为例，学习者先说"No you are playing"（先说否定词），然后 "You not coming here"（把否定词放在句中），之后"You can't come here"（开始使用情态动词）。

生社交时；（4）课堂管理时。我们上一节讨论的研究，无论是在实验条件下还是在真实课堂上，大都是针对某类或某个特定语言形式而设计的实验或准实验研究。但在课堂教学中，很多时间（上述后三种情况）教师并不是在针对某个特定的语言形式教课，特别是在交际法课堂上或以内容为基础的课堂上，因此我们有必要探讨一下学习者是怎样从大量的课堂输入中选择摄取语言知识的。

　　Slimani（1989）对一系列的二语课堂进行了跟踪调查。每次下课后，她都会给学生一张学习效果表（uptake chart），让学生写下自己今天学会的语言知识。她发现，学生记录下来的主要是词汇。根据课堂录音，她做了对照分析，发现课堂时间主要由老师主导，但有时学生也会提问题。而学生在学习效果表记录下来的主要是学生问题所涉及的词汇。这一结果再次说明，输入中的注意力与习得的关系，正因为课堂上学生注意到了这些词汇，才记录下来。这一发现验证了Schmidt所说的注意力的重要性，它在可理解输入/互动输入与语言习得中间扮演着不可或缺的媒介作用。Slimani还发现，不仅提问题的学生记录下这些生词，其他在场的学生也同样记下了这些生词，这一发现与之前讨论的Pica（1994）和Ellis（1994）的结论相同，对他人互动输入的观察同样有助于二语学习。

　　Williams（2001）对真实语言课堂师生之间的互动有了进一步的研究发现。他在一个英语项目的四个课堂里录了65个小时的音，找出所有课堂互动中有关语言形式的讨论片段（form-focused episodes），有的讨论是教师发起的，有的是学生发起的。Williams根据这些课堂讨论片段，设计了后测，题目都是课堂讨论过的语言形式。后测结果表明，学生对讨论过的语言形式掌握程度从40%到94%不等。研究者通过进一步分析发现，课堂互动引起的习得效果与学生语言水平密切相关，高水平的学习者从课堂互动中得益最多，这或许是由于这些学生已达到了相应的语言发展阶段，有能力注意、理解并吸收相应的语言形式。他还对比了教师发起和学生发起的形式讨论片段之间的不同，发现两者与后测结果没有什么相关性，但在高级英文课上，学生对有关形式问题的解释回答更有助于对所涉形式的习得，效果高于教师做出的解释回应。

第三节　课堂任务特点与互动意义协商

20世纪80年代，交际法教学逐渐取代了传统的以语言形式为主的教学，课堂任务作为交际法教学的中心引起很多研究者的关注。早期研究者更关注的是不同课堂任务类型与互动意义沟通数量的关系。

一、信息互换是否必须

根据Prabhu（1987）对课堂任务的分类和定义，信息差（information-gap）任务是指参加任务的双方或多方各自掌握不一样的信息，为了完成任务，各方必须进行交流协商，把自己掌握的信息传递给其他各方，比如任务各方要讨论决定一个共同的时间开会，彼此必须交换各自的时间安排才能做出最后决定。Pica & Doughty（1985）发现，信息不对等是意义沟通数量多寡的决定性条件，无论是全班活动还是分组完成任务，只有在学习者有了解他人想法的动力时，沟通才会发生。Newton（1991）的研究也证实了这一点。他的研究是比较信息差任务和观点差任务（opinion-gap）对交流协商量的影响，他发现前者引起的意义沟通数量是后者的两倍。Pica & Doughty和Newton的研究都是在实验条件下进行的。Magee & Jacobs（2001）在新加坡汉语二语课堂上进行的研究，也发现了信息必须互换的阅读任务在话轮转换和小句数量上都高于不需信息互换就可完成的阅读任务。但同样在真实课堂进行的Foster（1998）研究发现：任务各方信息必须互换与否不是意义沟通数量的决定性因素，决定因素是参加任务的人数，两个人的任务意义沟通数量要大于多人组。但她同时发现，学生用来交流协商的语言质量并不高。Nakahama 等（2001）的研究也发现，信息必须互换的任务会带来更多的信息互换量，但交流内容比较机械，大都在词汇层面，而学生在实施信息非必须互换活动时，意义交流的内容比较复杂，语句更长，话轮转换间隔更大，使用更多种交际策略。

二、信息互换是单向还是双向

信息差任务可以分为"单向信息差任务"和"双向信息差任务"。单向信息差任务指参加任务一方拥有信息，完成过程中要把拥有的信息传递给其他方，比如一方告诉另一方要到某个地方去开会，而另一方只是接受信息，并根据所给信息完成课堂任务。Pica等（1987）和Ellis等（1994）研究使用的指令任务都是单向信息差任务。双向信息差任务是前面我们提到的决定开会时间的任务，各方要交换信息才能找到一个共同的开会时间。Long（1980）比较了这两种任务的互动特点发现，母语说话人对非母语说话人在做单向信息差任务时并没有太多的意义协商，而在做双向信息差任务时，意义协商量大增，双方使用了多次理解核实、确认核实和澄清请求策略，即母语说话人更多地为非母语说话人修正自己的话语，以完成意义交流的任务。然而也有很多研究证明Long的结果不一定准确。Gass & Varonis（1985）做了同样的比较，发现单向信息差任务导致更多的理解困难次数。Jauregi（1990）的研究结果也支持Gass & Varonis的结论。以上研究说明，信息互换是单向还是双向与意义沟通数量之间的关系并没有一个一致的结论。

另外，单向信息差任务可以是互动式的也可以是非互动式的。单向互动式任务是指一方提供给另一方信息时，另一方如果不明白，可以跟信息提供者交流直至明白。而单向非互动式任务的双方不允许相互交流。上面讨论到的Ellis等（1994）的研究表明，学生在完成互动单向信息差任务时，理解力和对词汇的掌握都好于非互动式的。Gass & Varonis（1994）的研究也发现，在实施单向互动式任务时，如果信息提供方是母语说话人，任务完成效果好于非互动式的；但如果信息提供方是非母语说话人，两种单向信息差任务的差别并不大。但Polio & Gass（1998）的另一项研究表明，无论信息提供者是母语说话人还是非母语说话人，互动式比非互动式的互动量都要高。他们还发现，在完成互动式单向信息差任务时，非母语说话人的交际能力很重要，当母语说话人听不明白非母语说话人的话时，会问对方很多问题，使对方处于窘迫被动状态。基于上述研究，互动式单向信息差任务从互动量大小和任务效果来说都优于非互动式，但任务参加者的语言水平也是任务完成效果的重要决定因素。

三、开放式任务还是封闭式任务

课堂任务的另一个分类是"开放式任务"和"封闭式任务"。开放式任务是指任务结果有多种可能，比如我们上面提到的开会时间任务，各方协商的结果可能是几个时间都行，只要跟任务各方的时间安排对上即可。当然，有的任务开放度比较大，有的相对就小。而封闭式任务的结果只有一个，比如Ellis等（1994）的厨房指令任务，每个指令的结果只可能一个，否则就是错误的。Long（1989）提出，封闭式任务比开放式任务引发更多的互动意义交流。在实施封闭式任务时，学习者在互动交际时即使遇到语言障碍也要坚持沟通，否则就完不成任务。但在开放式自由说话任务中（比如讨论春假旅游地点选择），如果遇到语言障碍就比较容易放弃正在沟通的话题，转向比较容易的话题。一些研究结果支持Long的观点。Crooks & Rulon（1985）比较了完成三项任务时母语说话人的话语，它们分别是：开放式的自由说话任务、封闭式单向信息交换任务和封闭式双向信息交换任务。他们发现母语说话人在进行后两种任务时，提供给非母语说话人的反馈次数更多。Berwick(1990)的研究也是一个开放式的讨论活动和两个封闭式的Lego搭建任务,参加人是一组日本大学生。他发现,封闭式任务引起了更多的意义沟通,有更多的理解核实、确认核实、澄清请求、自我重复、自我解释等。Newton(1991)的研究也发现,封闭式任务比开放式任务更能产生意义沟通,双向封闭式任务比单向封闭式任务能够产生更多的意义沟通,但在单向任务进行当中,学生每一轮的话语时间更长。上述研究表明,开放式任务和封闭式任务与互动意义协商量的关系有比较一致的结论:后者优于前者。

四、任务目标一致与否

Duff(1986)提出,开放式任务可分为任务目标一致(convergent)和不一致(divergent)两类。以"难题解决"和"课堂辩论"任务为例。两类都是课堂常用的任务,但对难题解决任务而言,参加任务双方或多方必须得出一致的结论,比如哪一个候选人是下一届主席,只有一个选择。而课堂辩论参加任务双方或多方不一定得出一致的结论,比如上网使用脸书(face book)交际的优点和缺陷,不同的参加者可能有不同的看法。Duff发现,目标一致的任务比不一致的互动效果更好,前者话轮比后者多一倍,整体输出语言单位更多,平均语言单位的词汇量更多,引起更多的互动意义协商,但后者每一轮的产出量高于前者。

五、任务题目

课堂任务与引出的互动意义协商量的关系与学习者是否熟悉任务题目以及题目在他们心目中是否有意义相关。Gass & Varonis(1984)就这个问题进行了调查,发现如果学生熟悉任务题目,他们的理解力就会大幅增加,互动量也会增加。在学生的心目中任务题目是否重要与他们自身情况相关,比如年龄、性别、族裔等。Zuengler & Bent

（1991）就任务题目做了一项调查，任务是在母语说话人和非母语说话人之间进行。他们发现，当题目不是很重要时，学习者扮演主导角色，话语输出量大，母语说话人更多的时间是在听和提问；然而当题目比较重要时，母语说话人和二语学习者的角色互换，母语说话人占主导角色。Newton（1991）发现，有些任务题目无论性别和族裔都会让学生感兴趣。比如有关动物园的话题，这类题目往往会引起较高的互动量；但有的话题产生的互动量就会比较少，比如与医疗有关的话题。Lange（2000）也有同样的发现，当学生做信息差任务讨论应该放走哪个囚犯时，互动量就比讨论谁应该是下一个心脏置换候选人要高很多。

六、学习者特点

早期的研究把关注点放到互动意义协商中提供信息的一方，即教师、母语说话人或语言水平高的一方，后来研究者把关注点放到学习者一方，探究他们在互动中的作用。研究发现，如果学习者在互动中做出努力，最大化地理解被提供的输入，互动质量会大大提高。另外，由于学习者自身的特点，一些课堂互动任务不能顺利完成，比如我们提到的Ellis等（1997）的听力任务，年龄小的学习者由于认知能力有限很难参与指令之后的互动。不同性别的学习者在完成课堂任务过程中互动量也有不同。Pica等（1991）发现，男性的互动量要高于女性，更有主导互动的倾向。学习者的知识背景、兴趣爱好、学习动力、课堂气氛等同样决定着互动效果（Pica，1998；Simani-Rolls，2005）。如果学习者对任务题目不熟悉度或不感兴趣，或顾及对方面子，意义协商就很难进行。语言程度高低也是决定互动效果的因素。Pica（1991）提出，课堂互动任务最好在水平中等的学习者中进行，水平太低很难进行意义协商，水平太高又没有太多的必要。

参加互动人数的多寡同样决定着意义沟通数量。Foster（1998）发现，两个人互动的交流协商量要大于多人小组。Shehadeh（2004）

的研究也有同样的发现。任务参加者相互熟悉度与意义沟通量同样密切相关。Plough & Gass（1993）发现，任务参加双方互相熟悉的比不熟悉的会使用更多次数的交际策略。Zuengler（1993）也得出同样的结论，认为是否熟悉任务题目并没有那么重要，重要的是参加者之间是否互相了解。另外学习者的交际策略（是否会提问题）、交际风格（在互动中扮演领导者引领互动）等同样决定着互动量的大小，比如，有的小组成员主导互动过程，以至其他组员不能参加（Foster，1998），有的学习者为了面子不懂装懂（Foster，1998），导致沟通很难进行。

七、组内成员语言水平与互动质量

如何根据学习者语言水平分组是研究者关注的另一个重要话题。Yule & MacDonald（1990）就语言伙伴之间的语言能力与互动质量进行了研究，发现如果两个人的语言水平一高一低，而低水平的学生在互动中占主导位置，两者之间的互动次数比较多，但如果是高水平的学生占主导地位，语义协商量就少很多。Iwashita（2001）也研究了同样的问题，他把24个参加者分成了三种组合（低水平—低水平、高水平—高水平、高水平—低水平）。研究结果显示，不同语言水平的任务组合互动次数高于同等水平组合，但是修正输出量却小很多。Storch & Aldosari（2013）做了一个更细化的研究。他们把36个学生分成低水平—低水平、高水平—高水平、高水平—低水平三组，发现高水平—高水平配对会更多地注意任务完成的语言质量，高水平—低水平配对，低水平一方参与双方互动量较少。而我们在第二章提到Storch & Aldosari（2010）的研究，两个语言程度较低的学生配对完成课堂任务时几乎全程都在使用母语。对于课堂组别不同类型与互动质量和任务完成效果，Storch（2002）从社会文化角度做了非常详细的分析研究，我们第四节再做讨论。

第四节 社会文化理论与课堂互动研究

社会文化理论与互动理论的根本不同是把课堂输入和互动视为二语学习的环境，认为语言能力的发展是发生在互动过程中而不是互动的结果。他们还认为，互动让学习成为可能不是因为学习者把提供的输入进行内化处理，而是因为他们被提供了产出新语言形式的合作机会。如果新的语言形式在与他人合作对话中开始出现，便意味着语言发展开始了，随着该语言形式的内化，学习者就可以不在他人帮助下自主使用，由此"学习"发生。表3-1列出了二语学习者从他人帮助到自主使用的语言学习发展轨迹。

表3-1 二语语言学习发展轨迹

1. 即使在他人的帮助下，学习者也不能使用某个语言形式。
2. 在他人大量的帮助下，学习者开始使用该语言形式。
3. 不用他人太多的帮助，学习者可以在类似的情况下使用该语言形式。
4. 不用他人帮助，学习者可以在类似的情况下使用该语言形式。
5. 不用他人帮助，学习者可以在不同的情况下使用该语言形式，此时学习发生。

注：据Ellis（2012）编译。

一、教师单班课上的"鹰架"搭建

二语教学离不开教师和学生的一对一单班教学，这种师生之间的互动提供了前者发现后者最近发展区的机会，并据此提供针对性很强的帮助，对于学生来说，这个过程可以让其在教师的帮助下用完成单靠自己无法完成的交际任务（Aljaafreh & Lantolf, 1994）。表3-2就是Aljaafreh & Lantolf（1994）为教师设计的循序渐进的纠错反馈步骤，目的是让教师更有效地确定学生的"最近发展区"，一步一步地搭建"鹰架"，最终达到语言知识发展的目的。

表3-2 教师反馈步骤

0. 在提供辅导前，教师让学生阅读自己的作业，在这个过程中独立找错改错。
1. 教师在学生独立找错改错过程中建立师生"合作框架"，教师成为对话的一员。
2. 学生或老师读出含有错误的句子。
3. 教师指出含有错误的部分，可以是一整句也可以是一整行，对学生说"这儿有错吗？"。
4. 教师对学生未能找出错误表示否定态度。
5. 教师把含有错误的句子截短，口述截短的含错部分或用手指指着含错部分。
6. 教师指出错误的性质，但不指出具体的错误，比如可以说"这儿有时态不对的地方"。
7. 教师指出具体的错误。
8. 教师对学生未能改正错误表示否定态度。
9. 教师给出提示帮助学生改错，比如说"这里说的不是过去的事情，现在这件事还在继续"。
10. 教师提供正确的语言形式。
11. 教师解释如何使用正确的语言形式。
12. 如果上述方式依然不奏效，教师提供如何使用正确形式的例子。

注：译自Aljaafreh & Lantolf（1994）。

Nassaji & Swain（2000）根据上面Aljaafreh & Lantolf（1994）设计的循序渐进的步骤对老师和学生之间的互动进行了探索研究。有两名韩国学生参加了研究，分别就他们四篇作文出现的英语冠词错误与老师进行一对一的单班教学，但老师为一个学生提供的互动反馈是按照上面改错步骤一步一步地进行，以找到该学生的"最近发展区"，而为另一个学生的纠错互动步骤并不按照上述顺序。该研究使用后测检验纠错效果，后测内容是让学生独自用填空的方式改正早前的作文。研究结果显示，使用循序渐进改错步骤的学生进步效果明显，改错比例达85%，而另一个未按改错步骤的学生的自我改错比例只有40%。两个学生相比，按照步骤改错的学生：（1）第一次单班教学后更好地理解了英语冠词的规则；（2）在后来几次单班教学中，不怎么需要老师帮助就能判断出正确的英语冠词形式；（3）在后测中，能够更独立地正确使用目标形式。

但社会文化理论也遭到互动认知学派的质疑。有学者指出（Sheen,2010），社会文化理论提倡的互动过程很难在教师面对一班学生的教学环境中使用，也不适用于对学生笔头作业的批改，因为教师无法实施发现学习者最近发展区的过程。我们下面看看课堂教学上的"鹰架"搭建。

二、师生互动搭建"鹰架"

课堂上教师在"鹰架"搭建过程中的作用毋庸置疑。关之英（2008）在中国香港一所汉语作为第二语言的小学课堂上就"鹰架"搭建种类和效果进行了一项研究。她发现教师一共使用了八种"鹰架"搭建课堂策略，其中有回溯鹰架、语言鹰架、示范鹰架、多媒体辅助鹰架等。教师的具体做法有提问、提示、示范、直接教学、回馈、鼓励，目的是在学生需要的时候向他们提供帮助，完成他们一个人完成不了的任务，并在这个过程中把解决问题的办法循序渐进地传授给学生，让他们最终过渡到一个人可以完成的阶段。关之英发现被观察的四个教师"鹰架"搭建都很成功，但也有一个不那么成功，问题在于课堂活动层次过多，学生不能掌握，示范"鹰架"又搭建得不那么完善，以致活动完成得不够理想。由此可见，课堂"鹰架"搭建教师应在充分了解学生的"最近发展区"的基础上做好精心准备。

课堂"鹰架"搭建是否成功还取决于合作互动的另一方——学生。Brooks & Donato（1994）的研究显示，在任务开始前，教师非常仔细认真地为学生讲解任务目标，但任务开始后，很多学生还是用母语讨论教师要求他们做什么，在任务中要怎么做才能完成任务目标，有的学生对任务的理解与教师讲解的非常不一样，还有的学生因为任务可笑而不与其他学生合作。Ko等（2003）的研究证明了这一点。Ko的研究调查了师生互动对学生故事重述的影响。被试为21个英语二语学习者，语言水平不等。实验过程是这样的：被试先用两三分钟给教师和另外两个学生即席讲述一个让他们记忆深刻的故事，讲完后，包括教师在内的三个听众就故事内容向被试提问题，进行互动意义协商。互动之后被试再给另一组听众讲同样的故事。研究者的兴趣在于，经过师生意义互动协商的故事重述时质量是否有所提高？意义协商中发生了什么可以影响故事重述质量？两次故事讲完后，由母语说话人给所有被试讲述的两次故事分别打分，也为两次故事之间的师生意义协商的互动质量打分。研究结果显示，21个被试中，有11个被试第二次故事质量比第一次高，而其他10个的成绩或者相同或者比第一次更低，即师生之间的意义协商不一定给学生的语言产出带来正面的影响。师生互动质量的得分结果显示，21个意义协商互动中有14个得到高分，在这14个互动过程中，教师起了主导作用，教师使用的"鹰架"搭建策略包括让被试提供更多的故事情节、澄清由于文化不同可能会引起的误解、让学生听众提问、提供语言支持等。但研究者发现，第二次故事质量提高的学生，意义协商问答质量得分不一定高；而故事得分持平或更低的学生，师生意义协商质量有的得分也很高。通过分析研究者发现，教师在意义互动起的作用很重要，但学习者的反应更为重要。有的学生不愿意采纳老师的意见，有的学生对教师问题的回答非常勉强。研究者由此得出结论，"鹰架"搭建是双方共同的任务，互动中"有知识的他人"提供反馈的作用是有条件的，双方都投入才有可能成功。因此，教师在"鹰架"搭建过程中，应重视学生的反应，忽略学习者的作用会使教师的努力付诸东流。

Pu & Li（2011）的研究展示了一个师生双方都非常投入的课堂案例。研究在美国一所周末中文学校进行，学生来自有汉语背景的家庭。一般而言，这类学校的教学不是很成功。研究者对不同课堂进行了观察，发现其中一位教师的课堂活跃，效果非常好。这位教师使用的教学方式是互动性朗读。课堂录音质化分析显示，互动性朗读可分为三个主要部分：学生一句一句地朗读课文，每句结束后，其他学生可以就刚读过的语句不明白的地方提问，教师根据学生的问题发现他们的最近发展区，然后通过反馈搭建"鹰架"。在很多情况下，学生之间互扮"专家"的角色，为其他学生的问题提供答案，达到师生之间权利分享的状态。研究者发现，通过互动性朗读，课堂上师生共同建立学习团体，使得语言教学和文化教学情境化和意义化，为学生提供了大量的语言互动机会。

三、生生互动互建"鹰架"

刚才提到，社会文化学派认为，"鹰架"搭建除了发生在教师与学生之间，也可以发生在两个学习者中，两个人之间的角色身份是流动的，都可以是专家，也都可以是初学者，双方在完成任务的互动过程中，以一种合作的方式把自己的资源贡献出来，互相学习，互补长短，齐心协力共同解决语言难题，完成老师交给的课堂语言任务。Yuan（2014b）对一个初级汉语课堂的研究中，记录了两个学生在完成短文写作任务时就汉语语法词"还"的对话：

学生1：我请王友和白英爱。

学生2：en, better 我请王友，我请还白英爱。

学生1：好（点头）。

学生2：wait, wait, where should we put "还"？
　　　　before "请" or after?

学生1：en..., let me check.（查书，然后看学生2）

学生1：老师，我请还白英爱 or 我还请白英爱？

老师：What do you think?

学生1：I have no clue.

（老师看学生2，学生2也摇头。）

老师："hai" is an adverb, an adverb in Chinese should...

学生2：Oh, I remember, adverbs should be put before
　　　　verbs. So it should be 我还请白英爱。

上面的片段记录了两个学生互相帮助并在老师监督下的"鹰架"搭建过程。在这个过程中，我们很难确认他们之间哪一个是"专家"，哪一个是"初学者"，双方之间的角色身份在流动。互动合作让他们共同解决了语言难题，说出自己不能说出的语言形式和功能，促使目的语系统的内化（Brooks & Swain, 2009）。Yuan（2014a）用数字显示了双人合作和单人独立对目标形式使用的差异。这项研究使用的先听后写的写作任务（dictogloss），两个班中一个班是两人结对合作完成任务，一个班是单独一人完成任务，目标形式是汉语时间词语"以前/以后"和"在……时候"。她发现，双人合作试图使用"以前/以后"目标形式次数和使用正确次数均高于单独班，单独班一个人都没有使用相对复杂的"在……时候"。

　　一些社会文化理论家使用微观跟踪分析（microgenetic analyses）的方法观察、记录学生"鹰架"搭建的互动过程，从而展示语言知识的发展进程。我们下面讨论两个研究案例。Donato（1994）的研究记录了法语二语学生在共建"鹰架"中语言发展的过程。三个学生参加了这项研究。这三个学生在研究开始前的10个星期里一起完成了很多课堂小型项目，合作非常愉快，其中一个学生经常扮演"专家"的角色。研究者对这个小组的一次项目讨论会做了录音。在为时一个小时的录音中，研究者一共找出32个合作伙伴之间的语言"鹰架"支持片段。尽管当时寻求帮助的学生没有显示已学会所涉语法形式，但在一个星期以后的口头课堂任务中，32个中的24个"鹰架"内容得到成功使用。转写资料显示，不但寻求合作伙伴帮助的学生在实际任务中正确使用了目的语语法形式，旁听的第三个学生也学会了。

　　Ohta（2000）在一个大学二年级日语课上研究了学生在完成双人对话时的互动行为，特别详细记录并分析了其中一对学生，其中一个水平比较高，充当"专家"角色，一个水平比较低，充当"初学者"角色。他们共同完成的任务是用日语请求句式翻译一系列句子。Ohta发现，互动中充当"专家"的学生不是指手画脚，直接告诉对方怎么做，而是对方在显示"求助"信号时才给予适当点拨。而语言水平较差的一方也并不因为对方语言水平高而放弃努力或为了面子假装知道，而是自己努力，需要时再寻求帮助。开始时，语言水平较差的学生只能在对方的协助下一步一步翻译，但到任务结束时，她完全可以自己准确地翻译整句，从"他人制约"成功地发展到"自我制约"。通过对这一组学生的观察，Ohta得出结论，互动双方的敏感度和成熟度是生生之间"鹰架"搭建成功的关键。

四、从合作关系看生生互动效果

以上几个基于社会文化理论的互动研究展示了师生或生生"鹰架"搭建的案例，有的成功（Donato，1994；Ohta，2000），有的不那么成功（Ko等，2003），而成功或失败的关键在于互动双方的成熟度（Ohta，2000）。Storch（2002）的研究对此做了非常好的总结。

Storch（2002）的研究在一家大学成人英语二语课上进行，学生分组完成课堂任务。研究者通过一个学期的录像观察和课上笔记，研究分析了10组固定双人配对。她根据任务完成过程中双方的参与量、话语转轮特点以及双方个性的成熟度把他们分为四种不同的合作关系：合作式、专家/初学者式、控制/控制式和控制/服从式。见图3-3：

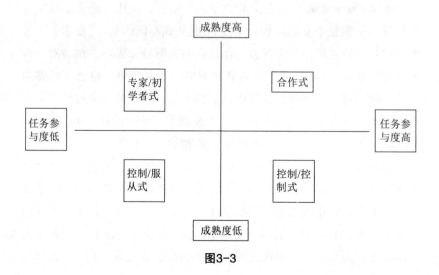

图3-3

四种合作关系的特点是：

合作式 双方共同讨论完成任务的各个方面，齐心协力一起完成任务，互动量很大，质量也很高。互动中双方用多种形式的交际方式征求对方建议、解释自己意见、重复对方意见、自我修正原来的意见、就对方的建议提出自己不同的看法等。总之，合作式互动是"批判性"和"合作性"的结合体。

控制/控制式 双方都积极为完成任务做出贡献，分工平等，但双方听不进对方意见的次数很高，常常互相纠错，带有不愿接受对方意见的态度，也不愿意寻找双方都满意的方式，有时就像吵架，声音抬高，面带怒色，并常用"我认为""你没有"这类主观句式。

控制/服从式 一方处于主导地位，另一方只是一味听从，双方互动量很小，支配一方常常一个人长篇大论，自我主张如何解决任务出现的问题，另一方有时也讲话，但常常自言自语，而不是征求对方的看法，有时也提建议，但基本在最终阶段被对方否定，处于被动服从的状态。

专家/初学者式 一方扮演"专家"角色，在任务完成过程中充当领导，引领整个互动过程。与控制/服从式不同的是，"专家"一方不会把自己的意见强加于对方，而是向对方解释原因，并邀请对方说出自己的看法。"初学者"一方认可对方的专家角色，也会主动参与互动，确认对方的意见，并提出自己的意见。在完成任务过程中，互动量较高，交际策略也用得很多。上面我们讨论过的Donato（1994）和Ohta（2000）研究中的小组都是专家/初学者式合作。

Storch（2002）总结说，课堂小组以合作式和专家/初学者式两种类型为优，互动量都很高。Storch的另一个发现是，参加研究的学生展现的大都是合作式关系。10组学生共完成了三个课堂任务，在30次互动对话中，21次是合作式关系。10组中的5组在三次任务中都呈现的是合作式关系，有一组在前两次是控制/控制式关系，到第三次转变为合作式关系。这一结论说明，大部分学生是合作的，而且双方之间的关系一经确定，基本不会改变。

　　Storch 的第二阶段研究把"语言聚焦片段"作为测量手段。她把在四类不同互动关系的所有互动对话中的"语言聚焦片段"都找出来，确认学生讨论的所有语言形式，然后研究学生的单人写作，找出他们在单人写作中使用合作讨论过的语言形式次数，计算小组讨论过的语法点：（1）有多少使用了，即知识转移实例数；（2）有多少没有使用，即知识未转移成功；（3）合作作文讨论时一方提到某个语言形式但没有继续讨论下去，个人写作时也没使用，即错过知识转移实例数。结果见表3-3：

表3-3　互动与知识转移结果

	知识转移实例数	知识未转移实例数	错过知识转移实例数
合作式	22	4	2
专家/初学者式	15	2	2
控制/控制式	6	10	7
控制/服从式	6	2	8

　　从以上结果可以看出，合作式和专家/初学者式两个互动类别知识转移次数最高，知识未转移次数最低，说明这两组的"鹰架"搭建最成功。而控制/控制式、控制/服从式的"鹰架"搭建都不成功。由此可见，合作式和专家/初学者式的配对关系对二语学习大有裨益，特别是合作关系。但研究者进一步指出，在所有的知识转移成功的49次中，有10次是逆方向的，也就是说，学生转移的是错误的知识。针对这种可能，Yuan（2014b）指出，如有可能，教师应助一臂之力，以防逆方向知识转移的发生。

　　Storch 的分类再次阐释了社会文化学派对语言学习的看法，即语言系统的发展产生于合作与互动之中，而促进发展的合作关系或是专家/初学者式的关系，正如儿童在成年人的"鹰架"搭建下学习母语那样，或是双方平等的合作式关系，既是"专家"又是"初学者"的关系。Storch分类被很多研究者引用，而Storch根据自己观察结果提出的教学建议对一线教师更具指导意义：教师如果发现学生小组之间的关系是控制/控制式或控制/服从式，应该及时做出调整，因为这样的合作关系会直接影响互动量、互动效果乃至整体学习效果。

第五节　来自真实课堂的互动研究案例

20世纪90年代初期和中期，二语课堂交际法教学基本取代了传统的语言教学模式，研究界几乎一面倒地支持课堂分组开展互动交际活动，但Foster（1998）的课堂研究展示的却是交际课堂的另一面。下面我们看看Foster（1998）的研究以及另一个类似的研究。

一、案例呈现

【案例一】Foster（1998）在成人英语课堂上进行了一项研究，有 21个学生参加，分两人小组或多人小组完成四个不同的口头交际任务。Foster对任务完成过程中的以下三个方面进行了观察统计：（1）学生的话语产出量；（2）互动修正量；（3）在完成不同任务（双向互动交流和单向互动交流）过程中的互动参与量。Foster发现，无论完成哪种任务，无论是多人小组还是双人小组，学生的整体参与量都非常小，有的小组几乎无人参与，这与互动学说中有关在交际中断时交际各方必须使用不同策略完成交际的理论大相径庭。比如87个意义交流启动（negotiation moves）中，只有20个得到修正回应（modified response）；67个没有得到修正回应的启动中，37个没有得到任何的口头回应，另外30个或是对问题的简单重复，或是答非所问，或是简单的"是"或"不是"。Foster还发现，意义交流是否可以继续的决定因素之一是小组人数，两个人实施任务时由于双方必须参加，整体交流协商次数要大于多人小组，在20个有修正回应（modified response）的意义交流中，13个来自两人小组。而在多人小组中，有的组只有一两个人处于主导地位，其他人常常不参与。对于很多学生拒绝参与互动交流，Foster做出如下解释：（1）任务需要互动解决的层次过多、过难，为了不在同伴面前丢面子，有些学生采取"鸵鸟"策略，假装知道或干脆不参加，而不是采用互动理论提出并在很多研究证实的核实、澄清等交际策略；（2）学生把分组活动看成放松、休息的机会，而不是像教师期待的那样，严肃地对待小组课堂活动。

【案例二】Simani-Rolls（2005）复制了Foster 的研究。Simani-Rolls的研究在法语二语大学成人班进行，共20个学生参加了研究，分10个双人小组，完成三个课堂任务。研究结果显示，学生互动协商次数的多寡与课堂任务性质有关，双向信息交流的互动量高于单向信息交流任务，这与上面讨论过的研究结果一致。但她进一步发现，分组活动时，不同学生的互动量差别非常大，有60%的互动量来自25%的学生，20%的学生根本不参与。另外，真正意义上的意义协商互动几乎不存在，很多学生只是用简单的"是"告诉对方他明白了对方的意思。这与Foster的发现相同。由此看来，互动量（次数）高，不一定互动质也高。Simani-Rolls 还让学生写下对课堂活动的看法，借以调查为什么课堂分组互动的质量未像研究者预期的那样。学生的回答显示，很多个人原因导致学生不愿意进行课堂任务要求的意义交流，其中有"顾及对方面子""自己可以猜测""没有必要""对方说母语，也会跟着说母语"等。研究者总结说，课堂互动参与与否或如何参与掺杂很多社会、情感、文化、个人因素，而不仅是输入和是否使用不同互动策略的问题。

二、案例小结

分组活动是教师在语言课堂上常常用到的教学策略。上述两个案例都来自课堂，案例描述的情景在我们自己的教学中也可能经常碰到。Pica（1994）曾指出，小组活动在课堂语言教学中应占有一席之地，但它不能保证学习者的成功。作为教师，我们如何保障小组活动的有效性？教学设计中应该采取哪些措施避免出现案例描写的情景？如何使小组活动有效性最大化？这些都是我们应该时刻考虑的问题。通过本章的阅读，你对如何在课堂小组活动中提高学生参与的数量和质量有什么看法或疑问？

结语与思考

本章介绍了互动理论的历史发展以及早期的代表性研究及研究发现。通过本章的阅读，你应该对可理解输入、意义协商、分组活动、课堂任务这些互动理论的关键词有所了解，也应该进一步了解社会文化理论对互动的解读以及一些关键概念，如"鹰架搭建""最近发展区""合作关系"等。你是否认为意义协商量的大小是二语学习的关键？意义协商的数量是否等于质量？如果不是，是什么？课堂任务应该如何设计才能最大化地并行之有效地提供目的语输入、互动、输出的机会和条件？你能否根据这些要求试着设计几个课堂任务并运用到课堂实践中去，进而观察学生参与不同课堂任务的表现呢？

深度阅读推荐

1．Gass, S. M. (1997) *Input, Interaction, and the Second Language Learner*. Mahwah, NJ: Lawrence.

该书阐释了作者基于不同学说发展起来的学习者互动习得模式，包括注意假说、输出假说、互动假说等。

2．Long, M. (1983) Native/non-native speaker conversation and the negotiation of comprehensible input. *Applied Linguistics*, 4(2), 126-141.

Long的互动假说是二语习得最重要的理论之一。在这篇早期研究文章中，作者在观察、分析、对比母语说话人之间的话语交流与母语说话人和二语学习者交流的基础上，把Krashen 的可理解输入假说往前推进了一步，发展了互动假说。

3．Pica, T. (1994) Research on negotiation: What does it reveal about second-language learning conditions, processes and outcome? *Language Learning*, 44(3), 493-527.

Pica就输入、输出、互动对第二语言学习的影响实施了一系列实证研究，这篇综述文章总结了早期互动研究的成果、存在的问题及未来研究方向。

4．Schmidt, R. (1990) The role of consciousness in second language learning. *Applied Linguistics*, 11, 128-158.

Schmidt在这篇文章里推出了其著名的"注意力理论"，被理论界广为接受，Long的后期互动假说借鉴了这一理论，强调互动中"注意"的重要性。

5．Storch, N. (2002) Patterns of interaction in ESL pair work. *Language Learning*, 52(1), 119-158.

Storch在这篇文章里根据任务完成过程中互动双方的参与量、话轮特点以及个性成熟度把学习者互动关系分为四类，并通过知识转移次数说明不同类别合作关系的"鹰架"搭建效果。

6. Swain, M. (1985) Communicative competence: Some roles of comprehensible input and comprehensible output in its development. In S. M. Gass & C. G. Madden (Eds.), *Input in Second Language Acquisition*, (pp. 235-253). Rowley, MA: Newbury House.

Swain在这篇文章中针对Krashen可输入假说中忽视输出在语言习得上的作用提出了"可理解输出"假说,成为人们解读二语课堂的重要理论。Long的后期互动假说也整合了这一理论,强调互动中"输出"的重要性。

第四章
课堂任务教学与语言产出

本章导读

　　任务教学法是近年来第二语言习得领域最热点的研究分支之一。"课堂任务"这一概念最早出现在20世纪80年代，作为交际法教学的中心，一直为研究界所关注，到现在已有三十余年历史。随着习得理论的发展和任务教学的逐渐普及，研究者对课堂任务的关注从早期它如何增加可理解输入和语义协商互动量，到近期任务与语言输出流利度、复杂度和准确度的关系（Robinson,2011）。从这个角度讲，本章是第三章"二语课堂互动"的继续。本章首先对相关理论框架做概括性总结，然后重点讨论任务类型和实施条件对学习者语言输出质量的影响，之后将讨论聚焦型任务和多层型任务。最后对反对任务教学的观点做简要总结。

第一节　互动-认知学派对课堂任务和语言产出的解读

　　任务教学法的基本教学理念是"用中学"，而非传统教学的"学中用"。如何"用"、怎么"学"是研究界和教学界一直研究、争论、探讨的问题。Long（1985）的互动假说为早期课堂任务的教学实践和研究提供了基本理论框架。互动学派认为，二语学习的过程与母语相

似，是在不断地接受输入和与人进行意义沟通互动中实现的；学习者
在语言使用过程中，因为语言能力不足可能会导致沟通不畅，为了达
到意义交流的目的，沟通双方或多方必须进行意义协商，在协商过程
中学习者可能会意识到自己的语言错误并在之后的语言使用中加以改
正，达到Long所说的语言形式"顺带学习"的目的。基于这一学派的
观点，二语课堂应尽量地为学生营造自然学习的环境，课堂任务就是
营造这样一个环境的工具。

一、"课堂任务"定义

"课堂任务"一词拥有极大的弹性和延展性，任何与语言学习有
关的课堂活动都可以被视为任务，因此很多早期任务教学法的研究者
从教与学两个层面试图为课堂任务做出定义，即什么样的课堂活动可
被称为能营造自然学习环境的"课堂任务"？任务应具有什么特点和
成分？与传统意义上的课堂活动、课上练习和句型操练有什么不同？
目前互动-认知学派对课堂任务基本一致的定义是：（1）以意义沟通
为主（而不是以某个语言形式为学习目标）；（2）完成任务的目的是
解决交际中出现的问题（而不是学会某个语言形式）；（3）内容与实
际生活有一定关联；（4）用任务完成的结果评估学生（而不是语言使
用的正确与否）（Nunan，1987；Long & Crookes，1989）。

研究界对上述定义有不同的声音。首先很多学者对课堂任务只强
调内容表达而忽略语言形式提出了异议。Widdowson（1995）指出：
无论完成课堂任务还是传统意义上的练习，内容意义和语言形式都是
必需的，填空练习如果不知道内容意义根本无法完成。就这一观点，
Ellis（2003）提出自己的看法。他认为，两者的根本不同是做练习时
学生的角色是语言学习者，而完成任务时学习者的角色转换为语言使
用者；尽管他们有时也会把注意力转向具体词汇或句式，但这种注意
力转移是暂时的，目的是为了实现内容意义；母语说话人在实际交流

中也是如此，只不过出现频率要低很多。强势任务教学法的代表人物之一Willis（1996）甚至特别指出，课堂任务不应提供学生展示语言的机会，不能事先告知学生在完成任务时必须使用哪些语言形式。

对于上述定义中的第三条人们也有不同的看法。Long & Crookes（1989）认为，只有与真实世界有关的活动才能运用到课堂上，才是真正意义上的以交际目的为本的课堂任务。如此看来，"看图说话""按照指令画图"等常用的课堂活动都被排除在外。但Skehan（1996）和Ellis（2003）认为，"看图说话""按照指令画图"这类任务虽然在现实生活中不存在，但课堂上完成这类任务时学习者使用的语言是真实的，是现实生活中常常用到的，因此这类活动也具有很高的真实度。Ellis把这类活动称为具有"交流真实性"（interactional authenticity）的课堂任务，而Long & Crookes较狭义的任务是具有"环境真实性"（situational authenticity）的课堂任务。另外，上述定义强调的是口头互动，但在课堂上常常使用的听、读活动是否也应算课堂任务？我们在第三章讨论到的Ellis及其团队做的一系列相关研究都是听力任务；他们的研究证明，听力任务对学生语言理解和词汇掌握都有良好的效果。

上述定义第四条把任务完成结果作为考量学生的标准，但学生的语言质量又如何考量？第三章末提供的两个案例研究（Foster，1998；Simani-Rolls，2005）都显示，有的学生尽管在做意义沟通，也可以完成任务，但用来意义沟通的语言质量非常差，句子不完整或只用一两个单词，语法结构用得很少，有相当一部分学生根本不参与，或不用语言沟通，只是用点头等肢体动作；尽管任务完成了，但对中介语的发展没有任何益处。这些问题都为后期任务教学研究者所关注，如我们将要讨论的Skehan（1996，1998）、Robinson（2009）以及Swain & Lapkin（2002）的研究。

二、Pica的课堂任务排序框架

尽管存有争议，但从整体来看，多数研究者依然认为任务教学是课堂语言学习的最佳方式（Long & Crookes，1992；Skehan，1996；
Ellis，2003；Nunan，2004）。为了更好地在教学中普及任务教学法，
不少学者为不同课堂任务分级排序。Long（1989）提出，我们应该分
析学习者在真实社会中的交际需求，再在此基础上进行课程大纲设
计，从简单到复杂设计不同的课堂任务。Willis（1996）根据任务特
点把课堂任务分为六类：罗列（listing）、排列与分类（ordering and
sorting）、比较（comparing）、解决问题（problem solving）、分享个人
经历（sharing personal experience）、创造性任务（creating tasks）。20
世纪八九十年代更多的研究者是基于互动理论从任务提供意义协商机
会多寡的角度分析不同课堂任务，我们在第三章已讨论过部分研究结
果，比如有信息交换的课堂任务比无信息交换的更容易激发学生进行
互动意义协商，任务完成结果只有一个的优于多个结果的任务，任务
结果方向一致（convergent）的比不一致的（divergent）互动效果好，
两人小组比多人小组互动量更大。Pica（1993）总结说，能带来更多
互动机会的任务应该是：（1）互动双方掌握完成任务不同的信息；
（2）互动双方必须互换信息；（3）互动双方拥有一致的任务目标；
（4）任务结果只有一个。根据这四点，Pica对当时常用的五类课堂任
务进行了比较排序，这五类任务是拼版任务、信息缺口任务、难题解
决任务、决策任务和意见互换任务。表4-1是根据Pica（1993）排序编
译的，X和Y指参加任务互动的双方。

表4-1

任务类型	信息掌握方	互动关系	是否互动	任务结果方向	结果数量
拼版任务	X和Y	双向	是	是	1
信息缺口任务	X或Y	单向多于双向	是	是	1
难题解决任务	X=Y	双向多于单向	否	是	1
决策任务	X=Y	双向多于单向	否	是	>1
意见互换任务	X=Y	双向多于单向	否	否	>1

　　根据Pica的四个衡量条件，这五类任务按互动量大小依次排序为：拼版任务＞信息缺口任务＞难题解决任务＞决策任务＞意见交换任务。Pica解释说，"拼版任务"是指布置房间、整理庭院这类任务，任务双方掌握各自的信息，为了完成任务双方要告知对方如何做，不清楚时可以向对方询问所需信息，双方的任务目标方向一致，即把房间布置成或庭院整理成所要求的样子，而这就是任务的唯一结果。为达到这一任务结果，意义协商互动是必不可少的。而"信息缺口任务"在大部分情况下只有一方掌握完成任务的信息，信息流向只是从一方到另一方，互动量就可能会相应减少，比如听指令画图任务。而其他三类任务的双方都掌握同样的信息，因此不必互换信息就可完成任务。这三类任务相比，"意见交换任务"（如课堂讨论如何治理环境污染），由于解决办法可能大相径庭，会出现多个解决提议，学生之间各自发表自己的看法，不用互动就可以完成任务，因此互动量可能非常小。"决策任务"（比如什么时间开会）由于可能有一个以上的时间符合双方的时间安排，互动量就可能少于"难题解决任务"，因为后者只需要一个解决方案，比如谁是最符合心脏移植手术条件的病人。

　　对于上述任务排序，Pica本人也承认没有实证研究结果做基础。而业界也认为只以互动量信息走向及其大小排序标准过于单一。互动量大小和次数多少，并不一定说明互动语言质量的高低。我们在第三章已讨论过，互动是否等于习得并没有定论，因为其中有诸多的干扰因素。

三、Skehan的任务教学框架

　　英国学者Peter Skehan（1996，1998）对单纯以意义沟通为准绳的早期任务教学法理念提出了修正，认为意义和形式应该并重。他从认知角度提出任务教学框架、阶段性目标以及任务完成语言质量衡量标准，对之后的任务教学研究产生了非常重大的影响。

Skehan提出，任务教学可以分为"强势"（strong form）和"弱势"（weak form）两种。前者任务是课堂教学的中心成分，后者任务是传统教学方式的补充。他还根据认知理论提出，人的注意力是有限的，特别是在执行不熟悉的任务时，人们只能把有限的注意力分配给当事者认为最重要的方面，因此不同任务或不同任务实施条件可能会造成学生对注意力的不同分配。单纯以表达意义为目标的课堂任务，可能有助于学生语言流利度的发展，但他们可能会顾及不到语言形式，可能会以牺牲语言形式的准确度为代价。因此Skehan提出，任务教学不应忽视语言形式，应注意意义表达和语言形式两者之间的平衡。

Skehan针对一些研究者对课堂任务排序做出的努力提出，按照任务难易度排序的想法好是好，但由于涉及因素过多，实际操作起来不太可能；人们只能对涉及课堂任务实施的不同因素做出尽可能详尽的分析，为教学实践提出一些考量标准。他在文章里首先总结了一些早期的任务研究发现，比如Candlin（1987）提出，任务有难有易，人们可以根据任务的复杂度、所需语言形式的难易度、任务类型、任务题目熟悉度进行分类；Brown、Anderson、Shilcock & Yule（1984）提出，静止任务（如描述房间）比动态任务（如叙述车祸现场）容易，动态任务又比抽象任务（如说出看法）容易，因为后者任务要素较多，要素越多的任务实施难度越大（见下面Robinson的任务框架）；Tarone（1985）的研究显示，如果任务实施当中学生有机会注意到语言形式，语言的正确性就会大大提高；Greene（1984）的研究发现，如任务实施前给学生提供任务完成提纲，他们的语言流利度会提高；Ellis（1987）和Crookes（1989）的研究也都显示，学生如有机会为任务做些准备，会有助于语言质量的提高。另外，学生的性别、年龄、互动伙伴的关系等都会影响互动任务的完成（见第三章）。

在总结以往研究的基础上，Skehan根据人类大脑处理信息量有限假说提出，任务教学应分任务前、任务中和任务后三个阶段实施，每一阶段都应有不同的教学目标和实施手段，还应根据学生情况注意实施减轻（或增加）学生认知负担的策略，以达到均衡发展学生交际能力和提高语言水平的目的。具体到每个阶段，他都提出了一些详细的教学建议。Willis（1996）同年也发表了类似的框架。表4-2综合了两个框架的内容。

表4-2

阶段目标	教学手段	减轻认知负担的手段
任务前 • 介绍目的语言形式 • 减轻认知负担	• 使用明确式或暗含式介绍讲解新语言形式 • 形式操练 • 观看同类任务 • 向学生提问题，促使学生表达比较复杂的意思	• 观看同类任务 • 提供任务实施框架、明确告知任务完成后应得到的结果 • 针对跟任务有关的问题提问，激发学生的相关周边知识 • 给学生提供任务准备时间 • 预演同类任务
任务中 • 调整语言准确性和表达流利度的关系 • 选择和调整任务实施条件	• 重视语言准确度 • 调整任务带给学生的压力 • 以不同形式重复内容相同的任务，比如从听说任务到读写任务 • 重复实施同类任务	• 提供较为具体的任务大纲以减轻任务难度 • 让学生在规定时间内完成任务或增加任务难度或不规定完成时间以减轻任务难度 • 在任务实施过程中增加或减少任务主线以增加或减少任务难度 • 为学生提供直观性较强的图片以减轻任务难度 • 给学生提供或不提供任务所需信息以增加或减轻任务难度
任务后 • 注重语言准确度	• 学生公开表演 • 分析学生任务表现，改正学生错误 • 语言形式考核 • 重复任务 • 讲解语言形式	

在提出课堂任务实施阶段框架的同时，Skehan（1996，1998）还分解、量化了语言输出的数量和质量，提出任务教学应以均衡发展学生语言的准确度、复杂度和流利度为目标，学生任务完成结果也可从准确度、复杂度和流利度分别衡量。在他的语言三度框架中，流利度与意义表达相关，准确度和复杂度与语言形式发展相关。具体而言，如果学生语言流利度高而准确度、复杂度低，说明他更偏重意义的表达，有忽视语言形式的倾向；流利度低可能是学生过于保守，太在意语言形式。准确度是指学生完成任务的语言与标准目的语之间的差距。如果准确度高，说明他非常关注语言形式的使用，但也可能说明他比较保守，惧怕犯错，只使用有把握的字、词、句。复杂度是指学生是否使用了较难、较广泛的词汇、语句，复杂度的高低在很大程度上取决于学生是否敢于冒险，敢于使用他不熟悉的语言形式。

Skehan提出一些具体的、操作性很强的指标，之后为很多学者使用。表4-3是Yuan（2009，2012）在Skehan的基础上总结的一些常用并可用于衡量汉语输出的指标。

表4-3

类别	指标与计算方式
流利度	1. 输出速度：去掉无效音，算出平均每分钟输出的字数。 2. 平均间断长度：加上长于30秒的所有间断长度，再除以间断数。 3. 重复次数：把所有重复词的数字加起来。
准确度	1. 无错分句比，即无错分句数与分句总数的比例。 2. 错误自我修正率。 3. 错误密度。 4. 典型句式正确率（如英文表示时间的不同形态）。
复杂度	1. 词汇异同比，即所有使用的不同词的数目与总词数之间的比例。 2. 平均句长度。

注：译自Yuan（2012）。

Yuan（2009）把上述适用于英语二语语言输出测量工具应用到汉语语言测量上，发现英文流利度的测量指标可以直接用于汉语，准确度与复杂度在词汇层面也可借鉴，但在句子层面由于汉、英两种语言的不同，借鉴难度很大。比如汉语不像英文那样受句子结构制约，而是受语境制约（discourse oriented），拥有大量的无主句，她因此呼吁汉语二语界应进一步深化、细化本体研究，为发展汉语语言流利度、复杂度、准确度的衡量标准打好基础。

测量并比较学生在实施任务时输出语言的流利度、准确度、复杂度，可以衡量不同任务、不同任务实施条件对语言学习的影响。Skehan & Foster对课堂任务实施条件与语言三度之间的关系进行了一系列实证研究（如1996，1997，1999），实施条件包括任务内容的熟悉度、任务实施框架、任务结果、计划时间等。表4-4是Skehan（2001）对他们的研究发现做出的总结。我们下面会对一些类似研究展开讨论。

表4-4

任务特点	准确度	复杂度	流利度
熟悉任务所涉内容	没有影响	没有影响	有少许程度的影响
两人共同做相对于单人做	有影响	有少许程度的影响	影响很小
提供任务框架	没有影响	没有影响	有影响
任务结果复杂度	没有影响	有影响	没有影响
任务是否需要学生传递信息	没有影响	在学生有时间准备的情况下有较大影响	没有影响

注：转译自Ellis（2009：822）。

四、Robinson的三维任务框架

无论Pica（1993）根据互动量大小为不同任务的排序，还是Skehan（1996，1998）根据注意力分配设计的任务实施框架，目的

都是预测任务完成效果和语言使用质量，为课堂教学实践提出具体建议。但社会文化学派并不支持这种做法。正如我们在前两章介绍的，社会文化学派把语言学习视为社会互动的过程而不是结果，对他们来说，试图为任务排序是不现实的，因为参加互动的学习者是不同的个体，他们此时此地与彼时彼地设定的学习目标不同，同样一个任务由同样一个学生在不同的时间完成，可能会是完全不同的结果。

Robinson, P.（2001，2009）的任务教学框架恐怕是到目前为止最全面的。他不但融合了上边提到的众多任务教学研究结果，其中包括Pica任务信息流向和互动量大小的分析，还结合了学习者个体差异因素。Robinson的任务框架也是从认知角度出发，提出任务设计、排序和教学应从任务复杂度（task complexity）、任务条件（task condition）和任务难度（task difficulty）来考虑。任务复杂度是从任务自身的认知需求负担和实施过程中对学习者认知能力需求的角度提出的；任务条件是指任务的互动因素（见上述Pica的任务排序）；任务难度主要是根据学习者自身能力因素和情感因素提出的。具体指标见表4-5。

表4-5

任务复杂度 （认知因素）	任务条件 （互动因素）	任务难度 （学习者因素）
a.认知资源需求 任务元素多寡 此时此地还是彼时彼地 是否需要时空推理 是否需要因果推理 是否需要目的推理 是否需要态度选择	a.互动需求 任务结果是否开放 信息流量单向还是双向 解决问题目标是否一致 参加者人数 参与量多少 是否需要互动	a.能力变量 工作记忆空间大小 推理能力高低 任务切换能力高低 学习能力高低 解读能力高低

续表

任务复杂度 （认知因素）	任务条件 （互动因素）	任务难度 （学习者因素）
b.认知资源分配 是否提供时间准备 是否单一任务 是否提供任务框架 任务层面多少 不同任务层面是否有关联 学生是否拥有背景知识	b.参加者变量 语言水平是否一致 是否同一性别 是否彼此熟悉 是否拥有相应的知识 社会地位是否相同 是否拥有共同的文化背景	b.情感变量 开放程度高低 控制力高低 实施任务动力高低 焦虑感高低 是否乐意与他人交流 自我认知高低

注：据Robinson（2009：535）三维任务框架编译。

　　Robinson框架中第一栏中的"任务复杂度"是指不同课堂任务自身带有的各种认知因素及执行过程中对学习者认知资源的需求。他解释说，对于任务设计者和执行者（教师）而言，表中任何一个认知因素的加加减减都会直接影响到任务的复杂度，因此"任务复杂度"是课堂任务排序的基础。比如，任务设计要求学生对刚刚发生在彼此已知环境里的事情（此时此刻）做简单的描述，描述所涉因素不多（任务元素少），不需较多的推理，这样的任务相对于描述过去发生在异地的事情（非此时此刻）、描述所涉因素很多（任务元素多）、得出的结论必须有依据支持（需要推理）的任务要简单得多。同理，在任务实施过程中，如果为学生提供准备时间，他们对任务题目所涉内容比较了解、任务完成只需一个层次（比如描述从A到B的路线），这类任务就比没有准备时间（—时间准备）、对任务不理解（—知识准备）、让学生同时完成任务的两步或多步（比如看地图计划并描述A到B的路线）（多任务层）的任务在认知需求上就容易得多。除此之外，任务设计者对认知资源需求的加减决策同时牵涉所需语言形式，比如用英文讲述现在的事情要用现在时，以往的事情要用过去式；同时描述一件事情的几个方面可能要用到多个定语从句，而对单一方面的描述用形容词即可。

Robinson的任务条件是指任务的互动因素，也即Pica（1993）排序的出发点，包括任务输入是单向还是双向，互动双方对问题的解决方向是否一致，任务需要的结果开放还是封闭等。任务互动因素是指互动双方的匹配度，如双方的性别、语言水平、社会地位、对任务内容的了解等是否一致，这些对双方互动量多少都有很大的影响。

Robinson特别解释了"任务复杂度"与"任务难度"这两个容易混淆的概念。在他的框架中，前者是指不同任务之间的异同，后者指的是任务参加者的个体差异与完成某个特定任务的关联性，其中包括能力因素。比如一组两个学生对于完成某一特定任务的语言能力、智力水平、自信心、完成任务动力相差无几，但另一组两个学生之间在某些方面差异很大，前一组完成任务的难度就小很多；因此，同样一个任务由两组学习动力有异、能力有异的学生完成会有不同的完成质量。Robinson认为，对任务设计者而言，"任务复杂度"应是设计考量的主要方面，而"任务难度"在设计时很难预测，因此不应作为任务排序的决定因素，而是任务实施者——教师在为学生分组时应该考虑的因素。

Robinson的课堂任务框架综合了不同研究者的研究发现，对课堂任务设计、排序、教学安排、实际操作均有较高的指导意义和实际意义，也为研究界进一步了解不同课堂任务以及相关因素对任务完成效果和学生产出质量的影响提供了一个比较全面的理论框架。我们或许可以使用Robinson的任务框架从任务复杂度、实施条件、难度解释Foster（1998）、Simani-Rolls（2005）课堂任务失败的原因。下面我们以一个汉语任务教学的研究为例来讨论Robinson的课堂任务框架。

靳洪刚（2010）探讨了任务复杂度与互动输出和语言质量之间的关系。20名汉语为中级水平的美国大学生参加了此项研究，分实验组和对照组，每组10人，分五对，进行为期三天的任务式教学活动。实施任务分为前期、中期、后期三个阶段。每对A和B分别占有故事信息的一半，但实验组的故事包括14个不熟悉成分，故任务复杂度较之对照组高。在核心任务阶段，每组A与B进行信息交换，即把自己手中的故事告诉对方。为达到理解对方的目的，双方要使用信息交换策略，即理解核实、确认核实、澄清请求。在任务后期，学生写下对话伙伴所提供的信息。为检测顺便学习效应，被试在实验结束后参加了一个无准备测试。计算结果显示，实验组在意义协商次数和顺带学习效果上均高于对照组，研究者由此得出结论说，任务语言复杂度的增加可更多地提供学生互动及语义协商的机会，由非熟悉成分引起的语义协商可以让学生"顺便"学习新的语言成分及结构。

五、两个与语言产出相关的理论框架

本章重点讨论课堂任务与语言输出之间的关系。我们已经讨论了研究界对课堂任务和实施条件的一些理论推论和研究发现，下面将重点讨论两个与语言生成有关的理论框架。

（一）Tarone的"语体异同论"

与任务条件及语言输出质量相关的理论框架之一是Tarone（1983）的"语体异同理论"（stylistic variation）。这一理论来自社会语言学家Labov（1970）对母语说话人在不同场合使用语言质量的调查结果。Labov发现，母语说话人在不同场合对自身语言的注意力有所不同，因此展示出来的语言质量有很大的语体差异。比如同一位说话者在正式场合的语言质量比他日常使用的语言质量要高很多，前者称为"认真语体"，后者称为"随意语体"。Tarone（1983）据此推论，二语使用者的中介语言系统是"认真语体"和"随意语体"的连续体，或称"语言能力连续体"，体现了二语语言系统的发展过程。对二语学习者而言，新的语言形式从无到有再到较广泛的使用有两种情况：一种是新的语言形式首先出现在"随意语体"中，随着时间的推移，慢慢地出现在"认真语体"里；另一种情况是新的语言形式首先出现在

"认真语体"里，但只有学习者在特别注意的情况下才会使用这种新的语言形式，随着时间的推移，新的语言形式会慢慢出现在"随意语体"里，逐渐替代较低级的语言形式。无论哪种情况，较高级的语言形式在"认真语体"中出现的概率都会比在"随意语体"中出现的概率高。Tarone 的"语体异同理论"并没有得到实证研究结果的完全支持，但有研究证实，不同任务条件对学习者选择语言形式有很大的影响（Tarone & Parrish，1988）。据此可以推测，如果我们在任务设计时有意识地为学生提供使用"认真语体"的机会，让学生更加注重语言形式的使用，就可能会出现Tarone（1983）假设的第一种情况，促使他们使用曾经偶尔出现在"随意语体"的语言形式；同理，我们还可以为学生提供任务准备时间，让他们计划使用只有在"认真语体"才使用的语言形式，在任务实施中他们就更有可能使用这种语言形式，即在"随意语体"中也使用新的语言形式，从而推进学习者中介语系统的发展。

（二）Levelt的"口语产出模式"

Levelt（1989）的"口语产出模式"是任务条件与语言使用相关性研究的另一个理论基础。Levelt的模式是在其数年理论研究及大量实证研究数据的基础上提出的，描述了母语说话人在正常状态下即时语言的产出过程，后广泛被研究者用来解释二语学习者的语言产出过程。该模式的核心部分是"概念形成机制""形式合成机制"和"发声机制"。在"概念形成机制"阶段，说话人调动与表达意图相关的知识，按一定顺序加工成为"言语前信息"，并输入到"形式合成机制"。在"形式合成机制"阶段，说话人从词库搜寻可以传达意义的语言形式及相关发音信息，语言形式一经选择，储存的语法信息立刻被提取，经过编码形成表层结构；与此同时相关表现形式实施音（形）编码，转化成语言计划输入"发声机制"。"发声机制"再调动各类言语机制，执行言语计划，实现语言输出。de Bot（1992）对

Levelt的口语产出模型提出了一些修正。他认为，二语使用者在"概念形成机制"阶段与具体使用哪种语言无关，但在"形式合成机制"阶段便与具体使用的语言相关。他提出的假设是二语使用者有两个形式的合成机制，但只有一个词库，同时储存母语和目的语词汇。经de Bot修正的产出模式较好地解释了二语学习者语言产出的诸多问题，特别是语言转换（code-switching）和词汇的储存及提取。对于课堂任务设计者和执行者来说，在产出的任何一个过程或环节，若人为地增加限制或要求，便会迫使学生重新分配其有限注意力，进而影响产出的数量和质量。以下（图4-1）是Levelt（1989）口语产出模式。

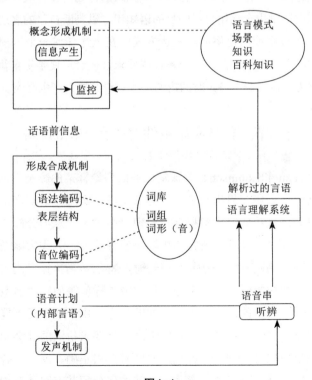

图4-1

根据Levelt 的口语产出模型，不少研究者设计写作产出模式。Yuan（2010）在针对汉语二语写作设计的研究中提出，二语写作是一个反复、渐进、并行的复杂过程，其中包括大脑制订写作大纲环节、合成计划并尝试实施环节及具体写作环节等。在大脑制订写作大纲时，学生要大致想好写什么，如果是叙事文写作，通常会计划时间、地点、人物、情节等。在合成计划并尝试实施过程中，学生会把大致想好的写作计划的不同方面尝试用具体的语言形式表达出来。如果尝试结果成功，学生就会用笔或电脑呈现出来；如果不成功，比如找不到具体满意的表达方式，甚至不会写某个汉字，大脑就会反复这个过程，直到找到满意的解决方案，抑或返回到写作大纲的过程，修改原来的计划。在合成计划并尝试实施环节中，学生会动用自己的目的语知识，以判断自己的表达方式是否符合二语规则或约定俗成的表达方式。在上述任何一个过程或环节中，若教师人为地增加某些写作条件或要求，便会迫使学生重新分配其有限注意力，进而对在特定时间内的写作数量和质量产生影响。

第二节　任务实施条件对语言产出的影响

在Skehan 和Robinson有关课堂任务的理论框架的影响下，近十几年来，国际二语研究界出现了一批对课堂任务实施与语言产出之间的相关性研究。这些研究大都根据认知理论中关于注意力分配的假说为理论基础进行设计并解释所得结果。该假说认为，人类大脑是一个加工能力有限的机制，在处理复杂事物时，特别是当执行者尚未熟练掌握所需知识和技能时，往往会遇到这样或那样的阻碍。大多数二语学习者在实际应用目的语时就处于这样的状态。由于他们还不能掌握交际时所需要的词汇、语法以及目的语文化所要求扮演的社会角色，无法自如地处理来自对方的语言输入并同时使用正确、流利、合适的语言表达自己，因此在有意无意之间做着如何分配其有限注意力资源的决策（Anderson，1995）。这类决策主要取决于学习者更在意内容还是形式。若前者，学习者则以把意思传达给对方为第一目的，因此语速较快，但代价可能是声调失误，句子不完整，使用较低级的词汇等。若后者，学习者可能更加注意使用刚刚学过的词汇、句型，注意语言的准确性，因此语言质量较高，但语速可能较慢（Skehan，1998）。不少研究证实了这一假说。例如VanPatten（1990）在其听力实验中发现，当二语学习者把注意力同时集中在内容和特定语言形式上时，成绩远远低于只把注意力集中在内容的学习者，这种差别具有统计意义。再例如，Greene（1984）发现，在实施任务前提供演讲提纲并允许在演讲时使用此提纲的学习者在语言流利度上明显好于不提供提纲的一组。也即说，二语学习者在使用语言时若在实施任务前和过程中拥有分别注意语言和内容的机会，其语言产出数量会增加。

　　在众多的任务实施因素中，时间因素对语言输出的影响或许是过去十几年来二语课堂研究者最关注的领域，出现了为数不少的研究。根据Levelt（1989）的口语产出模式，语言输出是一种即时表现，但若人为地在"概念形成机制"及"形式合成机制"阶段给学习者多一些时间（Robinson，2009；Skehan，1998），让他们有机会从"随意体"转向"认真体"（Tarone，1987），二语说话人语言产出的数量和质量可能会有所提高。根据这一推测，近年来不少研究者比较在不同时间条件下完成任务对语言产出质量与数量的影响。Ellis（2005）把任务时间条件分为两大类：任务前计划（pre-task planning）和任务中计划（with-in task planning）。任务前计划又分为预演式（rehearsal）计划和战略式（strategic）计划。任务中计划是指在实施任务的过程中有意识地让学生注意语言运用而非只是意义沟通或表达，又分为压力式（pressured）计划和非压力式（unpressured）计划，前者是指定学生在一定时间内完成任务，而后者是学生自由掌握任务完成时间。图4-2是Ellis（2005）对不同任务时间条件的总结。

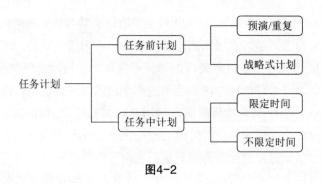

图4-2

可以说Ellis（1987）是最早的对任务时间条件和语言产出关系的研究。Ellis设立了三个不同的任务完成条件：（1）让参加者看一组图片，然后在一个小时内写下故事（任务中计划？）；（2）不看自己写的故事，口头复述图片（任务预演？）；（3）给参加者另一套类似图片，直接口述两遍，第二遍录音作为研究材料。Ellis将英语规则动词和不规则动词设为研究的目标形式。统计结果表明，过去时规则动词的正确率在第一种条件下最高，其次为第二种条件，最差为第三种条件，差别具有统计意义；但不规则动词的正确使用率并未显示同样的差别。若使用注意力分配假说解释该研究结果，参加者在第一种条件下的注意力可以比较自由地在语言形式表达和内容表达之间转换，因此减少了他们在语言使用过程中的注意力竞争，所以该任务条件对语言的准确使用有正面影响。而在第三种条件下，参加者必须把有限的注意力放到内容表达上，因此影响了他们语言的准确使用。另外，语言表现与语言本身特点密切相关。Ellis解释说，由于不规则动词过去式缺乏规律，需要逐个记忆，因此是否给予时间准备对其正确使用影响不大；换言之，任务实施条件对有规律的语言形式的正确使用影响较为显著。Ellis的研究尽管在设计上存在某些漏洞（比如写作和口头表达放在一起比较），而且任务计划分类与后来研究者的分类不同，但他的研究发现为后来的不同任务计划与产出关系的系列研究奠定了基础。下面我们根据Ellis（2009）对不同任务时间条件的分类，分别讨论它们对语言产出质与量的影响。

一、任务前计划

Foster & Skehan（1996）调查了任务前计划及不同任务类型对学生语言输出准确度、复杂度和流利度的影响。32个英语二语学生分两人一组在三种条件下完成三项任务，研究在真实课堂进行，历时三个星期。在每项任务实施前，研究者首先向被试解释要完成任务的题目和要求。解释之后对照组马上进入任务实施阶段，不提供任何形式的准备时间；第二组（实验1组）任务要求解释后给10分钟时间任其自行准备，10分钟后任务开始；第三组（实验2组）也给10分钟时间准备，但研究者为他们提供任务准备的一些建议，告诉他们应该从语法、选词、内容和结构等方面做准备。在三个星期内，学生完成了三项任务，类型分别是：（1）交换个人信息；（2）看图叙述故事；（3）讨论做出决定。据两位研究者分析，这三项任务中"交换个人信息"对学生的认知负担要求最低，"讨论做出决定"最高。最终数据统计结果显示，任务准备时间对语言产出的影响并非呈直线关系，而是与任务类型变量共同起作用，对学生在流利度、复杂度和准确度上的表现产生影响（见上述Robinson"任务复杂度"一栏）。总体看来，就流利度而言，第三组得分最高，第二组高于第一组；换言之，给学生提供时间准备与否对学生意义表达的速度有影响，给他们提供准备帮助比让他们单纯准备的影响要高。就语言复杂度而言，数据结果与语言流利度相似：第三组在完成三个任务的过程中使用的从句数量最多，第二组次之，尽管不同任务的成绩有所差别。就语言准确度而言，第二组得分最高，第三组较低，第一组最低。就不同任务而言，交换个人信息任务与语言准确度成正相关关系；看图叙述故事与复杂度相关，参加者使用了更复杂的句子和更多不同的词汇。两位研究者根据人类有限认知力对上述研究结果进行解释，语言的准确度与复杂度是一对矛盾，在语言使用中处于竞争状态，准确度高就意味着复杂度低，它们之间存在一种取舍关系（trade-off effect），谁能胜出取决于任务特点、实施条件等诸多因素。Foster & Skehan（1996）的研究并未带给我们一个清晰的任务计划与产出质量的关系，但他们就准确度与复杂度之间关于取舍关系的结论引发了后来一系列的细化研究。

Wendal（1997）在某种程度上复制了Foster & Skehan（1996）的研究，但他只设有10分钟准备和无机会准备两个时间任务条件，其任务准备条件相当于Foster & Skehan（1996）研究中的实验2组条件。在解释完任务内容和流程后，Wendal要求实验组从内容到形式都对任务做准备，并要求他们写下准备的内容。研究结果显示，认真准备对语言产出流利度和复杂度有正面影响，对准确度也有正面影响，但不具统计意义。Wendal研究的意义在于他对学习者在准备时间里的注意力分配做了进一步的探索。任务完成后，Wendal立即对参加者进行了访谈，发现他们无一例外地把准备时间首先放到叙述故事的前后顺序上。也有个别学生在计划故事情节时在想用哪种句式叙述故事，但在实际任务实施过程时，会忘记准备好的句式，因此任务前对语言形式的选择并不能提供太多帮助。Wendal总结说，任务前准备机会只对任务内容表达有帮助，对语言形式的准备效果甚微。Wendal的发现解释了Foster & Skehan（1996）以及他自己的数据结果：任务前准备与内容表达相关，内容表达又与语言流利度相关，所以任务前准备有助于语言流利度的提高，但对语言准确度影响不大。

Mehnert（1998）从另一个角度对任务前计划与语言产出的关系进行了更加细化的研究。31位学习德语的中级学生分为四组，提供不同的时间长度（0分钟、1分钟、5分钟和10分钟）进行任务前准备，学生要求完成两项任务，一项提供任务完成架构，一项没有。结果显示，准备时间无论长短，语言流利度上的得分都比没有机会准备的第一组高，特别是提供完成架构的任务，差别具有统计意义。她还发现，准备时间长度不同与流利度的得分呈正相关关系，也即准备时间越长流利度得分越高，但三个实验组之间的得分并未显示统计意义上的不同。语言准确度与流利度的得分相似，没有任务完成架构的一分钟准备组得分高于无准备组，且具统计意义，但准备时间不一的三个组得分相似。有架构的任务，10分钟准备组只在一个指标上（100个单词的无错误比例）高于无准备组。这一研究结果说明，准备时间长短对流利度的提高并没有很重要的影响。从语言复杂度看，10分钟准备组与其他三组相比使用了更多不同的词汇，但与其他三组的得分相差无几；两种任务之间在复杂度上的得分也没有差别。Mehnert的研究似乎提示我们，是否给学生准备时间对于任务完成语言的质量高低有很大影响，但时间长短并不重要，开始第一分钟的认真准备（学生有任务完成结构）对任务完成质量具有重要意义。

　　Ortega（2005）的研究是通过对研究参加者的访谈，找出任务前计划与语言产出质量的影响。她发现，学生在任务前计划期间的准备是有规律的，对内容的准备是先计划任务要求表达的中心思想和完成结构，然后才是细节。与Wendal访谈结果不同的是，Ortega（2005）研究的参加者在计划期间会同时把注意力分配给内容表达和语言形式，但对语言形式的准备只是在词汇选择层面。Ortega的研究进一步证实了Wendal的发现：流利度与内容表达相关，所以任务前计划对语言流利度有正面影响。但为什么参加Ortega（2005）研究的学生在计划期间做什么的回答与Wendal的不同？Ortega在进一步研究的基础上发现，学生对语言学习的看法决定了他们计划时间的分配和任务实施中的语言表现。有的学生认为语义表达比形式正确重要，这部分学生如果在说话时发现自己语言有误，只要不影响语义传递一般不会自我改正错误，也不理会合作伙伴改正自己错误的行动；他们甚至认为课堂任务开始前提供计划时间根本没有必要。而另一部分学生却认为，形式正确的重要性高于语义传递，他们惧怕错误，在有时间限制的情况下对完成任务感到恐慌；这部分学生无论在提供的计划时间内还是任务语言表现上，都高度注意语言形式的准确性。但高水平的学生在准备期间和任务表现中能更好地平衡内容和形式的关系，因此是否提供任务前计划对他们的语言表现影响并不显著，而低水平的学生在准备时把注意力更多地放在词汇选择和词缀正确使用上，因此是否有时间准备对任务完成的语言质量有一定的影响。Ortega（2005）的研究说明，任务产出的质量除了与任务性质、实施条件相关之外，与学习者自身个体差异也有很大关联。

基于以上研究，Sangarun（2005）对任务前准备这一段时间里学生到底把注意力放到内容上还是形式上做了进一步的深化研究。她把任务前准备细分为三类，注意力放到：（1）内容；（2）语言形式；（3）内容和形式。40个中级水平的英语二语学习者分为一个对照组和三个实验组，完成两个任务。三个实验组的任务前准备时间均为15分钟。内容组被指导如何计划要讲的内容；语言形式组被指导用什么样的语言形式讲出要讲的内容；内容/形式组接受两项指导。三个实验组的参加者都要求做任务准备笔记，并大声说出自己的准备计划。结果显示，尽管三个实验组在接受指导时的重点不一样，但他们无一例外地都把注意力首先放到内容表达上。但三个实验组对准备时间的使用还是有所不同：内容组几乎未对语言形式做任何准备，语言形式组在词汇选择上做了很多准备，内容/形式组在任务输出阶段自我改正了很多句法错误。统计结果显示，从整体上看，三个任务前准备组在流利度、复杂度和准确度三个方面均高于无准备组，且具有统计学意义；三个准备组之间相比，差别不具统计意义，但内容/形式组的整体得分最高。与前几个研究相比，Sangarun（2005）的任务前准备对任务完成语言质量的影响最大，三个实验组的三度表现都高于无准备组，这应该与她设置的任务条件有关：时间长，准备针对性强，被试大声说出准备内容，相当于提前演练了一遍任务。

　　袁芳远（2012）研究使用的任务前准备条件比Sangarun（2005）更加具体。共有42名学习汉语的美国大学生参加了研究，分为对照组、提纲组和语言形式组。提纲组的学生任务开始前被提供一份写作提纲，与Sangarun的内容/形式组相似，因为有提纲在手，他们在写作概念阶段不必过多考虑内容，多余的注意力可以放到语言使用上（语言复杂度和准确度）。与Sangarun不一样的是，学生完成的任务是写作，提纲提供的词汇让他们更有余力把注意力放到语言的语法层面。语言形式组的学生在任务开始前提供一些汉语正式句式（比如"之所以……是因为……"），并要求学生在写作时必须应用，这些句式是学生刚刚学过但没有过多机会使用的。这个任务条件与Sangarun的形式注重条件相似，但对学生要求的认知负担更高。所有被试分别在两个课时内完成一篇叙述文和一篇论说文的写作任务。根据Robinson（2001，2009）任务复杂度框架（见上），论说文无论在任务元素数量、推理需求、背景知识诸方面都比叙述文复杂得多，因此任务复杂度要高于叙述文。最终数据统计表明，不同任务准备条件和写作形式对汉语二语学习者的写作输出质量与数量均有影响，但在不同方面影响程度有所不同，具体结论和解释如下：（1）实施课堂任务之前给予任务大纲的一组，输出数量和速度均高于没有写作大纲的学生，特别是在论说文写作当中；（2）要求学生使用新学语言形式的一组有倾向使用更高级的词汇，特别是在叙述文写作当中；（3）所设三种任务条件对准确度影响较小，这或许与学生的高语言水平有关；（4）两种写作形式比较，叙述文语言准确度高于论说文，可能由于前者内容表达需要较少的注意力资源；（5）论说文的复杂度高于叙述文，特别是分句长度，这可能是由于两种不同文体的特质所致。

　　以上我们讨论了任务前准备时间与语言输出相关性的研究。尽管不同研究之间的可比性不高，但我们可以得出如下结论：任务前准备可以提高语言输出流利度和复杂度，但对准确度影响不高，原因之一是学生首先把注意力资源放到内容表达上，而非语言形式上；另外，任务其他因素也对语言输出三"度"产生影响，比如学生对语言学习的态度、任务内容与类型、准备时间长短、语言水平高低、是否提供实施提纲、是否要求使用特定句式等。

二、任务预演（重复）对语言产出的影响

根据Ellis对任务时间条件的分类，任务前准备还包括任务预演。根据我们之前讨论的语言输出理论以及Skehan和Robinson的任务框架，学生在正式实施任务之前如果有一次演练机会，也即有两次任务实施机会，第二次时可以大幅减轻他们的认知负担，让他们把多余的认知资源放到语言质量上，亦即语言的复杂度和准确度上。我们下面讨论三个有代表意义的研究。

（一）Lynch & Maclean（2001）的研究

Lynch & Maclean（2001）的研究在真实课堂上进行，目标任务是一个壁报循环任务（poster carousal）。参加者是14个成年医学专业英语学习者，职业都是医学专业人员，英语托福成绩从400到600不等。壁报循环任务的步骤是：（1）两人一组，共七组，每组给一篇800—1 000单词的医学专业文章，学生在一个小时之内根据所给文章做一个展示壁报；（2）壁报做好后挂在教室里，每组两个人，其中一人站在壁报旁，作为壁报主讲人，另一人依次观看其他六份壁报，三分钟看完一份，边看边问问题，壁报主讲人回答问题；（3）同组两人交换角色，再做一轮壁报问答；（4）两轮问答结束后，全班就各个壁报的优缺点进行讨论，讨论中教师对学生出现的语言问题做点评。Lynch & Maclean对两轮问答全部录音、转写并对其中五位参加者的语言表现做了质化分析。他们发现，学生的语言质量和表达速度都随着任务重复次数的增加而进步，具体的表现是：自我纠正词汇错误和发

音错误，从开始不那么流利地使用某种语法形式到说话速度加快，停顿减少，提供的信息量加大，语序错误逐渐减少等。但研究者同时也发现，不同学生的进步表现在不同方面，这与学生英文水平相关：托福语法成绩最低的三个学生，句子层面的进步最大，或是根据对方的提示做出更多的修正或是自我修正；而两个成绩高的学生在这方面的进步并不显著。研究者还发现，不同学生语言表现的阶段性进步与他们对这类课堂任务的态度或个人性格相关，有的开放程度较低的学生在互动中表现得不那么积极。

Lynch & Maclean研究意义在于：（1）任务重复跟我们上面讨论的任务准备一样，都让学习者有时间做准备，但任务重复的准备是在真实环境下进行，而不只是做些战略性的准备；任务重复可以给不同水平的学生提供语言演练机会，每个人在原来的基础上语言质量和表达速度都有进步。（2）我们在第三章讨论过同组伙伴有四类合作关系（Storch，2002），对方语言水平高低及个人性格对任务完成的效果都有很大的影响；而这项研究使用的壁报循环任务可以让学生有机会跟不同水平、不同专业背景、不同性格的其他六个学生进行互动，可以降低组合不匹配可能带来的"短板"。（3）任务重复是在真实语义交流中进行，由于提出/回答的问题类似，把传统意义中有些单调的"练习"与真实的语义交流结合起来，有重要的教学意义。当然，Lynch & Maclean的研究对象是一组成年专业学习者，而且整个过程只是短短的几十分钟，对学生语言准确度的影响可能只是暂时的，是一种短期的"练习"效应，对学生中介系统的重铸是否具有长期效果还有待进一步研究。另外，Lynch & Maclean的研究并未使用量化分析，很难直接看出学生开始时和结束时的不同。

（二）Bygate（2001）的研究

与Lynch & Maclean（2001）的研究不同，Bygate（2001）的研究是在实验条件下进行的，任务完成双方一方是母语说话人（研究者），一方是二语学习者。但这项研究的重要意义是任务重复是在10个星期之后实施的，可以检验任务重复对学生中介语系统的重筑是否具有长期效果。48位二语学习者作为被试参加了研究，完成两类形式不一但内容相仿的任务：故事叙述和接受采访。被试分为三组：对照组、故事叙述组和采访组。研究历时10个星期。研究初始，三组都做了一个故事叙述任务和一个接受采访任务。在之后的九个星期里，故事叙述组只练习故事叙述，共三次，每一次叙述内容不一样。接受采访组也只练习不同的采访任务三次。在练习任务过程中，学生的注意力都被有意导向内容表达，而不是语言形式。为了单纯检验任务重复效果，每次练习结束后，教师对学生的语言表现并不做评估或反馈。在第10个星期，三组学生再次完成研究初始时做的故事叙述和采访任务以测试任务的重复效果，之后又做了新的故事叙述任务和接受采访任务，目的是测试语言知识转移效果。研究者对三组学生第一次和最后一次任务完成的语言表现（流利度、复杂度、准确度）进行了比较，以测试：（1）任务重复对学生语言的影响；（2）任务重复和完成新任务对学生语言不同的影响；（3）不同任务类型对语言质量提高的影响。

研究结果显示，学生10个星期前后相比，流利度进步显著，无论是重复做同一任务、同类任务，还是不同类任务（比如故事叙述组做接受采访的任务），相关性都具统计意义。我们刚才提到，用来测试的两类任务和练习任务题目内容都很相近，而流利度高低主要跟内容表达相关，如此看来，任务重复尽管任务形式不同也会对语言流利度有正面影响。从语言复杂度看，同一任务重复和经过练习的同类任务，前后语言表现的进步具有统计意义；但不同类任务不具统计意义。语言准确度前后成绩的进步值更低，即任务重复对语言产出复杂度和准确度这两个方面的影响是有限的。研究者的总体结论是：（1）同一任务重复对提高学习者的语言输出质量有效；

（2）同一类型的任务经过练习对提高学生语言输出质量有效，但不具统计意义；（3）不同类型任务的重复对学生表现影响不大；（4）同一任务重复对流利度和复杂度的提高都有促进，但对准确度效果甚微，因此很难下结论说任务重复对学生的中介语系统的重铸是否有直接的影响（Ellis，2009）。

（三）Sheppard（2006）的研究

在Bygate（2001）的研究中，研究者为了单纯检验任务重复效果，把学生的注意力有意引向内容表达上，每次任务完成后，教师也不会对学生的语言表现进行评估或反馈。Sheppard（2006）认为，或许正因如此，任务重复对流利度效果显著，对准确度效果有限。为了证明自己的推测，Sheppard部分复制了Bygate的研究设计，设对照组、形式输入组和形式反馈组，后两组在两次任务之间接受相应的语言形式练习，目的是把学生的注意力有意转移到语言形式上。研究结果显示，在完成同一任务时，对照组在流利度、复杂度上效果显著，准确度有效程度有限。这一结果与Bygate的研究相似，形式输入组和形式反馈组在流利度、复杂度和准确度上的总体效果显著。但在实施不同任务时，对照组在三个方面的得分都不具统计意义，而两个实验组在语法复杂度的得分具统计意义，但在流利度和准确度上不具效果。Sheppard的研究说明，任务重复的效果如果附加学生对语言形式的注意，对学生的语言习得有正面影响，特别是语言的复杂度。

综合以上研究，如果在学生正式实施任务之前给他们提供演练机会，对他们最终的语言输出质量有益。这一研究发现具有重要的教学实践意义：在教学中，我们可以有意识地安排学生重复做同一任务、同类任务或内容相近但形式不一的任务，以提高他们的语言使用能力和语言整体质量。在两次任务重复中间，若给学生提供一些语言形式方面的训练，有效度会更高。

三、任务中计划

按照Ellis的分类，任务中计划是指教师在实施任务的过程中有意识地让学生放慢速度，把注意力从单纯的意义沟通中转移出来，寻找更好的意义表达语言形式。我们在上面讨论的任务前准备显示，学生通常利用任务前准备时间计划内容的表达，即使准备了用来表达的语言形式，由于短期工作记忆空间有限，对语言使用质量的影响也很有限。另外，学生在时间压力下完成任务会使学生把有限的注意力分配给更需要的内容表达和任务完成上，此时若给学生提供较长的任务实施时间，或曰任务中计划，学生或许能把注意力更多地投向语言形式，语言的生成质量，特别是准确度应该有所提高。再者，正如上面讨论的Tarone（1983）语言异同体理论所说，同一人的语言在认真状态下与随意状态下有很大的不同，而任务中计划可以让学生在更认真的状态下完成手中的任务。

有几项研究证明了任务中计划对语言产出的影响。上面讨论的Ellis（1987）说明，学生在没有时间压力的条件下，过去式的准确率高于有时间压力的学生，前者可以让学生有更多的机会进行任务中计划。Yuan & Ellis（2003）或许是目前为止唯一一项系统研究延长任务过程对语言输出影响的研究。共有42个英语为二语的中国大学生参加了研究，在两个任务条件下完成任务：限定时间（任务中没有时间做在线准备）和无限定时间（任务中有时间做在线准备）。限定时长是根据试点研究（pilot study）的平均值确定的。任务所用时间统计结果显示，口述任务限定时间组平均用了3.11分钟，无限定时间组平均用了4.06分钟，笔述任务限定时间组平均用了17.00分钟，无限定时间组平均用了21.00分钟。这一结果间接说明了参加者是根据研究者的设计完成的任务。参加者在两种条件下分别完成一个口头看图描述任务和一个笔头看图描述故事，两项任务根据上面讨论的Robinson（2001, 2009）任务三维框架判定复杂度基本相同：任务元素相近、均是此时此地任务、推理需求相似、背景熟悉知识相似等。

统计结果显示，无限定时间组在两项任务中产出的分钟平均数值均高于限定时间组，停顿数值低于限定时间组，但标准差很大，说明学生之间的个体差异很大。推理统计数字表明，两组之间的差别不具统计意义，说明参加者由于语言水平所限，产出速度并非想快就快。从复杂度结果看，无限定时间组无论口头还是笔头所用句式和词汇得分均高于限定时间组，但只有句式复杂度具统计意义，词汇复杂度不具统计意义。这个结果符合Skehan（1996）以及Levelt（1989）的理论推理：句式选择（语法）基于规则，是微观层面的即时选择，不限定学生任务完成时间可以让他们有更多的机会使用过去学过但只有在认真条件下才可能使用的结构（Tarone，1983）。而词汇选择基于记忆，在线完成任务时的多余时间会放在语法选择上；这一结果也证实了Ellis（1987）的研究，规则动词过去式（基于规则）在有条件进行在线准备的情况下准确率就有提高，但非规则动词（基于记忆）的效果就不显著。从准确度结果上看，无限定时间组在词汇和语句准确度上均高于限定时间组且具统计意义。

我们在这一节里对时间因素与任务输出质量的关系进行了总结。尽管上述研究在任务选择、效果衡量、时间长短、准备时间使用、是否提供指导等诸方面有很大的不同，但还是能找出一些规律性的发现。Ellis（2009）在分析16项任务前准备研究（只包括用流利度、复杂度、准确度衡量语言质量）的基础上，总结出以下三点：（1）任务前是否给学生提供准备机会对语言流利度和复杂度的正面影响高于对准确度的影响，这说明学生在进行任务"战略性"准备时，把注意力更多地放在概念计划（conceptual planning）上，也即Levelt语言产出的第一层面——要表达的内容，而不是怎么表达。此时教师若要干扰他们的准备内容，几乎无用，因为学生会自然而然把注意力放到任务的内容上。（2）不少研究结果证明Foster & Skehan（1996）提出的复杂度和准确度之间的取舍关系（trade-off effect），但任务前准备是更有利于语言复杂度还是准确度尚无定论。（3）任务前准备对认知负担要求较大的任务有减轻认知负担的正面影响，而延长任务中时间或许让学生有机会兼顾语言的复杂度和准确度，但牺牲的是语言的流利度。

第三节　不同类型课堂任务与语言输出

课堂任务有不同的分类方式，可以按语言技巧分类（听、说、读、写），可以把任务分为输入型和输出型，也可把任务分为语言形式聚焦型（form-focused）和非形式聚焦型。我们上面讨论的基本是非形式聚焦类任务，也即任务设计时没有特定语言形式作为语言发展目标，而是全面提高学习者的语言能力，即语言使用的流利度、复杂度、准确度。下面我们介绍几种聚焦型任务类型以及多层混合型任务。

一、形式聚焦任务

"形式聚焦任务"是指任务完成的目标除了意义沟通之外，还要发展学习者的某个或某类目标形式。聚焦任务可分为输入型和输出型，由于聚焦任务与语言形式教学相关，我们将在第五章再展开讨论，这里只对这两类任务做简要介绍。

（一）输出型聚焦任务

Loschky & Bley-Vroman（1993）对如何把特定目的语形式嵌入到输出型任务中提出三种可能性，在此以汉语"把"字句为例说明：（1）完成任务过程中可以使用目的语形式，但不使用也能完成任务。比如描述物体移动时，学生可以用宾语提前的方式，如"书，放到桌子上"，也可以使用"把"字句说"把书放到桌子上"。（2）完成任务过程中，尽管使用目标形式不是必须的，但使用了可以更有效、更便捷地完成任务。比如描述物体移动，使用"把"字句更简洁。（3）任务完成过程中，必须使用目标形式，不然任务就不能完成。对于第三种可能性，Loschky & Bley-Vroman 并没有提供例子，只是给了听、读任务，他们因此也承认，设计这样的任务难度很大。

一种解决方法可以是在任务实施之前给学生讲解目标形式。Tuz（1993）就做了一个这样的研究，但并不成功。这项研究的目标形式是英文修饰形容词的排列，比如名词前颜色、形状、大小的排列。Tuz先给学生讲解了形容词排列顺序规则并进行了操练，然后学生两人一组背对背地向对方描述手中图片上的钟表，钟表有不同颜色、形状、大小。但Tuz发现，大多数学生并没有按照所教的形容词排列顺序向对方描述手中的图片。按照Loschky & Bley-Vroman（1993）所说，这些学生不用形容词排列规则也可以完成交际任务。

（二）输入型聚焦任务

相对于输出聚焦任务，输入型更容易把学生的注意力引向目标形式，因为学生在完成任务的过程中不可能像输出型那样绕过输入文本。

输入型聚焦任务又分为强化输入（enriched input）和输入加工（input processing）类。前者由Sharwood Smith（1991，1993）提出，后者由VanPatten（1996）提出。强化输入型聚焦任务在设计时要在输入文本中多次凸显目标形式，具体的方法可以是文字用不同颜色或不同字体标注，声音用重读、反复、升调等。不少研究者对"强化输入"做了一系列的研究，研究重点是"强化输入"是否能提高学生对目标形式的注意力，是否能提高吸收该形式的概率，是否能提高对输入材料的理解力，对输入后的输出质量是否有帮助，不同输入方式之间的相对优越性等。对此，我们在第五章再重点讨论。

输入加工型聚焦任务分阶段进行，前面跟传统教学方式一样向学生解释语法意义，但之后传统教学方式是让学生直接产出句子，而输入加工型是通过输入带领学生一步一步向前，VanPatten（1993）对输入加工做了如下总结：（1）一步只做一件事；（2）要理解目标形式的语义——学生如果不理解意思就不会成功完成任务；（3）接到输入后学生应该有所行动，比如回答是非问题、简要回答问题、多项选择等；（4）输入可以是口头或笔头；（5）从句子到短文，短文应安排在课尾；（6）学生的注意力应放在语法形式上。

有研究者认为，输入加工任务与传统的语法教学分别不大，因此很难称其为课堂任务。输入加工任务也引起了一批研究者的关注，研究的主要关注点是它与传统教学法的不同，以及不同输入方式的比较。我们在第五章再做讨论分析。

二、多层型任务

很多研究者把语言输入、意义互动、语言输出结合起来设计课堂任务，这类任务可称为多层型任务，如果设计得当分段进行，不但可以避免单一任务的弊端（比如输出型任务很难嵌入特定语言形式），还可以均衡提高学习者交际能力和语言整体能力。我们下面介绍两个使用很多的——听-写任务和短文-重建任务。

（一）听-写任务

听-写任务（dictogloss）与通常意义的听写（dictation）不一样，是一种先听后写任务，学生不要求生成与原文一样的片段。据Wajnryb（1990）介绍，听-写任务至少有输入和输出两个阶段：第一阶段是输入阶段，教师按正常语速读一个故事片段，至少两遍，学生边听边记录大概内容；第二阶段是输出阶段，学生分组根据记录或自己的记忆，一起讨论老师的故事，用自己的语言把故事重述写下。之后教师可以把自己在第一阶段讲的故事发给学生，让学生对比老师故事和自己故事的不同，促进他们对语言形式的注意和应用。

如果是形式聚焦型听-写任务，教师在故事短文中可夹带目标形式，在输出阶段学生有可能使用目标形式重述故事，但到目前为止，多数聚焦型听–写任务研究并不成功。研究者认为，或许输入短文中特定目标形式显隐性过低，学生根本注意不到；也可能学生把注意力过多地放到内容上，忽略了短文中使用的语言形式；再一个原因可能是学生根本没有听明白所听的短文。为了避免上述问题，Yuan（2014a）研究中，在学生听完短文之后，给其中一组学生一份提纲，目的是"强迫"学生注意目标形式。Yuan的目标形式是三个汉语时间词语"……以前、……以后、（在）……时候"，被试是美国学习汉语的初级大学生。研究结果显示，手持大纲的学生使用目标形式的次数和正确比例高于没有大纲的学生，整体产出短文的句子复杂度也高。

可理解输出假说的提出者Swain和她的团队在研究中经常使用听–写任务。Swain & Lapkin（2001）对比了拼版任务和听–写任务对学生语言输出质量的影响。根据上面我们讨论过的Pica（1993）课堂任务排序框架，拼版任务相对于其他类型的任务（信息缺口、难题解决、决定做出、想法互换）可以让学生更多地开口说话，进行更多的意义协商，因此会带来更多的语言"顺带学习"机会。研究在加拿大一项浸染式法文项目中进行，有两个中学法文班的75个学生参加，时间为五个星期，一个班做听–写任务，一个班做拼版任务。当学生熟悉各自的任务类型之后研究者开始收集研究资料，对学生的任务完成过程进行录音分析。这项研究使用的拼版任务是看图讲故事，共有八张图片，学生分为两人小组，每人有四张（1、3、5、7或2、4、6、8），按图片顺序讲解自己手中的图片，然后合作把一个完整的故事写下来。值得注意的是，这个拼版任务与Pica（1993）所说的拼版任务在某种意义上已不一样，Pica的拼版任务是口头任务，而这个任务的结果是写出来的故事。听–写任务是让学生听录音，录音是母语说话人根据拼版任务的八张图片编的。在听的过程中，学生单独记下笔记，然后两人一组互对笔记，共同还原写下故事。任务完成时间两班相似。研究者还把法文的代动词设定为目标形式，在任务开始的第一个星期时给学生放了一段录像，用暗含方式讲解了该语法结构。

Swain & Lapkin根据之前的研究结果（Kowal & Swain，1997），预测听–写任务可能会比拼版任务给学生带来更多的注重语言形式的机会，推测理由是：听–写任务是在听母语说话人的基础上完成的，母语说话人已经把内容告诉学生了，因此他们不会在内容和形式两者之间争夺有限的注意力（Skehan，1996），而会把注意力放到用什么样的语言形式表达已经知道的内容上。另外母语说话人已为学习者提供了一个语言使用的标准模板，因此语言质量应该比拼版任务高。而拼版任务的完成必须是两个学生意义协商的结果，因此研究者预测学生可能会有更多的语义交流。从任务的认知负担角度看，拼版任务的内容输入是靠眼睛看，拥有故事讲述框架，而听–写任务是靠耳朵听，没有讲述框架，因此拼版任务应该更容易一些。

研究结果表明，两班在内容表达、组织结构、选词造句等综合得分方面都相差不大，不具统计意义。两班语言形式的讨论片段（language-related episodes）次数也相差不大，这与研究者的预测不同，可能是因为两组的任务成品都是写出来的故事。然而，听–写班各组之间语言形式讨论片段的标准差（standard deviation）很小，说明不同小组之间的差别很小，得分与拼版班相比具有统计意义；在写作成品目标形式准确率上，听–写班为89%，拼版班为59.4%，差异也具统计意义；听–写班在句子层面的准确率也高于拼版班。以上结果说明，听–写任务由于其任务前后阶段清晰，可以让学生把注意力更多地放在形式表达上。但研究者也发现，拼版班使用了更多不同的词汇，语言更具创造力，不同组别之间的语言使用差异更大。由此看来，不同课堂任务由于性质不同，给学生语言质量带来的影响也不同。

（二）短文–重建任务

短文–重建任务与听–写任务相似，也是包括输入理解阶段和输出重建阶段的多层型任务，但输入的方式不是听老师读，而是阅读文本，目标形式也可嵌入在输入的短文中，成为聚焦任务。输入—输出轮回可以重复，且每次重复都可设置不同的教学目标。

Izumi & Bigelow（2000）和Izumi（2002）在研究中都使用了短文-重建任务，目标形式都是英文虚拟句，输入—输出轮回重复两次，第二次阅读输入有意把学生的注意力引向目标形式。在Izumi & Bigelow（2000）研究中，被试首先读一段短文，短文中包含大量目标形式例句，被试边读边在自己认为在后续写作任务中会使用的重要句子下面画线，被试读完之后短文被收走，然后自己重新写一段短文，重写的短文要求与读过的短文内容越接近越好。之后，被试再次阅读同样的短文，并再次写短文。统计结果表明，被试在自我短文写作时试图使用目标形式的次数和成功比例第二次都高于第一次，但研究者同时也发现不同学习者之间的差异相当大。在Izumi（2002）的研究中，其中一组学生的任务条件是短文-重建任务加上输入强化。被试还是首先读一段短文，记下可能在下面重建任务用到的语言形式，被试读完之后短文被收走；第二阶段是目标形式注意阶段，被试再次阅读短文，但短文中的特定目标形式以强化输入的方式强调出来，或在底下画线，或打黑体、斜体，被试自己再做笔记，写下可能在下面重建任务用到的语言形式，被试读完之后短文被收走，然后自己再重新写一段短文，重写的短文要求与读过的短文越接近越好。统计结果表明，这一组被试的各项成绩最高，高于其他组。我们在第五章里，会再次讨论Izumi（2002）的研究。

Ghari & Moinzadeh（2011）的研究更进了一层，对两种不同的重建任务进行了比较。一个重建任务与Izumi & Bigelow（2000）的任务一样，凭记忆力写出与原文相似的短文，一个重建任务是向被试提供反映短文内容的图片及一些关键词，让学生写出作文。Ghari & Moinzadeh的理论支持来自认知注意力有限假说，认为第二个重建任务可以让学生更容易注意目标形式，并在写作时会更多地使用目标形式。这项研究的目标形式是英文能愿动词过去式。研究结果显示，提供图片的一组对目标形式的注意得分高于不提供图片的一组，并具统计意义。但后测中目标形式正误判别和在第二次作文中使用目标形式准确率的得分几乎相同。研究者对于这个结果并没有做出更多解释，或许就像Izumi（2002）对他的团队研究结果的解释一样，目标形式与学生语言发展水平不匹配。

第四节　任务教学法的反面声音

任务教学法自20世纪80年代中期提出之后，到如今已有三十多年历史，是主流二语习得领域给予广泛认可的教学方式，理由有：（1）教学原则符合二语习得的研究发现（Ellis，2003；Long & Crookes，1992；Willis, D. &Willis, J.，2007）；（2）发展学生语言使用的交际能力（Ellis, 2003；Willis, D. & Willis, J.，2007）；（3）在意义交流中发展学生的语言能力（Beglar & Hunt，2002；Willis, D. & Willis, J.，2007）；（4）不会因为语言错误受到教师的惩罚，学生有更高的学习积极性（Willis, D. & Willis, J.，2007）。但并不是所有人都同意上述观点，一直以来都有研究者对任务教学提出质疑，特别是任务教学在语言形式习得上的作用。

Seedhouse（1999）根据来自14个语言课堂的340个课堂任务片段做了一项综合研究。他发现，这些互动片段确实显示了任务教学可以增加学生之间问答的来往次数，也有不少片段显示学生完成了所给任务，但很少有证据显示学生的中介语系统有所发展。在完成任务的互动中，学生使用最简单、最基本的表达方式，常常只用词汇把意思表达出来，很少使用完整的语法结构。Seedhouse 认为，长此以往，课堂任务不但不会促使学生习得目的语，还会造成化石化（fossilization）的后果，毕竟语言发展是语言教学的根本目的。Seedhouse 提出，任务教学或许对某些教学环境合适，但不是一个放之四海而皆准的教学方式。Richards（2002）也就任务教学的课堂实际现状进行了分析，认为任务教学过分注重语言使用的流利度，忽略了准确性和复杂性。Swan（2005）也得出了同样的结论。Swan（2005：376）认为，任务教学或许对学生掌握已知的语言规则有益，但对从没学过的语言形式不适用，也不适用于初级学习者；另外，大多数外语学习者课上时间有限，没有目的语环境，对他们实施任务教学是不合时宜的。Swan认为，任务教学是建立在反对传统的以语言形式为中心教学的基础之上的，但并没有证据表明传统教学是失败的而任务教学是成功的。一些语言知识通过任务教学达到语言形式的"顺带"习得是不可能的，比如学习者自己很难注意到句子顺序、英文复数，必须有教师教给学生，他们才有可能学会。总结以上对任务教学的批评有以下几点：（1）学生完成任务时语言质量不高；（2）没有足够的理论和实证证明任务教学的绝对有效性；（3）任务教学对发展学生语言形式重视不够。

除以上批评之外，还有学者从社会环境、文化传统等角度对任务教学提出批评。Burrows（2008）和 Sato（2009）以日本为例提出，日本人推崇儒家文化，尊师重教以教为本的教育理念根深蒂固地左右着人们对学习的看法，而任务教学提倡以学为本，不符合日本的传统理念。Sato还指出，日本大学考试制度要求学生以考为纲，在考试和语言交际能力之间，学生会选择前者，因此他下结论说，源于西方的任务教学法不适用于日本的教学环境。但日本有关教育部门早于2003年就提出，日本英语教育应从以语法为纲、以阅读为主的传统教学转向更注重语言交际功能的教学（转引自Mochizuki & Ortega，2008：13）。或许Burrows（2008）和 Sato（2009）代表了一部分日本语言教师的观点。除日本之外，还有学者指出中国香港（Carless，2002，

2003)、韩国（Li，1998）、马来西亚（Mustafa，2008）的教学环境
存在着类似的问题。

结语与思考

Ellis（2005）曾指出，根据不同教学环境进行课堂任务设计，设计最符合学生实际情况的任务，是任务教学的前提。对于上述对任务教学的负面看法，你的观点是什么？中国的文化传统和高考制度与日本非常相近，你认为中国及海外的汉语教学应该推广什么样的教学方法：以任务为基础的教学、以任务为辅的教学，或是不融入任何任务教学的教学？如果你认为汉语课堂教学可以融入任务教学的一些概念，如何做才能保证教学成功？希望本章的阅读能为你提供一些思考的理论基础。

本章讨论总结了任务教学法几个重要的理论框架。我们看到，随着研究的深入，理论框架也从Pica到Robinson日趋完善。在第三章章末的思考部分，我们建议读者自行设计几个课堂任务，你现在能根据Robinson框架中任务复杂度部分为你设计的任务做一下排序吗？你能根据Skehan的任务实施阶段做一个课堂教学计划吗？你对学生的语言产出设立的目标是流利度、复杂度还是准确度？如果你已经把你的课堂任务付诸教学实验，成功与否你能根据Robinson和Skehan的框架做一分析吗？学生的语言产出有关时间因素对课堂任务的影响是我们讨论的重点，你能模仿本章介绍的研究之一做一个教学实验吗？

深度阅读推荐

1．Bygate, M. (2001) Effects of task repetition on the structure and control of language, In M.Bygate, P.Skehan & M.Swain (Eds.), *Task-based Learning: Language Teaching, Learning and Assessment* (pp.23-48). London: Longman.

这篇报告是关于任务重复与语言产出关系的经典研究，显示参试学生重复做同一任务、同类任务、内容相同但类型不同的任务，对语言流利度、复杂度和准确度的不同影响。

2．Ellis, R. (2003) *Task-based language learning and teaching.* Oxford: Oxford University Press.

这本专著全方位地总结了任务教学研究的历史、不同类型任务特点、不同任务与第二语言习得的关系，任务教学评估，未来研究方向等，是研究任务教学的必读之书。

3．Foster, P. & Skehan, P. (1996) The influence of planning time on performance in task-based learning. *Studies in Second Language Acquisition*, 18, 299-234.

这是最早根据人类有限认知力理论探索任务准备时间与语言产出关系的实验研究，两位研究者就准确度与复杂度之间关于取舍关系的推论引发了后来一系列的细化研究。

4．Robinson, P. (2009) Task complexity, cognitive resources and syllabus design: A triadic framework for examining task influences on SLA. In Kris Van den Branden, Martin Bygate & John Norris (Eds.), *Task-Based Language Teaching; A Reader* (pp.193-226). Amsterdam/Philadelphia PA: John Benjamins.

Robinson在这篇文章中整合了众多的有关任务教学研究的成果，

从任务复杂度、任务实施条件和任务难度提出至今为止最全面的任务教学框架。

5．Pica, T. (1993) Choosing and using communication tasks for second language instruction. In G. Crookes & S. Gass (Eds.), *Tasks and Language Learning: Integrating Theory and Practice* (pp. 9-34). Bristol, PA: Multilingual Matters.

20世纪八九十年代众多的研究者从提供意义协商机会多寡的角度分析课堂任务。Pica 的这篇文章基于这一思路对常用的五大类课堂任务进行比较排序，反映了早期任务教学研究的倾向。

6．Skehan, P. (1996) A framework for the implementation of task-based instruction. *Applied linguistics*, 17, 38-62.

Skehan在这篇文章里对早期单纯以意义沟通为准绳的任务教学理念提出了修正，从认知角度提出任务教学框架、阶段性目标以及语言衡量标准，对之后的任务教学研究产生了重大的影响。

7．Swain, M. & Lapkin, S. (2001) Focus on form through collaborative dialogue: exploring task effects' in Bygate, M., Skehan, P. & Swain, M. (Eds.) *Researching Pedagogic Tasks: Second Language Learning, Teaching and Testing* (pp. 99-118). Harlow, England: Pearson Education.

这篇文章比较了第二语言课堂经常使用的拼版任务和听-写任务对学生语言输出质量的不同影响。

8．Yuan, F. & Ellis, R. (2003) The effects of pre-task planning and on-line planning on fluency, complexity and accuracy in L2 Monologic Oral Production. *Applied Linguistics*, 24(1), 1-27.

Yuan 和 Ellis在这篇文章里报告了第一例就延长任务过程对语言输出质量影响的研究，是引用率很高的文章。

第五章
语言形式教学

本章导读

　　二语课堂上，有的教师把目的语视为与其他学科无异的教学目标，系统有序地讲解、演练语言形式；有的教师在课堂上营造一种自然语言环境，不向学生提供过多的语言规则解释和句型操练，而是鼓励他们在使用语言的过程中自我发现形式规律；但更多的教师是游走于两极某个点之间。不同语言形式的教学与习得之间的关系是二语习得界一直以来关注的重中之重。受乔姆斯基普遍语法的影响，早年的研究主要围绕语言形式教学是否有必要展开，20世纪90年代至今的争论中心更多的是如何有效地实施语言形式教学，而后一个问题是本章讨论的中心。需要指出的是，语言形式泛指语言的词法、句法、语音、语用等方面的规则，但多数人是指语法规则，原因可能与早期学者把语法视为语言最基本的构成有关（Bloomfield, 1933; Chomsky, 1968），因此二语研究领域针对语言形式教学的研究大都围绕语法形式展开。鉴于此，我们首先讨论课堂语言形式教学的一些基本理论问题，然后重点讨论语法形式的教学研究，最后围绕语音、词汇、语用教学的研究展开。

第一节　研究背景、理论框架和分类

一、研究背景

受乔姆斯基普遍语法的影响，早期研究主要围绕二语课堂上语言形式教学是否有必要展开。不主张提供语言形式教学的一派认为，儿童期之后习得另一门语言与儿童习得母语一样，是通过广泛接触目的语逐渐使其自然内化的过程。在这个过程中，学习者不用有意识地学习语法结构，只要大量地接触目的语，语言形式的习得是自然而然的结果。这一学派的代表人物之一是Krashen。Krashen（1981）认为，通过课堂教学而获得的语言知识是"学得的知识"（learned knowledge），而通过大量接触目的语得到的知识是"习得的知识"（acquired knowledge），两者代表着大脑两个不同的记忆机制，之间不可以转换，但只有后者才是支配人们流利自如使用目的语的知识。换言之，我们在课堂上为学生提供的语言形式解释、练习、纠错均是无用之举。

课堂语言形式教学无用论遭到来自研究界和教学界的普遍质疑。研究发现（Doughty，2003），成年人习得第二语言与儿童习得语言不能相提并论，两者拥有不同的认知过程。儿童只要智力正常，有接触所学语言的环境和正常的社会条件，无论学习母语还是第二语言，最终都可达到理想的语言水平，第二语言质量也与母语说话人无异。而儿童期之后再习得另一种语言，哪怕同样生活在目的语环境中并拥有正常的社会条件，最终结果往往不尽人意，语言质量与母语说话人往往很容易区别开来。因此Doughty指出，成年人如果没有课堂教学的外在帮助，二语习得之路会更艰难，速度会更缓慢，接近成功的可能性会更小。

为了解答"课堂教学是否必要？"这一问题，早期研究者对成年课堂学习者和自然环境学习者进行了大量比较，比较主要围绕两条主线展开：（1）两类学习者的最终语言能力和学习进展速度；（2）两类学习者语言形式的习得顺序。Long（1983）总结分析了一些早期研究，得出如下结果：（1）如果两类学习者学习时间相同，课堂学习者的语言能力一般高于自然环境学习者；（2）如果自然接触目的语时间相同但在课堂学习时间长短不同，长时间的学习者语言能力高于短时间的学习者；（3）课堂时间相同但自然接触目的语时间长短不同，时间长者并不显示比时间短者拥有更高的语言水平。一言以蔽之，课堂教学有益于语言水平的提高，自然接触无论时间长短效果都不显著。Long因此总结说，从整体效果而言，课堂学习有助于成年学习者习得第二语言。但他同时也指出，早期研究方法上具有严重的缺陷，比如分类过于宏观，未设对照组，只是比较两类学习者的语言能力而没有细化研究变量等。Long因此提出，二语研究要使用"教学–效果"式的实证方法，也即教学中有意介入某种教学模式或教学条件，进而测试比较不同效果。Long（1988）又对当年的研究进行了整理分类，对两类学习者的习得过程、习得路线、习得速度、习得结果几个方面再次进行分析，发现尽管课堂教学可以加快习得速度，有助于学习者更快地提高语言水平，但他们语言形式习得的顺序相同，即习得顺序不受课堂教学顺序的影响。总之，课堂语言形式教学有助于二语习得的发展，但是有条件的并有其局限性的。

　　Long的结论后来得到众多研究的支持与补充，到20世纪90年代已基本达成共识（如Ellis，2002；Doughty，2003）。Norris & Ortega（2000）对1980年到1998年发表的相关研究进行了统和分析，统计结果显示，无论是以意义交流为主的课堂教学还是以语法规则为基础的传统教学，课堂学习的有效程度明显高于自然环境，效应值为0.96，而0.80就通常被认为效果显著。鉴于众多相对一致的研究发现，Doughty & Williams（1998：197）指出，在承认课堂教学效果有局限的情况下，我们的关注点应该转移到什么样的教学方式更快捷、更有效上来。

其实，不同教学方式的比较研究早就开始，盛行于20世纪六七十年代。那时二语教学市场需求量极大，新的教学理念层出不穷，使用哪种教学方法更有效、更快捷，成为各级相关主管部门所关心的问题，而不同教学方式的最大不同是如何教授语言形式：显性（如语法-翻译法）还是隐性（如听说法）。然而，正如我们在第一章提到的，尽管不少研究规模宏大，涉及多个教学项目，耗费大量资金，但并没能证实哪一种教学法比另一种更好（Allwright，1988）。其问题与刚才我们讨论的自然/课堂两类学习者比较研究相同，研究方法存有严重的缺陷，比如教学法分类过于宏观、课堂干扰变量过多、没有对照组等。以Swaffer，Arens & Morgan（1982）的研究为例，他们发现，在同一种教学法的标签下面，不同的教师使用不同的教学技巧；反之，在不同教学法的旗号下，不同教师使用相同的教学技巧。由此看来，把不同教学法当成研究变量很可能导致错误的研究结果。Doughty（1988）据此提出，课堂实证研究应具有三大要素：（1）具体的语言形式教学目标；（2）经得起推敲的实验条件；（3）合理的评估方式。对早期研究方法的批评，使得之后的课堂研究趋于规范化、具体化。

二、理论框架

（一）接口理论（Interface Position）

上面我们提到了 Krashen的理论，他所谓的靠自然习得而来的"习得的知识"也被称为"隐性知识"，"学来的知识"也被称为"显性知识"，Krashen的两者之间不能转换的理论被称为"无接口理论"（non-interface position）。这一理论遭到多数研究者的质疑。与此相左的一派（如 DeKeyser，1995；McLaughlin，1990等）则认为，"隐性知识"可以通过"显性知识"建立、促动和发展，通过课堂语言形式解释、练习、纠错得到的语言知识可以转换为支配人们语言使用的"隐性知识"，这一派别被称为"强势接口理论"（strong-form interface position）。长期以来很多教师按部就班地教授语言形式正是基于这一理论。在这两个派别之间的理论被称为"弱势接口理论"（weak-form interface poisition）。这一派别认为，"显性知识"可以帮助学生注意到语言输入中的目的语形式（Schmidt，1994），可以促动语言形式的吸收和"隐性知识"的习得，但受到学生中介语发展的制约（Ellis，1993）。这一学派的代表人物Long认为，教师应通过课堂任务而非显性知识教学发展学生的"隐性知识"（Long & Robinson，1998）。"弱势接口理论"是二语习得研究领域的主流派别。

综上所述，研究界的共识是第二语言的"隐性知识"支配着人们语言的使用，发展"隐性知识"是二语课堂的终极教学目标，但使用哪些教学方式可以更有效地帮助学生发展"隐性知识"是课堂研究关注的中心，也是本章讨论的重点。

（二）可教性假说

可教性假说（Teachability Hypothesis）是Pienemann（1984）基于其对德语语法形式习得的系列研究提出的。他发现学习者习得语法形式有其自然发展规律，这一规律不受学习者年龄、母语背景、课堂教学顺序的影响。Pienemann的可教性假说解释了我们在教学中常遇见的现象：有时花费了很多时间和精力教授某个语言形式，或许学生当时明白了它的结构、语义和功能（显性知识），但实际使用时错误比例极高（隐性知识），或许是因为他们的语言学习还未到该形式的发展阶段，"可学性"（learnability）过低。Pienemann的可教性假说得到了不少研究结果的支持（Ellis，1989；Spada & Lightbown，1999），也引发了众多研究者寻求不同语法点发展顺序的努力，其中包括汉语二语界（如Jin，1994；Wen，1995）。可教性假说也成为后来一些语言教学模式的理论根据之一，比如任务教学法。但人们逐渐认识到可教性假说的局限性，比如每个语言都有众多的语言形式规则，人们很难把所有的规则都排成序列。从教学层面上讲，即使教师知道语法规则的发展顺序，实际教学中也很难操作。还有一些理论流派并不认可可教性假说，比如社会文化学派和技巧–习得理论（Skill-Acquisition Theory）学派。社会文化学派认为，人类学习源于社会交往，而社会交往人之有异，因此不可能有一个放之四海而皆准的习得顺序轨道（Lantolf, 2005）。技巧习得理论的代表人物DeKeyser（1998）认为，如果可教性假说成立，学习者的认知能力、学习环境、主观努力都将没有用武之地。

（三）技巧习得理论

技巧习得理论（Skill Acquisition Theory）认为，二语习得和其他任何技能的学习一样（比如开车、弹钢琴），都是反复练习的结果。该理论的倡导者Anderson（1981）把语言知识分为"陈述知识"（declarative knowledge）和"程序知识"（procedural knowledge）。前者是指对事实的了解，比如太阳从东边升起，属显性知识，可以用语言表达出来；后者支配行动，但行动者不一定能用语言表达出来，比如大多数母语说话人不知道语法规则。二语学习的进程就是从"陈述知识"进阶到"程序知识"，最后到"自为"（autonomous）阶段。"陈述知识"和"程序知识"也就是我们上面提到的"显性知识"和"隐性知识"。

该理论的代表人物DeKeyser（1998）认为，二语教学应该通过显性语法教学为学生提供语言的陈述知识，然后通过反复练习让学生进入知识程序化阶段，最后达到运用自如的"自为"阶段。他还根据技巧积累的三个阶段把课堂语言练习分为三类：（1）机械练习。如教师对学生说"我吃了一个苹果。我吃什么了？"。（2）有意义的练习。老师问"这是什么？"，学生答"是苹果"。（3）交际练习。老师问"今天你打算吃什么水果？"。这也就是汉语课堂常见的3P教学法。DeKeyser说，这三种练习都可以按部就班地用在教学上，达到知识转化的目的。对于反对课上机械练习的声音，DeKeyser认为，机械练习是建立学生"程序知识"的方式。技巧理论是"强势接口理论"的代表，认为课堂所教的外显知识都可以转换成支配语言使用的隐性知识，而练习在这个转换过程中起着重要的作用，语言形式越难，越应该实施显性教学。DeKeyser的观点长期以来不被二语习得界接受，最近才得到越来越多的关注（Ellis, 2008）。

（四）以模本为基础的教学模式

N. Ellis（2002）等提倡的"以模本为基础"（exemplar-based）的学习模式属于隐性语言形式教学。该流派认为，通过让学生大量接触含有语法规则的定势套语（如"I don't know"）和半定势套语（如"I am afraid that…"），学生就会掌握大量语言模本，就会打下掌握隐性语言知识的基础，当他们再遇到相似的语言组合时，就会猜测到其中的语义，在碰到新的套语时，就会注意到新的语言知识，在比较新旧语言知识的基础上发展自己的语言知识系统。Skehan（1996）也提到，语言学习有两种模式，一是以模本为基础，一是以规则为基础。

定势教学在一些亚洲国家的课堂教学中占有重要地位，主要教学手段是学生整段、整篇背诵、模仿。Ding（2007）的研究证明了定势套语教学的有效性。Ding对三个在国家英语大赛获奖的中国大学生进行访谈，发现他们早期的英语学习主要是朗读和背诵课文，模仿录音带和英文电影的发音、用词和句式，课外作业常常是自我录音，老师再纠音改错。他们开始时也觉得非常不适应，但长期下来便成习惯。他们现在可以大段背诵原版电影录音，使用时脱口而出。"以模本为基础"的教学模式也遭到不少质疑。Gass & Mackey（2002）提出，课堂时间有限，给学生大量语言接触的机会不太可能，欧美学生不习惯背诵和模仿。另外，Ding的三个受访者英语学习时间长达10年，短期这种方式是否有效还需证明；三个受访者都是语言学习的佼佼者，是否具有普遍意义还需要更多的研究实证。

靳洪刚曾多次从语言教学的角度讨论过汉语教学中定势教学的重

要性问题（如2014）。但与以模本为基础的教学模式不一样的是，她把定势教学语法化、显性化，鼓励教师在教学中给学生提供大量以模本为基础的语篇结构，通过师生问答进行强化练习，因此可以说是模本教学与技巧教学的结合。但汉语二语界还没有出现过相关实证研究。

（五）双重编码理论

与课堂语言教学相关的另一个理论是美国心理学家Paivio（1975，1986）提出的"双重编码理论"（dual-coding theory）。Paivio认为，人的大脑可分为两个系统，一个是以图像为基础的加工系统，一个是以语言为基础的加工系统。这两个系统既平行独立又互相联系。Paivio通过实验发现，如果给被试以很快的速度呈现一系列图画和字词，他们回忆出来的图画数目远多于字词。这说明，图像信息加工具有一定的优势，大脑对于图像的记忆效果和记忆速度好于语义记忆的效果和速度。语言教学中，教师如果同时用视觉图片和语言形式为学习者呈现语言形式信息（比如汉字），可以加强他们对所学信息的记忆与识别。双重编码教学属于显性语言形式教学，在汉语作为第二语言课堂的研究中出现不少使用基于该理论设计的汉字和拼音声调的研究，如Shen（2010）、贾琳和王建勤（2013）等。

三、课堂语言形式教学分类

过去几十年来，随着不同二语学习理论的出现，新的教学方式也随之产生，有的昙花一现，有的日渐普及。比较受研究者关注的语言形式教学有：形式明确讲解、意识提高（consciousness-raising）、规则输入（structured input）、语言输入流（input flood）、强化输入（enhanced input）、双码教学、强制输出等。为了更好地对比分析，有的研究者把不同语言形式的课堂教学大致归类，但分类的基点不同，有的从理论角度，有的从研究角度，有的从教学形式角度；有的分类宽泛，有的分类细致。下面介绍两个广为研究者接受的分类方式。

（一）Long的分类

Long（1988，1991）把二语课堂教学分为三大类：（1）以意义为基础的教学（meaning-focused）；（2）以意义为基础但间或关注语言形式的教学（focus-on-form）；（3）以语言形式为基础的教学或称语言形式聚焦教学（focus-on-forms）。第二种和第三种英文只有一个字母之差，都属于语言形式教学，但教学的聚焦度完全不同，前者是语言意义，后者是语言形式。

Long把语言形式教学分为两类的提法为之后的研究和教学提供了界定标准，令人耳目一新，为业内人士广泛引用、阐释，但同时也引起不少疑惑和质疑，特别是对"以意义为基础但间或关注语言形式"的教学。为此，Long & Robinson（1998）提供了三个例子对这类教学做进一步的图解：（1）课文中隐含目的语形式；（2）课堂交际活动中学生出错，教师中断活动，讲解出错语言形式；（3）暗含式纠错反馈（如重述式纠错recast）。但Doughty & Williams（1998）认为，Long的两类语言形式教学并不是非此即彼相互排斥的两极，而是不同教学方式的连续体。不同语言形式教学之间的区别在于输入时提供语言形式的流畅度和显隐度以及语法展现时的显隐度和详尽度，同一教学形式可以既是"以意义为基础但间或关注语言形式"的教学，又可以是"以形式为基础"的教学。Ellis（2012）的解释似乎更为清晰，这两种语言形式教学最根本的不同在于取向（orientation）的不同——把语言视为交际工具还是教学目的。下表是Ellis（2012）对Long两种语言形式教学的具体解读。

表5-1

不同层面	以意义为基础但间或关注语言形式（Focus-on-form）	以形式为基础（Focus-on-forms）
取向	语言是交际工具	语言是教学目标
语言形式教学	随意	有意

续表

不同层面	以意义为基础但间或 关注语言形式（Focus-on-form）	以形式为基础 （Focus-on-forms）
主要注意力	语言意义	语言形式
次要注意力	语言形式	语言意义
习得过程	注意、注意差距、修正输出	程序化、自动化、监控输出
课程大纲	任务教学	结构教学
形式目标选择	预先计划和出错后补救	预先计划
教学选择	课堂任务实施 "鹰架"搭建式语言产出 动态评估 输入引出 意义协商 纠错反馈 意识提高任务	语言形式练习 规则讲解 结构输出 控制性练习 自由度很高的练习 纠错反馈

注：缩译自Ellis（2012：272）。

Ellis认为，尽管他的解释比Long原先的阐述清晰很多，但这种分类只能停留在理论层面，很难用于教学研究分类，因为很多课堂活动既可归入前者，也可归入后者。从研究方法上看，对后者的研究比较容易设计和收集资料。

（二）显性教学和隐性教学

对语言形式教学的另一种分类方式是根据语言规则呈现的显隐度分成两大类："显性语言形式教学"和"隐性语言形式教学"（如Doughty，2003；Norris & Ortega，2000；Spada & Tomita，2010）。"显性语言形式教学"是指把形式规则直接解释给学生或把学生注意力直接引向目标形式的教学方式，常用的有传统教学法、规则输入（structured input）、意识提高任务（consciousness-raising）、听-写任务（dictogloss）、显性纠错反馈（详见第六章）等。显性语言形式教学还可进一步分为演绎法和归纳法。归纳法是指先给学生例句再提供形式规则，演绎法是指先给规则再给例句。但共同点是都直接向学生提供语言规则。而隐性语言形式教学不直接给学生提供目标形式规则，学生事先也不知道所学目的语形式是什么，教师上课时想方设法把学生的注意力吸引到目标形式上，提供使用实例，但不提供语法规则。常用的教学方法有语言输入流（input flood）、强化输入（enhanced input）、暗含式纠错反馈（详见第六章）等。

很多人认为依照语言形式教学的显隐度分类与Long的分类高度相似，显性语言形式教学就是以形式为基础的教学（focus-on-forms），而隐性语言形式教学就是以意义为主但教学注意力有时引向语言形式的教学（focus-on-form）。然而，两种分类虽有重叠之处，但分类的基本点不同。Long的分类是建立在人们对于语言形式的态度或取向上（Ellis，2012）：交际工具还是教学目标；而显隐性分类的基础是建立在如何"操作"学生的注意力上。正如de Graaf & Housen（2009）指出的，显性语言形式教学和隐性语言形式教学的关键不同在于是把学生的注意力"指向"形式还是"吸引到"形式上来，一些以意义交流为主的任务教学也算显性语言形式教学，如我们第四章提到的听-写任务（dictogloss），而隐性语言形式教学不一定是以意义交流为主的教学，如"以模本为基础"的语言教学，教师让学生背诵一系列句子，这些句子都含有特定目标形式，但教师并不告知学生相关形式规则。表5-2是de Graaf & Housen（2009）对显/隐性语言形式教学的进一步说明。

但根据注意力是"指向"还是"导向"语言形式上把教学分为显性和隐性两极，与Long的两极分类相似，对研究者来说依然难以操作（Ellis，2012），因为某一特定教学方式可能是显性和隐性两极连在一起的连续体上的某个点，显隐度只是相对而言。但这种分类方式被很多研究者接受，出现了不少据此设计的研究报告，语言形式教学研究中的重要研究Norris & Ortega（2000）便是一例。下面会有一节专门讨论两类教学的对比发现。

表5-2　显性/隐性语言形式教学分类说明

隐性语言形式教学	显性语言形式教学
把注意力导向语言形式	把注意力指向语言形式
语言主要作为交际工具使用	语言是学习的目标
语言形式教学是不经意发生的结果	目标形式是课前计划好的
尽量不中断意义交流	中断意义交流
依靠上下文展现语言形式	单独解释目标形式
不解释语法规则、不把注意力引向形式规则、不使用术语	解释语法规则或把注意力引向形式规则，使用术语
鼓励学生自由使用目的语	有控制地练习目标形式

注：转缩译自Ellis（2012：276）。

　　值得提醒读者的是，其实大部分的课堂教学都是不同教学方式的不同组合，因此这种或那种的分类对教学实践可能没有过多的指导意义，但对于研究者而言，对不同教学方式进行归类，便于研究设计，也更容易对照不同语言形式教学类别之间的相对有效性。

第二节　语言形式教学的相对有效性研究

　　二语课堂教学研究主要从输入和输出两个角度进行设计，输入主要来自教师和教材，输出则是学生内在因素与外在条件共同作用的结果。如何输入（教师直接讲解、强化输入、听或读）、从输入到输出中间的活动（学生互动、句型练习）、输出条件（学生合作完成、提供输出时间的长短）等内外在因素均会影响学生语言形式的即时和长久学习效果。而多年来，研究者在上述不同环节进行不同形式的干预实验，出现了名目繁多的语言形式教学法和不同教学法之间的比较研究。下面讨论几类有代表性的教学效果相对性研究。

一、显性语法规则讲解

尽管几十年来二语研究界一直在推崇交际教学法、任务教学法，但课堂上显性语法规则讲解依然是教师最常用的方式之一。技巧习得理论的代表人物DeKeyser（1998，2003，2007）是这种教学方式的支持者。他认为，开始阶段把语法明确讲给学生可以建立他们的显性语言知识，而显性语言知识通过之后的大量练习可以逐步转为相应的隐性知识。"显性语法规则讲解"一直以来都为研究者所关注，特别是近年来人们意识到，有一些语法形式显隐性过低，单纯的语言输入很难让学生注意到，比如汉语中的"把""了"，英文中的词缀变化。下面讨论几个有代表性的显性教学研究。

Macaro & Masterman（2006）在英国牛津大学的预科班做了一项实验，12个即将上大学但入学考试语法成绩较低的学生接受了大学正式课前30个小时的法语语法教学训练，开学后跟10个没经过显性语法规则训练但入学成绩较高的学生一起上大学法文课。研究设前测和数次后测，测试内容有语法正误判断、改错、翻译、作文。前测是在语法课程结束后、正式课程开始前举行的，两组成绩相似。而后测结果显示，接受过显性语法规则训练的12个学生后测语法成绩与前测相比有显著提高，而没有受过训练的学生成绩提高并不显著；翻译和写作两组后测成绩与前测相比都没有显著提高；整体相比，接受过显性语法规则训练的学生只有语法改错成绩优于没有接受过训练的学生，但语法知识、翻译和写作两组学生差别不大。鉴于以上结果，Macaro & Masterman推论说，显性语法教学并不能帮助学生建立内隐语言知识。这个结论似乎支持了Krashen的无接口理论。但这项研究没有具体的语法目标形式，课堂干扰因素过多，因此所得结果的可靠性值得商榷。

Williams & Evans（1998）的研究是在真实课堂上进行的，分对照组、强化输入组和语法讲解组，每组11人，目标形式是英语形容词和被动态，前者简单后者复杂，研究设前测、后测和写作，历时六个星期。统计结果显示：就简单形式而言，语法讲解组后测成绩高于强化输入组和对照组，且具有统计意义；强化输入组高于对照组，但不具统计意义；三组之间的复杂语言形式教学结果并不显著。后测结束后，三组被试又完成了一项听-写任务，测量他们两种语言形式在实际使用中的能力。结果显示：就简单形式而言，语法讲解组最高，强化输入组次之，对照组最低；但就形式复杂的被动态而言，三组成绩相似。Williams & Evans的结果显示，语法讲解教学只在教授简单语法形式上有优势，无论是目标形式的显性知识还是内隐知识。

Robinson（1996）的研究结果却显示，显性教学讲解在复杂形式上同样优于隐性教学。有一百多个英语二语成年学习者作为被试参加了这项研究，随机分为语法讲解组、学生自我寻找语言规律组、以模本为基础的隐性教学组（学生要求背诵句子）和顺带教学组（只注意语言意义）。共有两组目标形式，一组简单，一组复杂。所有测试和实验都在计算机上进行。后测是语法对错判断和生成含有目标形式的句子。研究结果显示，就简单和复杂两类目的语语法句式而言，简单语法成绩高于复杂语法。四组相比，语法讲解组对两类语法规律的掌握均高于其他三组，隐性教学组和顺带教学组的成绩相似，但高于规律找寻组。Robinson（1997）又做了一个类似的研究，把规律找寻条件换成输入加工，后测结果再次显示，语法教学组的成绩高于其他各组。这两项研究显示了显性直接语法教学的绝对有效性，但Robinson对实验效果的评估是语法规则的显性知识，不是隐性知识，而隐性知识的发展才是习得的标志。另外，Robinson的研究是在实验条件下进行的，是否具有课堂普遍意义需要进一步的实证研究。

　　上述几项研究或多或少都显示了直接语法教学相对于其他教学方式的有效性，但直接语法教学自身也有很多变量，比如在教学周期的哪个阶段以什么方式向学生提供语法形式讲解更好是研究者需要探讨的议题。Spada 等（2014）对此做了一项课堂研究。研究在加拿大的一所社区学院进行，四个自然班的一百多名成年学习者参加，分为两组，接受12个小时的英文被动语态的教学。一组是较传统的3P式语法教学：教师先解释语法规则，再做语法练习（辨认被动式、把主动句换被动句），最后读课文回答问题；一组是先通过师生互动把学生带进语境，再用课文中的例子给学生简要讲解英文被动语态规则，然后学生通过对课文的理解再回到对语言形式的归纳总结上。研究者把第一种教法称为"孤立式（isolated）语法教学"，把第二种称为"融入式（integrated）语法教学"。计算结果显示，两组学生对英文被动语态的掌握进步都非常显著，说明无论先讲解语法规则还是后讲解语法规则，都有益于目标形式规则的掌握。两组相比，第一组学生显性知识考试成绩高于第二组，但不具统计意义；第二组学生在实际使用中的成绩高于第一组，说明他们的相关隐性知识发展得更好。由此看来，"融入式"优于"孤立式"。

　　以上各研究由于目标形式、实验条件、衡量工具各异，所得结果难以比较，但整体来说都显示了直接语法规则解释的相对有效性，研究界需要进一步探究的是语法规则解释的时间和语境。DeKeyser（1998，2003，2007）认为，语法规则在教学周期开始就应提供，以建立学生的显性知识，但上述Spada 等（2014）的研究证明，语法规则讲解在学生有了大量的语言接触以后效果更佳。另外，在很多外语课堂（包括汉语二语课堂）使用的3P教学法，很少有研究探究它的相对有效性问题（Loewen，2014），Spada 等（2014）的研究对这个问题有了初步的解答，但我们需要更多的研究向细化、深化方向发展。

下面要讨论的一些研究，都会涉及语法知识直接讲解这一教学选择，从中或许可以得到更多的启示。

二、意识提高教学

"意识提高教学"（Consciousness-Raising）属于显性语言形式教学，其英文原义是指人们为了了解某个复杂难懂但又很重要的现象所做的努力，是20世纪80年代交际法取代传统教学法的过程中，Sharwood Smith（1981）和Rutherford（1987）作为一种折中的语法教学方式引进到二语教学领域里来的，是一种以提高语法难点显隐性为目的的教学手段。比如给学生形式相似但意义不同的句子让他们自己比较并讲出不同；或给一组使用同一个形式的句子让学生自我发现规律，总结语法规则；或让学生做一个隐性形式聚焦任务，任务完成后说出或写下相应语法规则。Yuan（2012）对意识提高教学与传统课堂3P教学的不同做了总结：（1）意识提高教学的目标形式一般是较难的语言形式，学生曾经学过也试图用过，但由于内在规律过于复杂或显隐性过低仍然不得要领，比如汉语中的"了"和"把"、英文冠词等；（2）意识提高教学的课堂占用时间相对较长，强度较大；（3）意识提高教学常用认知的方法让学生理解语言现象之后的深层规律，而不是点到为止操练为主的语法教学；（4）意识提高教学常常让学生说出或写下语言形式规律。

近年来，不少研究者对意识提高教学感兴趣，下面讨论几个代表性研究，其中有意识提高教学与传统直接教学的比较以及不同意识提高教学的比较研究。

Fotos（1993）在日本英语外语班进行了一项研究，按自然班分为两个实验组，每组50多个学生，一组是传统的教师领讲的语法讲解和练习，一组使用意识提高任务。意识提高任务由学生分组进行，每组学生就含有目标形式的句子正确与否互相提问、互相解释，在此基础上全班共同总结目标形式规律。这项研究的目标形式有英语副词位置、定语从句、非直接宾语位置，分三个星期进行，每个星期一个目标形式。研究设有前测、即时后测和两个星期后的延时后测，两次后测内容包括语法准确性判断、阅读、听-写任务。最终结果显示，三个目标形式两组后测与前测相比都有显著的提高，具有统计学意义，而延时后测没有明显退步；两组后测成绩之间没有显著不同。研究者据此认为，意识提高的教学效果不低于传统语法讲解，与此同时学生还进行了以意义为主的互动练习，因此意识提高的整体效果好于教师领讲的3P语言形式教学。

Yuan（2012）在美国一所大学汉语二语课堂做了一项为期三天的意识提高教学研究，目标形式是中文语法标记词"了"的四种不同用法及一系列关于"了"在何种情况下不能用的规律。18个程度介于初等、中等之间的学生参加了研究，根据自然班分为10人实验组和8人对照组，研究设有前测、即时后测和延时后测及个别访谈。参试学生在以往的课堂教学中都接受过"了"的语法讲解及大量练习，但前测显示他们对相关语言知识的掌握很不理想。三天的意识提高活动包括让学生写出目标形式规律，完成信息差任务、规则总结任务等。统计数据表明，实验组两个后测的得分显著高于前测，而对照组前测和延时后测得分几乎相同。实验后的口头采访表明，参加者从意识提高教学所得到的显性知识具有"注意"和"注意差距"效果，学生在之后的语言交流中，使用"了"规则监控自己输出的意识非常强烈。但Yuan也发现，相比其他结构，双"了"结构（如"我买了三本书了，明天还去买第四本"）的延时后测成绩下降很多，说明意识提高教学的有效性与目标形式的难易度密切相关。下面会有一节专门讨论语言形式教学与目标形式难易度的问题。

Pesce（2008）的研究比较的是显性意识提高任务和隐性意识提高任务的相对有效性。显性组是教师带领学生阅读，然后进行语法讲解，隐性组是让学生自己阅读短文然后自己发现总结语法规律，目标形式是西班牙语的两种过去式。之后两组学生完成完型填空和笔头故事叙述活动，在实施这两项任务的同时，学生要求从语法角度说出他们的原因（think-loud）。任务完成结果和后测结果进行比较显示，教师讲解组的任务完成成绩好于学生自我发现组，但后测成绩学生自我发现组高于教师讲解组。

与以上的研究相比，Negueruela（2003）的意识提高教学凸显目标形式规则的程度更高。这项研究在大学西班牙外语课堂进行，为期一个学期，有12个学生参加，目标形式是西班牙语里非常重要的三个语法形式：语态、语气、时态。Negueruela把意识提高活动贯穿在整个学期的课堂教学上和课外作业中，具体活动主要有：学生根据目标形式规则画图填表，把形式、功能、意义联在一起，以建立起立体可视的语法框架并理解其深层意义；让学生大声说出语法规则并录音以帮助学生语言形式规则的内在化。研究设前测和后测，内容包括为相应的语法规则下定义并提供解释，现场口、笔头作文。Negueruela在比较学生开始时和结束时对目标形式的描述和解释时发现，他们开始时对三个目标形式的定义过于简单，非常不完整，结束时尽管还不完整但描述要复杂得多。学生前后测口、笔头作文相比，目标形式的准确率提高了很多，但笔头作文的准确率提高更为显著；研究者在对学生的访谈中也发现了他们的进步。但Negueruela的研究未设对照组，且样本过小，不能不说是一个遗憾。

Swain 等（2009）借鉴Negueruela（2003）的研究方式，探讨了用语言讨论语言规律（languaging）的意识提高介入训练的有效性。有九个学生参加了此项研究，目的语形式是法文的动词语态（主动语态、被动语态）。由于学生的法文程度有限，目的语语法规则讨论用英文（母语）进行。研究分几步实施：前测、介入训练（语言形式讨论）、即时后测和一周后的延时后测。前测的目的是测试九个学生对目标形式的掌握程度。在介入语言讨论阶段，教师先向被试简短解释目标形式的语法规则，然后通过一系列事先准备好的问题问学生有关目标形式规则，"逼迫"学生用语法术语讨论语法规则，教师的问题非常直接，比如"请你解释一下""你能把这句话变成被动态吗？"。两次后测内容是让学生识别语态、说出相应语法术语及语法规则，检验参试学生对目标形式规则的掌握程度。研究者根据介入期九位参试与教师讨论语法规则时的参与质量，把他们分成高、中、低三类质量语言形式讨论者，并找出讨论质量与目标形式掌握之间的关系。研究结果显示，九位参试在前测阶段对相关语法知识的掌握都非常有限，而后测成绩的高低与他们在语言讨论阶段的参与质量成正比，两个说话次数多且质量高的学生在后测中得分最高，而少的得分最低。研究者根据研究结果下结论说，语言规律的外在化讨论有助于学生语言知识的内在化，对他们的语言习得非常有帮助。

上述研究说明，意识提高对提高学生的显性语法知识非常有效，效果不低于语法知识的直接讲解（Fotos，1993）。意识提高对学生理解语言难点的效果非常显著，无论是在交际法课堂上（Negueruela，2003；Swain 等，2009）还是3P传统课堂上（Yuan，2012），但它是否可以提高学习者的隐性知识、其教学效果是否具有持久性还有待进一步研究。另外，意识提高教学似乎不适于新语法知识的教授。

三、输入加工与传统教学

我们在第四章讨论了输入加工聚焦任务的教学步骤，这里简要讨论其理论根据和相关研究。输入加工的倡导人VanPatten（1990）在早期的一项听力研究中发现，当二语学习者把注意力同时集中在内容和语言形式上时，成绩远远低于只把注意力集中在内容的学习者，差别具有统计意义。他提出，让学生同时处理加工输入中的不同信息是很困难的，因此教师应该按部就班，让学生的注意力资源有先有后地进行分配（VanPatten，1996）。VanPatten还提出，二语学习者学习时会受到母语的影响，比如英语为母语者学习其他语言时会按照英文句式的排列习惯把第一个名词当主语，因此教师在教学中要明确告诉学生两种语言之间的不同，让他们知道目标形式语法规则，教师还要为学生提供练习机会，帮助他们建立起目的语的加工机制。

输入加工教学分三步进行：第一步，明确告诉学生新规则的要领以及避免母语干扰的学习策略。第二步，学生接受教师准备的目标形式"结构输入"（structured input）。之所以称"结构输入"，是因为这一阶段是按部就班一步一步设计好的，不是师生之间的任意问答练习。第三步，"情感活动"（affective activities），教师问一些和学生相关的问题，学生做简单的回答。由此看来，输入加工教学是显性的、以输入为基础的按部就班式的语言形式教学，教学步骤与3P形式类似。VanPatten的理论和输入加工教学模式引起了众多研究者的质疑，认为这种教学方式与传统的3P语法教学没什么不同，但VanPatten并不同意这种说法。他认为，输入加工教学以输入为主，而传统语法教学是语法解释之后学生立即进行输出（句型）训练。为了证明他的观点，VanPatten和他的团队进行了一系列的研究，主要是对比输入加工模式与传统的以输出为主的教学方式。下面讨论几个相关研究。

VanPatten & Cadierno（1993）研究的目标形式是西班牙语中的直接宾语代词位置，被试是美国二年级学习西班牙语的大学生，分三组。第一组通过输入加工式学习目的语语法，教师先比较主语代词和宾语代词的不同，把学生的注意力引向它们在句子中的位置，然后进行结构性输入问答训练，但不要求学生使用目标形式生成句子。第二组使用传统教学以输出为主的方法学习目标语言形式，教师先向学生解释目标形式规律，然后进行句式训练，之后进行输出交际活动。第三组是对照组，不接受任何形式的目标语言形式教学。后测包括听力测验（输入）和笔试语言生成测验。研究者的假设是，输入加工以输入为主，输入组的听力成绩应优于其他两组，而传统教学组注重输出，生成成绩应高于其他两组。计算结果最终显示，输入加工组的听力成绩高于传统组和对照组，具统计意义；两个实验组生成测验成绩均高于对照组，具统计意义，但两个实验组之间的成绩不相上下。一个月后的延时后测显示了同样的结果。VanPatten & Cadiernor（1993）据此下结论说，输入加工的教学方式改变了学生语言加工方式，有助于学生语言知识系统的发展，而以输出为主的传统教学不具备这样的效果。

　　然而，人们对VanPatten & Cadiernor（1993）的研究结果存有疑问。在这项研究中，两个实验组都提供了显性语法解释，输入加工组在后测中得到的好成绩是源于开始时的语法规则解释还是之后的结构性输入练习？针对这一疑问，VanPatten & Oikenon（1996）又进行了一项类似的研究，目标形式还是西班牙语中的直接宾语代词的位置，被试是一组美国高中学生，还是同样的效果后测，但此次实验组分为目标形式规则解释加上结构性输入、目标形式规则解释、结构性输入。后测听力测验成绩显示，第一组和第三组的成绩高于第二组，第一组和第三组之间没有统计意义上的不同。后测生成测验成绩显示，第一组高于第二组，但第二组和第三组之间没有什么不同。这一结果说明，输入加工教学的有效性主要源于结构性输入。

　　之后的一些研究一再证明VanPatten理论的正确性，Hashemnezhad & Zangalani（2012）的研究就是一例。他们的研究在伊朗一所大学进行，被试是英语为外语的学生，按自然班级分两个组，一组是输入加工组，一组是传统教学组。研究设计基本复制了VanPatten & Cadiernor（1993）的研究，但目标形式是英语的不同时态，前测与后测均使用短篇写作。研究结果显示，两个组的后测成绩均高于前测，且具统计意义，说明两种教学方式都具教学效果；但两组相比，输入加工组的后测成绩明显高于传统组，且具统计意义。这一研究再次显示，输入加工的相对教学效果不但表现在听力上，而且表现在语言产出上。

但也有一些研究并没有证实输入加工对语言生成的相对有效性。Shintani（2012）的研究就是一例。这项研究在日本儿童英文班进行，目标形式是英文复数 "s"。研究结果显示，输入加工教学可以增加学生的互动，也可以让学生注意到目标形式；听力后测加工教学组的成绩高于对照组，但在生成测验中，输入加工组的目标形式正确率并没有增加。这个结果或许是因为被试年龄过小，没有足够的认知能力。目标形式的显隐度过低可能也是导致效果不明显的原因。

综合以上研究，与传统教学方式相比，VanPatten的输入加工模式对目标形式的理解、输入和生成输出都具相对有效性，但是否对所有目标形式、对所有水平的学习者都具同样的效果还不能肯定。Shintani（2013）基于她自己的研究推论，输入加工应该非常适合初级学习者，一方面学生可以从输入中接触到新的语言知识，另一方面可以减轻学生产出时容易产生的焦虑感。

四、强化输入教学

上面讨论的VanPatten输入加工教学中的输入主要来自口头，还有另一种使用广泛的输入式教学被称为"强化输入"（enhanced input），其输入来自文本。这种教学方式由Sharwood Smith（1991，1993）提出。Sharwood Smith认为，二语习得的前提是对语言形式的注意，但学习者在众多的输入面前难以注意到内嵌在文本里的语言形式，原因之一是文本输入中的语言形式缺乏显隐性（saliency），难以引起学习者视觉上的注意，因此教学中应该设法提高输入中语言形式的可注意性和显隐性。具体做法是：（1）增加目标形式的出现频率或称"输入流"（input flood）；（2）用不同颜色、不同字体或加大字号等方式把学生的注意力引向目标形式。"强化输入"教学以不影响对文本意义的理解为前提，应归为隐性语言形式教学，尽管教师有时会提醒学生多注意被强调的地方。强化输入理念提出后，一批研究者对相关课题做了一系列的研究，研究重点是强化输入是否能提高学生对目标形式的注意，是否有助于提高吸收该形式的概率，是否能提高对输入材料的理解力，对输入后的输出质量是否有所帮助，不同强化输入方式的相对有效性，等等。下面讨论两个比较有代表性的研究。

Shook（1999）的课堂研究有 73个学习西班牙语的美国学生参加，随机分为三个输入条件组：强化输入、强化输入外加语法规则总结、非强化输入或正常输入。强化输入组在所读文章中用黑体兼大字号突出目标形式；强化输入外加语法规则总结组除了阅读与前一组相同的文章片段外，还对所涉形式做出详细讲解；第三组阅读的是同样的文章，但未加任何强化标记。目标形式是西班牙语的过去完成时和关系代词。前者属于句法层面，相对复杂；后者属于词法层面，相对简单。被试读完后，文章被拿走，被试要求用母语（英语）写下他们从阅读文章中得到的所有信息，以测试对文章的理解和对目的语形式的吸收（intake）。测试结果显示，非强化输入组对文章的理解得分最高，强化输入组次之，强化输入外加语法规则总结组得分最低。但从语言形式吸收得分上看，强化输入组最高，强化输入外加语法规则总结组次之，非强化输入最低。两个目标形式之间相比，被试对比较复杂的过去完成时吸收次数高于相对简单的关系代词。Shook的研究结果证明，强化输入可以让学生分散注意力，把注意力从内容理解部分转移到强调的语言形式上，因此降低了他们的理解力，这可能就是非强化输入组的理解得分高于两个强化输入组的原因。但就语言形式吸收度来看，出于同样的原因，强化输入组注意并吸收语言形式的效果最好。

Shook（1999）测试的是强化输入的短期效果，White（1998）验证的是长期效果。White在加拿大小学法语沉浸项目课堂上做了一个为期五个月的实验，目标形式是英语第三人称代词his和her，是法语母语说话人很难使用正确的语言形式。被试分为三组，每组30个学生左右。一组是强化输入加上阅读和听力训练，一组是单纯的强化输入，一组是非强化输入流。实验共设前测和三次后测，以检验被试对目标语法知识的掌握和实际应用的能力，测试内容有短文改错、多项选择、一对一口头讲故事。前测成绩显示，三组学生对目标形式的掌握没有不同。在实验开始的前两个星期里，三组学生每天阅读儿童读物两个小时，前两组读物里凡是目标形式都被人为地加以强调：加大字号、底部画线、黑体、斜体等不同组合，被试读完之后再做一些练习，但老师没有直接讲解相应语法规则。第三组也读同样的阅读材料，但目标形式的字体没有被强调，学生也没做相应的隐性语法练习，而是做了其他的阅读理解练习。另外，第一组学生每天增加两个小时的阅读、听力活动，所读或所听内容含有大量目标形式。第一次后测是在两个星期后，也即三组完成不同形式的输入实验后，第二次后测在五个星期后，第三次后测是在五个月结束时。第一次后测与前测相比，三组学生都使用了更多的目标形式，准确率都高于错误比例；三组相比，强化输入外加阅读和听力训练组的成绩高于其他两组，但同组学生之间的差别非常大。在后面两次测验中，尽管三组成绩排列依然是第一组最高，第二组次之，但三组之间的差别很小，同组学生之间的差别非常显著。White的结果显示，强化输入对目标形式习得的长期效果有限。White通过学生问卷了解到，大部分实验组的学生根本没注意到被强化部分的目标形式，她由此推论说，单纯的强化输入不能达到让学生注意目标形式的目的，显性教学应该更有效。

以上研究（以及其他研究）显示，强化输入是否有助于语言形式习得并没有一个相对一致的结论，Shook（1999）的结论是肯定的，而White（1998）的结论是否定的。当然，强化输入的有效性应该与参试学生的年龄、语言水平、目标形式、测试方法、实验时间长短、长短期效果相关，这些变量都会引出不同的研究结果。

五、强制输出与强化输入

上面讨论的"强化输入"和Swain（1985）提出的"强制输出"（详见第三章第一节）均是近年来研究界关注的两种语法教学方式，其共同点均是把学生的注意力引向输入中的语言难点。但两者方式截然不同，前者是通过外界的力量，让目标形式看起来与其他输入的文字有所不同，而后者是学生通过自己的生成机制决定是否使用目标形式。哪种教学方式更具效果呢？针对这个问题，Izumi 及团队进行了一系列的研究，下面以Izumi（2002）为例进行讨论。

Izumi（2002）比较了两种教学方式与学生对目标形式的注意、使用和习得的相关性。研究在实验条件下进行，61名成年英语学习者参加，分四组：强制输出+无强化输入组；强制输出+强化输入组；无强制输出+无强化输入组；无强制输出+强化输入组。目标形式是英语宾语定语从句。研究过程如下：（1）所有被试读一段短文作为输入，短文中含有大量宾语定语从句，四组学生一边阅读一边记笔记，记下他们在后面输出或理解任务中可能用到的语言形式。阅读任务完成后拿走短文。（2）两个输出组（第一组和第二组）完成一个短文重写任务（参见第四章），要求与原文意思越接近越好。两个非输出组（第三组和第四组）完成一个短文理解任务，任务完成后，收走完成部分。（3）所有被试重新阅读刚才的短文，还是一边阅读一边记笔记，记下他们在后面输出任务中或理解任务中可能用到的语言形式，但第二组和第四组的阅读短文中的目标形式被加重强调。（4）两个输出组再次完成重写任务，两个非输出组再次完成短文理解任务。（5）所有被试用母语写下文章大意，以测试对文章的理解程度。

Izumi用下面几种办法测试实验结果：（1）计算各组被试在两次笔记中记下的语言形式次数，视其为被试对语言形式注意的标志；

（2）计算两个输出组两次短文重写中使用目标形式的次数及准确率；
（3）对文章的理解；（4）后测——学生掌握目标形式的程度。计算结果显示，两个强化输入组（第二组和第四组）第二次记下的语言形式次数高于两个输出组（第一组和第二组），表明强化输入使得他们更多地注意到语言形式。在第二次重写任务中，两个输出组（第一组和第二组）使用目标形式的次数和准确率相似，尽管第二组得到的是强化输入。这一结果说明，强化输入对语言形式的使用并没有带来更好的学习效果。在对文章理解的测试中，强化输入的得分与强制输出的得分相差无几。在对目标形式掌握的后测中，两个输出组（第一组和第二组）的得分均高于输入组（第三组和第四组），且具统计学意义，而两个输出组和两个输入组之间相比均不具统计意义，即强化输入与否对学生目标形式的掌握都不具有明显的效果。Izumi的研究结果说明，强制输出可以让学习者注意到语言形式，在输出过程中对形式有更深刻的大脑加工，有助于语言形式的习得。相比而言，输入无论强化与否，产生的习得效果都低于强制输出。Izumi的研究再一次证明了Swain可理解输出假说的正确性。

六、无特定目标的语言形式教学

Long（1988，1991）的"无特定目标的语言形式教学"是以意义为基础的教学，如任务教学、内容教学等。在这类教学中，语言形式是任务的载体，但针对学生在任务完成过程中如何注意并学习语言形式的研究并不多，原因之一是研究者很难取样收集有效材料。一种取样方法是下课之后研究者给学生一张表格，让他们根据自己的记忆写下课上所学到的语言知识，然后研究者对照课堂录音/录像进行分析。我们在第三章已经讨论了用这种方法收集学生语言形式习得的两个交际法课堂案例，我们再看看这两个研究的结果。Slimani（1989）发现，学生在表格上写下来的主要是他们自己向老师提问中涉及的语言形式；Williams（2001）的研究显示，交际课堂上学生对讨论过的语言形式掌握程度从40%到94%不等，或高或低与学生的语言水平相关，但与是教师引发的讨论还是学生引发的讨论关系不大。下面再讨论一个类似的研究。

Loewen（2005）的研究设计与Williams（2001）的研究相似。他对一系列以教师为主导的、以内容为基础的（content-based）英语二语真实课堂进行了录音，找出课堂互动中所有与语言形式有关的课堂讨论片段（form-focused episodes）并进行分类，类别有：师生互动片段长度、互动发起者是教师还是学生、讨论后结果成功与否，也即学生在老师讲解语言形式之后的口头输出中是否显示了他们已经理解该语言形式，是否自己使用了所涉形式。Loewen共找出473个语言形式片段，并据此设计了即时后测和延时后测，后测内容都是课堂讨论的语言形式。即时后测结果显示，学生回答正确或半正确的比例为62.4%；两个星期之后的延时后测显示，正确或半正确的比例为49.1%。他还发现，在两次后测中很多学生答对的语言形式都是学生做出回应（uptake）的语言形式，说明学生当时领悟与否对形式习得至关重要。Loewen（2006）又继续报告了这项研究的后续结果。他发现，在后来的课堂上，学生使用了20%以前讨论涉及的语言形式，而学生可以自我使用是语言习得的明确标记。这一结果再次表明，以意义为基础的教学可以在课堂任务进行中根据学生的需要把他们的注意力引向语言形式，这种一箭双雕的课堂教学对语言习得大有裨益。但Loewen也指出，对于某些语言形式任课教师可以采取更有效的教学技巧。

Pica（2002）的研究显示了不一样的结果。Pica的研究也是在以内容为基础的真实课堂上进行的，是一个为期七个星期的观察研究。Pica把课上讨论过的所有有关语言形式的讨论都做了记录，发现课堂上教师和学生其实很少关注语言形式，注意力几乎都集中到授课内容上，这与早年Swain（1985）在法语浸染课堂上的发现相同。Pica据此下结论说，交际课堂出来的学生可以达到高级水平的人数很少，其原因就是这类课堂很少关注语言形式。Pica（2005）因此呼吁，交际课堂应更多地使用有特定目标形式的课堂任务，即所谓的聚焦任务（form-focused task）。

Swain及其团队（2001，2002）也对"无特定目标语言形式教学"进行了一系列研究，但他们是从社会文化的视角，探究学生在一对一课堂任务完成中互搭"鹰架"共同解决语言形式难题以及之后在语言使用中的情况。Swain把同伴之间针对语言形式的讨论称为"语言相关片段"（language-related episodes）。下面讨论两个研究案例。

Swain & Lapkin（2002）对七年级法文沉浸课堂上的两个学生在完成故事重写任务的过程进行了研究。这两个学生先共同完成一个拼图任务，然后根据这个任务的完成过程一起写一篇作文，在作文写作中，两个学生进行互动，讨论语言形式问题。作文写好后一个母语说话人为他们修改作文，只改正形式不正确的地方，不改变原文的意思。之后，研究者要求两个学生注意并比较他们原来的文章和经母语说话人修改的作文。在此基础上，研究者跟两个学生进行一对一访谈，让他们讲出在比较两篇作文时注意到的不同。最后，研究者给他们作文原稿，让他们在此基础上再各自写一篇新作文。研究者把两个被试共同写作时和讨论母语说话人修改稿时所有的语言相关片段找出来，然后比较作文原稿和修改稿的不同。Swain & Lapkin发现，在第二篇作文稿中，修改的地方有80%是正确的，其中三分之二是母语说话人修改的，其余三分之一是母语说话人修改稿中没有的，即两个学生可以对一些错误的地方自主做一些正确的修改，而这些修改都可以在他们合作讨论的语言相关片段中追寻到源头。

Swain & Lapkin（2007）的研究把关注点转向学习者的自我互动，研究设计与上面讨论的研究相似，但从头至尾只是一个学生。参试学生先自己写作文，写完后母语说话人进行修改，学生在看修改稿时被特别要求注意修改的地方。之后拿走修改稿，学生在第一篇原文的基础上重新写作。研究者特别研究了他对母语说话人修改地方的关注与最后作文修改处的关系。他们发现参试学生成功修改了大部分错误。Swain & Lapkin认为，在两次写作过程中，参试学生自己跟自己就相关语言形式进行互动，这些自我互动把他的注意力引向语言形式，让他有机会重建语言知识系统。Swain及其团队的研究为如何进行无特定目标的语言形式教学提供了一种教学模式，其相对有效性也令人鼓舞。

Loewen 和Pica的研究都是对自然课堂的观察和分析，但得出的结论不太相同。然而，两位研究者都提出了如何在以意义为主的课堂中更有效地实施语言形式教学的问题。Swain的研究提供了另一种教学选择和研究思路，让学生在任务互动中注意语言形式，母语说话人的帮助让他们有机会审视自己的语言输出，而再一次的写作机会让他们有机会应用注意到的语言形式。但Swain的研究属实验条件下的研究，其真实课堂的有效性还有待进一步验证。

第三节　显性教学和隐性教学

上节我们讨论了不同教学方式的比较研究，这些研究都被归为显性教学或隐性教学两大类。对两大类教学的比较自Norris & Ortega（2000）的统和研究发表之后成为近年来研究界关注的中心，下面先重点讨论Norris & Ortega（2000）的研究，然后讨论相关研究对Norris & Ortega（2000）研究结果的进一步发展。

一、Norris & Ortega的统和研究

Norris & Ortega（2000）对1980年到1998年发表的250篇课堂教学实证研究进行了筛选，找出49篇符合Long（1980）和Doughty

（1988）研究方法论要求（设有前/后测、细化研究变量、有数据统计结果等）的文章进行统和分析（meta-analysis）。研究者把所选研究分为显性教学和隐性教学，界定标准是："教学中若让学生注意某个特定语言形式，并让他们清楚其中的元语言规律被视为显性教学；若教师没有向学生讲解元语言规律，也没有把学生的注意力引向特定语言知识则被视为隐性教学。"（Norris & Ortega，2000：437）他们重点研究了下述几个问题：（1）语言形式教学相对于只通过自然语言接触（自然环境下）习得语言的整体有效性；（2）隐性教学与显性教学的相对有效性；（3）把学生注意力引向语义、形式-语义对应，或引向形式本身的相对有效性。把学生注意力引向语言意义的研究组别被归为单纯语言接触组。

统和结果表明，课堂语言形式教学整体效果明显高于单纯的语言接触，效应值为0.96，而0.80就通常被认为效果显著，这一结果再一次验证Long（1983，1988）的结论：课堂语言形式教学有助于学生第二语言的发展；对第二个研究问题的回答是，显性教学的效果高于隐性教学；对第三个问题的答案是，把学生注意力引向不同方面的效值排列为"显性形式-意义对应（高效应值）>显性形式（高效应值）>隐性形式-意义对应（中效应值）> 隐性形式（低效应值）"，但由于样本过小，两位研究者对第三个问题的答案并不确定。研究还显示，48个研究中的对照组（control/comparison）前后测相比，后测比前测分数高18%，研究者对此的解释是考试练习效应。研究结果还显示，语言形式教学组延时后测的成绩相对于只通过语言接触的研究条件，效果保持更加稳定、一致，这或许再次验证了以往的研究发现：课堂语言形式教学可以加速学生的语言进步（Long，1988），尽管不能改变语言形式习得的顺序。Norris & Ortega研究的具体结果见表5-3。

表5-3 Norris & Ortega（2000）统和结果

种类	统和结果	研究者对所得结果的解释
对照组	18%进步	练习效果、语言接触、语言水平提高
相对于对照组，所有教学形式（包括隐性和显性教学）	高效应值。48个研究，98个教学实验条件，但只有70%的研究设有对照组	课堂教学对二语习得发展有效
所有显性教学 所有隐性教学 注意力：所有形式-意义对应 注意力：所有形式注意力 注意力：隐性形式-意义对应 注意力：显性形式-意义对应 注意力：隐性形式 注意力：显性形式	高效应值 中效应值 高效应值 高效应值 中效应值 高效应值 低效应值 高效应值	显性教学>隐性教学 注意力：形式-意义对应>形式 不同注意力的效应排列为： （1）显性形式-意义对应 （2）显性形式 （3）隐性形式-意义对应 （4）隐性形式

注：改编译自Doughty（2003）。

对于上述研究结果，Norris & Ortega（2000）认为唯一可以确定的就是显性语法教学相对于隐性教学效果更加显著。对于这一结果Doughty（2003）表示，学习者学习第二语言，特别是在外语环境中，上课时间有限，学生很少有大量、反复接触含有目标句式的机会，只提供隐性语法教学显然不够。另外，成年人不具备儿童习得母语那样的学习机制，在外语环境中只依靠语言接触（而非课堂语言形式教学）才能达到接近母语的水平，只有少数拥有高度分析能力的人才能做到。外语课堂教学中因此应该提供显性语法教学。

Norris & Ortega（2000）的研究总结了前人的研究成果，也揭示了二语研究领域课堂语言形式教学研究存在的问题，比如显性语言形式教学的持久性问题，如何测量教学效果的问题，不同教学方式与语言形式难度、复杂度之间的关系等。这些问题在上一节已有所涉及，下面分别做详细讨论。

二、显性教学效果的持久性

Norris & Ortega（2000）的统和研究表明，显性教学的短期效果优于隐性教学，由于样本过小，没有得出显性教学效果可以持久的结论。关于显性教学的持久性问题有两种不同的观点：一种认为语言形式教学的有效性只是暂时的，随着时间的推移，有效性会逐渐消失。Schachter（1998）曾提出，显性语法教学虽然学生学得快，但效果不久就会失去。另一种则持相反观点，认为语言形式教学的有效性具有持久性。

到目前为止，就教学长期效果的研究数量有限，且结论大相径庭。Day & Shapson（1991）对加拿大法语浸染式项目的学生就条件句进行了显性教学，并在上下文中进行了大量练习，11周后进行了效果后测。结果显示，学生对目的语语法点的掌握程度并未下降。Spada & Lightbown（1993）也在加拿大浸染式项目进行了类似的研究，目标是英语疑问句，显性教学之后对学生进行纠错反馈强化教学效果，六个月后的延时后测显示教学效果并没有下降。Spada & Lightbown认为，只要坚持一段时间，把学生的注意力不断引向目标句式，教学效果就能持续。

但也有研究结果做了反证。Lightbown（1983）的研究也是在加拿大浸染项目进行的，时间长达一年，学生只在课堂上有机会接触英语。目标形式是英语进行时。研究者分三次采集学生即时语言使用资料。在第一次资料采集之前，教师在课堂上为学生讲解了英语进行时的语法规则，但在之后的半年中，学生接触英语进行时输入的机会很有限。研究者发现，半年之后的学生口头表现和第一次相比，使用"-ing"的频率和准确性大幅下降，第三次后测结果同样如此。Lightbown 认为，学生退步是因为他们没有机会接触目标形式。White（1991）的研究目标是英文副词位置，五周之后教学效果依然存在，但一年之后消失。White给出同样的解释：实验后学生接触目标形式的机会很少。由此看来，显性语法教学之后给学生提供更多的输入、输出、比较机会是效果持久下去的关键。

基于早期有关显性教学效果持久性的研究结果，Tode（2007）设计了一项在真实课堂进行的研究，历时半年，目标形式是英文系动词"to be"。共有89个日本高中生参加，按自然班分三组：显性教学组、隐性教学组和对照组。Tode在实验开始之前，先进行了前测，验证三组对目标形式掌握程度是否相同。然后对三组进行不同方式的教学，显性语法教学是通过例句和对比日文的用法给学生讲解语法规则，隐性教学是给学生一些含有目标形式的句子让他们背诵。在之后的三个星期里学生参加了两次后测。后测成绩显示，显性组成绩高于隐性组和对照组，并有统计意义，但隐性组和对照组之间的成绩相差无几。在第二次后测后，Tode又对三个组进行了表层形式相同但功能语义不同的英语进行时（副词"to be"）的教学，以检验形式相同但功能不同的语法点是否会影响早些时候系动词"to be"的教学效果。研究者在之后的五个月内实施了三次后测。在三次后测中，显性组比其他两组的成绩略高，但没有统计意义。Tode的研究证实，显性语法教学在短期内有效，但长期效果有限；而隐性教学短期、长期都不具效果。值得注意的是，在使用不同教学方式教给学生系动词之后的六个月里，教师没有做任何形式的练习，学生也没有机会接触目标形式的使用，因此研究者认为，显性教学之后，应给予学生大量练习的机会，不然教学效果会逐渐消失。Tode的研究结果证实了前人研究的发现：显性教学效果持久性的关键在于教学之后学生是否有机会接触、使用相关语言形式。

三、显隐性知识测量工具

Norris & Ortega（2000）在其统和研究报告中，总结出研究者常用的教学效果测量工具，其中有多项选择、对错判断、填空、改错、用所给词汇造句等。表5-4是Doughty（2003）对Norris & Ortega（2000）测量工具的总结。

表5-4

效果衡量工具	提供给学生的指令	举例说明
元语言知识判断	判断所给项目是否符合语法规则	语法规则判断题
选择答案	从所给选择中选出正确答案	多项选择
在有限制的条件下造句	用目的语形式造句，但不可自由发挥	把短句合并成含有定语从句的句子
自由产出	在相对自由的条件下口、笔头作文	作文

注：缩译自Doughty（2003）。

Norris & Ortega 指出，上述测量工具大都是衡量语言形式的显性知识，而不是学习者即时使用语言的能力（隐性知识）。使用上述测量工具（"自由产出"项例外）得出的显性教学效果高于隐性教学的结论，只是在显性知识层面，而非隐性知识层面，而隐性知识才是语言习得的标志。

Ellis等（2009）在对英文显性知识和隐性知识的研究表明，显性知识成绩高的学生并不一定相应的隐性知识成绩也高。例如，研究中显示，英语复数"-s"、规则过去式"-ed"、不定冠词，被试显性知识成绩高，但隐性知识成绩低。同理，隐性知识成绩高的学生显性知识成绩并不一定也高。Ellis解释说，显性知识成绩高但隐性知识低的语言形式，有规则好教、好记的特点，但学生使用时不一定用得正确。Doughty（2003）也质疑在以往的语言形式教学研究中，显性教学效果被高估。她提出课堂教学研究应包括对隐性语言知识的测量，不然无法得出令人信服的结论。现在更多的研究包括了对目标形式隐性知识的测量，比如自由写作、即时对话等。

对很多研究者来说，如何测量隐性语言知识是个难题。自由写作、即时对话等是学生使用隐性语言知识的外在表现，但在很多情况下，学生采取回避策略，不去使用目的语语法形式，或用的数量很少，研究者难以证明教学与隐性知识发展的相关性。Ellis团队就语言的显性知识和隐性知识之间的关系进行了一系列研究，认为"口头限时模仿句子"或许可以代表语言的隐性知识，具体做法是研究者用正常速度说出一句话，这句话可以是语法正确的，也可以是错误的，被试马上把句子重复一遍，但句子必须是正确的。如果学生拥有相应的隐性知识，就会脱口说出正确的句子。这种测试方法或许给我们提供了直接、方便的方法。已有一些研究开始使用这种方式测试学生的语言隐性知识（如Li，2014），但还需更多的研究验证这种测量方式的可靠性及效度。

四、显隐性教学与语言形式的复杂度

不同显隐度的课堂教学与语言形式自身复杂度的关系一直以来是研究者和教师关注的另一个话题，但研究界对此持有两种截然相反的态度。有的研究者认为，简单的语法项目可以通过语法讲解、操练直接教给学生，而复杂的就很难成功，复杂语法规则最佳教学方式是通过以意义为基础的课堂活动，把目的语法形式隐藏在这类活动中（Krashen，1982，1994；Reber，1989）。另一派认为，简单的语法条目最好通过隐性教学，而复杂的最好通过显性教学（Hulstijn & de Graaff，1994），因为简单的学生很容易在输入中自己就注意到，而复杂的学生自己很难注意到，显性教学可以助一臂之力；技巧-习得理论的代表DeKeyser（2003）也认为，语言形式越难，越应该实施显性教学。

首先，什么样的语言形式算复杂呢？以英文第三人称单数"-s"为例，Krashen（1982）视其为简单的语法形式，而Ellis（1990）则把它归为复杂一类，因为使用它把动词和名词连在一起时，要考虑

到名词是单数还是复数。DeKeyser（1998）也认为英文第三人称单数很复杂，人们在使用时要考虑时间、人称和单复数。DeKeyser（2003）提出，语言形式的难易度应该根据形式的抽象度、距离远近、使用频率、显隐度、规律性、使用范围等决定。Spada & Tomita（2010）提出，语言形式的复杂与否是相对的，与学习者的学习阶段相关。如果学生的发展阶段准备好了学习下一个语言形式，难度就不高，相反就很难。语言形式是否复杂与学生的母语有关，比如英语冠词对中国学生很难，对欧洲语系的学生就没那么难。语言形式在交际时是否必要也是决定难易度的另一个因素，用错了就会造成交际失败的形式比用错了依然可以顺利交际的要简单，比如汉语的"了"，有时用与不用不太会影响交际效果，但一般问句"吗"如果不用就会变成陈述句。从教学角度来看，是否容易讲解清楚是教师判断复杂/难易度的标准，但容易讲解清楚的语法形式使用时不一定容易，如汉语的量词。从"注意"角度来看，输入中容易让学生注意到的语言形式相对容易。从语言层面看，使用时牵涉的步骤多寡、是否过于抽象都是考量的标准，比如英语的主语从句比宾语从句简单是因为前者距离近，而汉语"把"字句过难的因素之一是使用时牵涉步骤过多，而英语冠词复杂的原因之一是过于抽象。林林总总，不同研究者从不同角度为形式复杂度定义，但各有局限。

Pica（1993）的早期研究让我们对语言形式的复杂度和不同教学方式的相关性有了比较清晰的了解。Pica比较了三组英语二语学习者在一段时间内使用不同语法点的正确比例，一组是自然环境学习者，一组是课堂学习者，一组是两者兼而有之。语法形式是英语进行态"-ing"的用法、系动词"to be"、复数"-s"、冠词。她发现，总的来说，这三组学习者使用这些语言形式的准确率不相上下，但课堂学习者使用复数"-s"的准确率高于自然学习者，而进行时"-ing"的准确率却低于自然学习者，混合组成绩居中；然而在冠词使用上，三组成绩没有不同。由此Pica建议说，课堂教学效果与语法形式的特点密切相关，如果形式简单，形式与功能的关系一目了然，比如复数"-s"，课堂教学效果就会很显著；如果形式简单且显隐度高，但形式与功能的关系很复杂，比如进行态"-ing"，课堂教学可以帮助学生学会相关语法规则，但教不会他们如何使用，使用中依然会犯很多错误；如果形式显隐度低，且形式与功能之间的关系复杂，比如英语冠词，课堂教学则效果甚微。从Pica的研究发现我们可以看出，语言形式是否复杂与其形式、显隐度、功能有关。显性语言形式教学对形式简单的效果显著，对形式复杂但显隐度高的效果有限，对形式复杂显隐度又低的几乎无效。

但de Graaf（1997）显示的是另一种结果。de Graaf 的研究是在计算机上实施的，使用的是人工语言，目标形式共有四个：两个词法层面，一个简单（复数），一个复杂（祈使态）；两个句法层面，一个简单（否定句），一个复杂（宾语位置）。共有56个母语为荷兰语的大学生志愿者参加，分为两组，一个显性教学组，一个隐性教学组，共接受15个小时的计算机自学课程，其中有对话练习、翻译练习、产出活动、改错反馈等。两组之间的不同是在练习形式上，显性组多次提供语法解释，而隐性组不提供。课程结束后两组参加后测和延时后测，内容包括对错判断、翻译、填空、改错等，同样在计算机上进行。后测之后进行一对一采访，要求学生说出相关语言形式规则。研究结果显示，无论是词法层面还是句法层面，无论是复杂形式还是简单形式，显性组的各项得分均高于隐性组。数据结果并不显示两种教学方式对词法还是句法的影响有异，也不显示对形式复杂或简单的影响有异。但值得我们注意的是，de Graaf 测量的是语言的显性知识。

Housen 等（2005）所得结果与 de Graaf的研究结果相似，但研究是在真实课堂上进行，参加者是69个学习法文的荷兰中学生，按自然班分为两个实验组和一个对照组，两个实验组都用显性教学方式，但目标形式一个简单（法文的否定词），一个复杂（法文的被动态），对照组继续平日课程，不接受任何相关目标形式的教学。研究设前测、即时后测和两个月之后的延时后测。后测由三个任务组成，分别检测学生对目标形式显性知识和隐性知识（即时口头任务）的进步情况。统计结果显示，显性语法教学对于学生掌握目标形式有明显效果，特别体现在口头即时任务上，再次说明显性教学的优势。结果还显示，简单形式和复杂形式相比，显性教学对于复杂形式的效果更显著，尽管两者之间的差别并没有统计学意义。

　　下面重点讨论 Spada & Tomita（2010）有关显隐性教学与英文语法形式习得相关性的统和分析研究。进入Spada & Tomita统和分析的是1990年到2008年发表的41项研究，遵循Norris & Ortega（2000）的分类标准界定为显性教学和隐性教学。显性教学包括语法讲解、母语与目的语对照、回答学生问题时用元语言知识的解释；隐性教学包括强化输入、语义互动和隐性改错等。对语言形式复杂度的界定则是根据语言形式认知复杂度的标准，即语言形式使用时牵涉的步骤多寡，因此时态、冠词、复数、介词都被归为简单一类，而问句、定语从句、被动态都被归为复杂一类。对于教学效果有效性使用了"控制类题"测量显性知识，如选择题、是非题、提供词汇写句题，用"自由题型"测量隐性知识，如看图作文、自由写作、信息差任务等。研究结果显示，无论是复杂形式还是简单形式，显性教学的效果效应值都高于隐性教学；在效果持久性上，两类教学延后考试的成绩效应值都高于即时成绩，说明课堂教学对习得相关知识有益，但显性教学的效应值高于隐性教学；就整体效果而言，显性教学的效应值高于隐性教学，这一结论不但证实了Norris & Ortega（2000）的显性教学即时效果高于隐性教学的结论，还说明显性教学为学生提供的显性语言知识可以转变为该语言形式的隐性知识，这一结论支持强势接口理论（DeKeyser，1998；Hulstijn，1995）。但研究者也承认，如何衡量语法显性知识和隐性知识是个问题，因为针对衡量隐性知识的命题写作，学生同样可以调用显性知识。Spada & Tomita 的统和研究就显隐性教学与语言形式复杂度之间的相关性给我们提供了一个明晰的答案，但他们从认知角度根据语言形式使用的步骤多寡判断语言形式的复杂度，把英语冠词与复数形式一同归于简单类令人质疑最后的研究结果。

从上述研究可以看出，由于牵涉因素过多，语言形式复杂度与不同教学方式的相关性并不清晰，相关研究还需向纵深发展。

第四节　词汇、语音、语用形式教学

在二语习得研究中，人们所说的"语言形式"一般是指语法规律，大多数研究也是围绕语法形式教学展开。近年来，人们开始更多地关注词汇、语音、语用形式的教学。本节讨论相关理论和研究发现。

一、课堂词汇教学

词汇知识包括表层知识和深层知识。表层词汇知识是指拼写、发音、核心语义、词性、基本相关句法功能等知识；深层知识包括搭配、派生、适用语境等。是否向学生系统讲解词汇知识和如何讲解是研究者关注的问题。对于前一个问题，与语法知识教学一样，研究界也分主教与不教两派。主张不教的学者认为，词汇学习最好的办法是通过语言接触和大量阅读（Krashen，2003）习得；但主张课堂直接教授的一派认为通过语言接触和大量阅读学习词汇由于时间有限和学生学习能力不太现实（Laufer，2005）。至于如何教，同样有隐性和显性之分。隐性教学可以通过以意义为主导的课堂任务或通过阅读理解实现；显性教学常用的方法是母语与目的语之间的翻译，但问题之一是两种语言的很多词汇表层语义相似但深层意义不一定相同。显性教学还可以用已知词汇讲解新词，但这种办法常常费时费力，效果不一定优于双语之间的翻译。Schmitt（2008）提出，词汇知识教学最好是上述几种方式的综合。我们下面讨论几个有代表性的词汇教学研究。

Al-Homoud & Schmitt（2009）在沙特阿拉伯大学英语外语课堂进行了一个通过阅读学习词汇的对比研究。56个学生参加了研究，分成两组，一组像平常上课一样，接受密集性语言知识介绍，课上学习新词、进行词汇考试、句型练习，课下作业是阅读短文、做理解练习等；而另一组是实验组，学生利用课上时间大量阅读，分组做密集词汇练习，但总体练习量比对照组小很多，与对照组更不同的是，实验组的学习气氛比较放松。研究结果显示，一个学期后，两组学生基本词汇的掌握量和高级词汇的掌握量进步几乎相同。这一结果说明，增大阅读量同样可以达到词汇量提高的目的。Al-Homoud & Schmitt还发现，实验组对课堂气氛的满意度更高。

Hummel（2010）研究了母语、目的语之间的翻译对词汇短期记忆的有效性。研究在法国学习英语的191名大学生中进行，分为英译法、法译英、抄写英语句子三个组。研究者选择了15个拼写与法文非常不一样的目标词汇。前测之后，研究者给被试提供了15个句子，句子含有目标词汇，并提供词汇语义，然后三组开始翻译句子或句子抄写。被试没有被告知任务完成后有词汇考试。研究结果显示，三个组后测与前测相比，成绩都有显著提高，具有统计意义；三个组相比，句子抄写组的成绩最高，差别具有统计意义。Hummel的解释是，双语之间的翻译让学生动用了过多的认知资源，而抄写组可以一心一意专注在词汇记忆上。

洪炜（2013）通过一项比较传统接受式教学和发现式教学的实证研究，考察了课堂近义词辨析教学对汉语二语学习者近义词习得的影响。63名中级水平汉语二语学习者参加了此次实验，分为三组，分前测、教学处理、即时后测和三周后的延时后测四个阶段进行。实验一组采用了接受式教学模式。教师将10组近义词的异同直接讲解给学生，并配以相应的例句，讲解后让学生做相应的判断改错练习，教学处理时间为90分钟。实验二组采用发现式教学模式，教学材料与实验一组相同，但处理方式有异。教师要求学习者从每组近义词中选择适当的词语填入相应的句子中，完成后教师公布正确答案，答案以加粗涂红字体显示，并在例句后以"√、×"形式说明与其他近义词的替换情况；接下来教师引导学生观察比较例句，让他们自己尝试发现差异点，之后教师概括总结；最后让学生做少量的练习以巩固刚学的知识。时间也是90分钟。对照组不对近义词差异做任何显性教学处理，但让学习者阅读包含有目标近义词的例句（即只做隐性教学处理），时间约为20分钟，例句与实验组相同。后测和延时后测成绩显示，三组被试的正确率差异显著，实验一组和实验二组的后测正确率显著高于对照组，这一结果显示，无论接受哪种显性教学处理，后测正确率均明显高于隐性教学。两个实验组相比，实验二组后测和延时后测正确率均高于实验一组，两者差异达到显著水平，特别是在后续测试中，两者差异更为显著。这一结果说明，发现式近义词辨析教学相对于直接显性教学更有助于近义词差异习得，不仅短时间内有效，长期也仍然有效，这一结果与Spada 等（2014）语法教学效果相似。但值得指出的是，对照组教学时间只有20分钟，因此两个实验组的效果高于对照组的结论似有商榷之处。

以上三个研究，两个是显性词汇教学和隐性词汇教学的比较，另一个是两种隐性教学的比较。下面讨论三个显性词汇教学的比较研究，三个研究都是根据双码理论设计，其中两个是汉语词汇教学研究。

Boers 等（2009）在比利时大学英语班做了一项研究，目标词汇是60个英语短语，分为两组，一组只提供语义，一组同时提供语义和表示短语语义的图片。38个学生参加了实验，时间为两个小时。设有前测和后测，后测是选词填空，选择中包含目标短语中的实义词（以汉语成语为例，"班门弄斧"中的"斧"字）。研究结果显示，只提供语义的短语组得分高于语义+图片组。研究者的解释是，提供图片不但不能帮助学生记住短语中的词汇，反而会分散他们的注意力。但值得我们注意的是，这项研究要求学生在两个小时记住100个短语中的词汇，后测要求他们写出短语中的某个固定字，任务难度或许过大。

Shen（2010）的汉字教学实验设计研究也是根据双码理论进行的。某美国大学一年级中文班的35个学生参加了实验，分为两组：一组是传统汉字教学，只提供语义；一组是在提供语义的同时还提供相应图片，如"西餐"两字配有一盘西餐的图片。Shen一共选择了40个汉字词组，一半是具体词（如"西餐"），一半是抽象词（如"面向"）。研究设即时后测和24小时之后的延时后测，检验学生对目标词汇的掌握和记忆。结果显示，两组在具体词上的得分差别并不显著，但在抽象词上，语义+图像组得分高于语义组。研究者对此的解释是学生在学习具体词汇时，大脑会同时出现相应的画面，因此教学中是否提供图片意义不大。但在学习抽象词时，只提供意义，学生大脑中不会自动呈现相应的图片，如果在教这类词汇时能同时提供相应图片，学生就会建立更好的联想机制，有助于他们汉字的掌握。

朱宇（2010）的研究是比较不同电子抽认卡对汉语初学者汉字记忆的影响。100名美国汉语初级班学生参加了这项研究，分无发声无笔顺动画组、无发声有笔顺动画组、有发声无笔顺动画组、有发声有笔顺动画组四组。目标词汇19个，共24个汉字。研究采用前测—干预—后测的实验设计。前测五分钟以检测学生在学习电子抽认卡之前对目标汉字字形的掌握情况。干预是观看30分钟事先分配的电子抽认卡。后测一中，学生根据记忆，通过所给的英文词义写出相应的目标汉字；后测二提供学生目标汉字，要求他们根据记忆写出相应的拼音和英文词义。研究结果显示，有发声无笔顺动画组在字形记忆和拼音记忆方面都显著优于有发声有笔顺动画组；有发声电子抽认卡的两个实验组（无笔顺动画和有笔顺动画）的拼音记忆成绩显著高于无发声抽认卡的实验组。研究者总结，笔顺动画看似动画，属于图像性质，但提供的本质信息是关于目标文字的，在视觉通道已有纯语言文字信息和蕴含图像的语言文字信息的情况下，加入动态的纯语言文字信息（笔顺动画），不仅对汉字的字形记忆造成负面影响，而且对拼音记忆效果也造成负面影响。

以上研究证明，显性词汇教学效果好于隐性教学效果，发现式显性教学好于直接显性教学。三个根据双码理论设计的教学都显示了图片信息有时可以帮助词汇记忆，有时可能会成为记忆负担。但值得我们注意的是，这几项研究，除一项外（洪炜，2013），其他都没设延时后测（Shen 的延时后测离干预实验过短）。

二、课堂语音教学

相对于词汇教学研究，课堂语音教学研究数量又少很多，原因之一可能由于"语言学习关键期"假说的影响。这一理论认为，学习者在儿童期之后发音不太可能达到母语说话人的标准。也是由于这一理论，语音教学是以母语说话人为目标还是以发音清楚可以让母语说话人听懂为目标也是学术界争论的话题之一。语音教学包括语音、轻重音、语调、声调。课堂教师一般采用显性法进行教学，包括辨音、模仿、练习、改错、听力理解等。近年来随着计算机教学的发展，出现了不少语音教学软件。

Lee 等（2014）对86个语音教学研究进行了统和研究。他们发现，整体而言语音教学有助于学生语音能力的进步，具体而言，所设教学中含有纠错反馈和超过四个小时的语音教学效值较高，中学阶段的教学效果好于大学阶段，初级和高级学习者的学习效果比中级程度的学习者要好，教师直接教授的效果好于计算机教学。

　　汉语是声调语言。如何进行声调教学一直以来都是汉语教学界讨论的重点，如Wang等（1999，2003）的两项研究。我们下面讨论两个近期的根据双码理论设计的汉语声调教学实验研究。贾琳和王建勤（2013）考察了视觉加工对零起点学习者汉语声调感知的作用，具体考察教师用打手势的方法教汉语声调的有效性。研究者根据双重编码理论认为，打手势可以突显声调调型特征，强化语音与符号之间的映射关系，使声调范畴符号化。贾琳和王建勤的报告包含两个实验，我们只讨论第一个。被试是英语母语零起点学习者，分为16人的实验组和15人的对照组。实验组接受视觉和听觉双通道的加工教学训练，即教师在领读训练音节时用左手在空中画出相应的调号，被试跟读。控制组只有听觉的加工教学训练，即跟着教师读。实验过程包括前测、声调训练和即时后测。后测内容为调号正误判断。计算结果显示，实验组后测与前测得分差别显著高于对照组。研究者下结论说，对于零起点汉语学习者，视觉、听觉双通道的教学方式效果好于单纯利用听觉的教学方式，教师打手势弥补了单通道信息输入的不足，促进学习者的声调感知。这项研究肯定了在声调教学中使用打手势这一方法在汉语声调教学上的积极作用。

　　Liu 等（2011）的研究与贾琳和王建勤（2013）的研究有相通之处。Liu 等的实验在网上进行，考察视觉听觉两种通道信息相加的拼音声调训练效果。35个汉语初级学习者参加了研究，分为三组，接受为期八个星期的网上拼音四声训练，听力材料相同，但电脑屏幕显示的拼音调号标记不同：第一组为调号走向标记+拼音组，即听到声音的同时屏幕出现相应拼音和调号走向标记；第二组屏幕出现的是拼音和以数字显示的四声或轻声；第三组只有调号走向标记但没有相应拼音。研究者把接受视觉和听觉双通道加工训练的第一组视为实验组，第二组和第三组为对照组。训练过程是学生听到声音后选择相应的拼音调号。选择错误，屏幕会出现再次试听的提示；再次选择错误，屏幕就会出现正确答案并提供解释。选择正确也会得到表扬提示。训练一周后所有被试参加拼音调号正误选择测试作为前测，八周训练结束后再次参加类似的测试作为后测。第三组由于只有四人完成全部训练课程及前后测，没有计入最后计算。计算结果显示，标记+拼音组在训练过程中的选择错误显著少于数字+拼音组，前测到后测的成绩也有更为显著的提高。

以上两项研究肯定了视觉听觉两种通道信息相加的拼音声调训练效果，对我们的声调教学提供了很好的实证基础。

三、课堂语用知识教学

语用知识是指语言在不同社会环境中如何使用的知识，换言之，是谁在何时何地怎样对什么人讲什么话。语用知识的习得被认为是第二语言习得中最难也最晚的部分（Bardovi-Harlig & Vellenga，2012），主要问题在于课堂教学很难直接系统地向学生教授语用知识，外语学习者又少有机会观察母语说话人在不同场合中的语用习惯。但语用知识的缺乏可能会造成始料不及的后果，比如学习者常常把母语中的语用规则使用到目的语环境中去，有时可能会给人留下性格或教养上有问题的印象，而不是语言能力的不足。

同词汇知识、语音知识一样，语用知识也有教与不教及怎么教的问题。不教派的理由还是跟其他语言方面的知识一样，但主教派认为，第二语言的大多数语用功能显隐性很低，哪怕长期浸染在交际语教学中，如果不明确教授，学生也很难注意。很多教师使用情景对话、角色扮演的方式给学生示范目的语语用知识，也有的利用现代科技手段，还有的利用学生到目的语国家学习的机会。下面讨论几个研究案例，其中有两个是针对发展汉语学生语用能力的实验研究。

Nguyen（2013）在真实课堂环境下进行了一个为期10周的研究。一所越南大学的两个中级英语班的50名学生参加了实验，分为实验组和对照组，目的语语用形式是八类批评委婉策略，其中有过去式（I thought）、情态动词（it can be…）、先肯定后批评（it is a great essay but…）等。研究设有前测、后测和五周以后的延时后测，测试内容有语用完型填空、角色扮演活动、纠错反馈等。实验组学生接受了八周每周一节课的语用干预教学：一周显性教学，两周聚焦练习（识别英文中不同批评策略的委婉度），五周实践练习（学生之间互改作文，提出批评时练习使用委婉批评策略）。实验组学生还要求写学习日记，以便研究者从中找出他们对语用意义的注意次数。而对照组照常上课。研究结果显示，实验组学生后测跟前测相比，使用批评委婉语次数和类别数有显著增长，数据呈统计意义，延时后测也未显示下降的趋势。两组的后测相比，实验组的成绩显著高于对照组。但研究者同时发现，八类批评委婉策略习得进展速度不一，比如后测中没有一个学生使用过去式表示委婉批评。

　　Li, S.（2012）根据DeKeyser（1998）的技巧习得理论设计了一项网上教学研究。我们上面讨论过，DeKeyser（1998）认为，二语教学应该通过显性语法教学为学生提供语言的陈述知识（即显性知识），然后通过反复练习让学生进入知识程序化阶段，最后达到运用自如的"自为阶段"。在他的理论中，"反复练习"是一个关键词。基于这一理论，Li, S.比较了不同强度的练习对汉语请求语用功能的掌握。30个汉语中级水平的大学生参加了这项研究，随机分为强化练习、一般练习和对照组三个实验条件组。共有四个目标形式。三组在实验前一天都接受了半个小时的显性汉语请求语用规律授课，之后进行了前测和随机分组。第二天和第三天，两个实验组都进行了以输入为主的请求语用练习，但强化组的练习强度是一般练习组的两倍，而对照组没有接受任何程度的练习。被试实验结束后参加了即时后测和两个星期以后的延时后测，内容是使用请求语用功能的准确性和反应速度。统计数据显示，三组从前测到延时后测的成绩都有提高，这一结果说明，单纯显性语用规律授课就可提高学生语用知识的发展（对照组没有做过任何练习）。数据还显示，强化练习组的反应速度在两次后测中成绩都明显高于前测，但并没有高过其他两组，一般练习组的成绩也未高于对照组。这一研究结果说明，练习对于语用功能教学效果有限。

结语与思考

通过本章的阅读，希望读者了解与二语课堂语言形式教学有关的理论、不同语言形式教学方式及其理论基础、相关典型研究和研究发现以及语言形式教学研究存在的问题，比如什么是语言形式教学的接口理论、可教性假说、技巧习得理论、双码理论；不同语言形式教学类型（3P教学、意识提高、强化输入、输入加工、双码教学）及相对教学有效性；显性教学与隐性教学相对有效性的重要发现；用于课堂语言形式教学的研究方法（目标形式、效果衡量工具）及实验环境对研究结果的影响等。

汉语二语课堂主要使用3P教学方法。研究界对这种教学方法的第一步做了很多对照研究，本章也讨论了一些汉语二语课堂形式研究案例，基本上是对现行教学方式的改进实验。如有可能，请找出你最感兴趣的两三篇研究文章作为案例进行分析，写出一篇读书报告，对所选案例的理论框架、研究方法及过程、研究结果进行总结，并提出你的看法。你也可以在自己的教学环境复制其中一篇研究，或改动其中一个细节，然后与案例研究的结果相比较，并做出你的结果分析。

深度阅读推荐

1．DeKeyser, R. (1998) Beyond focus-on-form: Cognitive perspectives on learning and practicing second language grammar. In C. Doughty & J. Williams (Eds.), *Focus on form in classroom language acquisition* (pp. 42-63). Cambridge: Cambridge University Press.

DeKeyser在这篇文章里系统阐述了"技巧习得理论"，提出二语教学应该通过显性教学为学生提供语言的陈述知识，通过反复练习让学生进入知识程序化阶段，最后达到"自为"阶段。DeKeyser的理论颠覆了Krashen有关习得和学得的理论。

2．Doughty, C. (2003) Instructed SLA: Constraints, compensation, and enhancement. In C. Doughty & M.H. Long (Eds.), *The Handbook of Second Language Acquisition* (pp. 256-310). Oxford: Blackwell.

Doughty在这篇文章里从历史的角度全面总结了早期二语课堂语言形式教学的研究，存在的问题和未来的研究方向。

3．Ellis, R., Loewen, S., Elder, C., Erlam, R., Philip, J. & Reinders, H. (2009) *Implicit and Explicit Knowledge in Second Language Learning. Testing and Teaching*, Multilinqual Matters.

这本文集对二语学习者的显性知识和隐性知识进行了系统界定，并提出如何衡量这两类知识的标准和具体方法。

4．Long, M. & Robinson, P. (1998) Focus on form: Theory, research, and practice. In C. Doughty & J. Williams (Eds.), *Focus on Form in Classroom Second Language Acquisition* (pp.15-41). Cambridge: Cambridge University Press.

Long把语言形式教学分为两类，英文只有一个字母之差，但一类聚焦语言意义，一类聚焦语言形式。Long & Robinson在这篇文章中举例说明了如何区分这两类教学方式。

5．Norris, J., & Ortega, L. (2000) Effectiveness of L2 instruction: A research synthesis and quantitative meta-analysis. *Language Learning*, 50, 417-528.

Norris & Ortega把1980年至1998年发表的课堂教学研究分为显性教学和隐性教学两类并进行了统和分析，所得结论对之后的课堂研究奠定了基础，是一篇引用率极高的文章。

6．Swain, M., Lapkin, S., Knouzi, I., Suzuki, W. & Brooks, L. (2009) Languaging: university students learn the grammatical concept of voice in French. *The Modern Language Journal*, 93(1), 5-29.

Swain及其团队进行了一系列语言形式教学研究。这篇文章是通过讨论语言规律提高习得有效性的研究，发现语言规律的外在化讨论有助于学生语言知识的内在化发展。

第六章
第二语言课堂上的纠错反馈

本章导读

　　课堂纠错反馈是否并如何有益于二语学习是过去几十年研究界和教学界共同关注的议题，但不同历史时期的关注点不同，不同理论流派的解读也不一，其中争论的重点有：纠错反馈对二语学习/习得是否有益？若是有益，在哪个层面？短期还是长期？课堂上用什么方式纠错反馈效果更好：明确指出还是拐弯抹角？即时还是延时？选择性纠错还是有错必纠？教师纠错还是鼓励学生纠正？纠错过程中如何平衡形式和内容的关系？如何评价纠错效果？纠错反馈与学生语言水平、所涉语言点、教学内容、教学大环境、学生个体差异的相关性为何？等等。几十年来二语习得界对课堂纠错反馈的讨论及关注点的转移，在某种程度上折射了二语理论的发展，也反映了教学理念的变迁。目前有些问题已达成了共识，但更多的问题还在讨论之中，本章将对这些讨论做纵横两方面的梳理和总结。首先讨论与纠错反馈关联度极高的"偏误分析"研究和不同理论流派对纠错反馈的解读，然后重点讨论几十年来研究界对课堂纠错反馈的研究，特别是围绕"暗含纠错"的争论，最后简要总结重要的研究发现以及未来研究方向。

197

第六章　第二语言课堂上的纠错反馈

第一节　偏误分析

　　第二语言错误是指学习者在语言输出时出现不符合目的语规则或语言不得体的表现，可以说是学生中介语发展阶段的直接反映。二语错误可能来自发音、声调、选词、词法、句法、语用等，严重程度不一。为了寻找二语学习规律，早期二语研究者受行为主义影响，主要致力于分析比较母语和目的语之间的区别以甄别学习者错误成因，为典型错误分类。这类研究被称为"偏误分析"（Error Analysis）。

　　二语偏误分析研究从时间上可大致分为三个阶段（Dabaghi，2010）：第一阶段是"前行为主义阶段"，此阶段研究者主要根据经验和印象为学生偏误进行分类（Duskova，1969）。第二阶段是"语言对照阶段"（contrastive analysis），注重点是找出学生母语和目的语之间的不同，其基本理论出发点是两种语言的不同是学生犯错的成因。第三阶段是"认知阶段"，此阶段学者把学生犯错成因放到更大的范围去考察。研究者发现，由第一语言干扰所致的二语错误只是很小的一部分，其他错误还包括学习阶段性错误、教学不当所致错误等，学生犯错还与他们把交际关注点放在意义表达上还是语言规律上有关（Dulay & Burt，1972）。

　　研究者对二语错误有不同的分类，最常见的是根据语言形式分类，如语音错误、语调错误、用词错误、词缀错误、句法错误等。除此之外，研究者还就犯错成因及严重程度或范围从不同角度和层面进行分类。

　　"偏误"和"失误"　有学者根据严重程度把二语错误分成"偏误"（error）和"失误"（mistake）两大类（Corder，1967）。"偏误"指学生由于语言能力（competence）缺失而导致的错误，是学生中介语发展阶段的直接反映，有一定的规律性，比较顽固，难以纠正。比如说英语初学者经常把时态搞错、汉语中级学生不知何时用"了"

等。"失误"指学生在语言使用（performance）中因各种各样的非固定因素所致，例如学生一时紧张想不起某个词，但一经指点便可自我纠正，这类失误在母语说话人中也常见。Corder认为，教师在教学中应严肃对待前者，应调动各种教学手段帮助学生减少此类错误，但对后者不必过于紧张。对于根据严重程度把错误分成"错误"和"失误"，得到很多学者的认可，但也有学者认为就理论而言这种分类可行，但在教学实践中并非易事，因为很多错误介于"偏误"和"失误"之间。有一些学者根据错误频率的高低区分"偏误"和"失误"，高频率属前者，低频率属后者。但也有学者认为，某些语法现象使用频率本身就低，因而错误频率就较低（Ellis，1994）。还有一些难度较高的语言规则，很多学生为了少犯错误采取回避策略（Schachter，1974），但"不用"并不意味学生已掌握了相关的语言知识，因此根据错误频率区分"偏误"和"失误"并不完全可靠。

"整体错误"和"局部错误" 对二语错误的另一种分类是根据错误所致的意义交流阻碍度而分，即"整体错误"（global）和"局部错误"（local）（Burt & Kiparsky，1972）。前者是指整句话有错，让对方听后/看后不知所云，以致造成交流障碍，教师也很难言简意赅地指出错误并帮助改正；后者是指句子整体无错，但某个词或某个语法点有错，不影响交流，老师一般也能一下指出并帮其改正。Burt（1975）认为，纠错重点应放在"整体错误"上，而非"局部错误"上。有研究者对这种分类持怀疑态度，因为跟"偏误"和"失误"分类一样，两者的界限有时非常模糊，很难使用非此即彼的方式归类。

根据偏误出现的状态分类 这种分类是根据学习者在使用目的语时错误出现的表面现象而分（Krashen、Dulay & Burt，1982）：（1）误加偏误（addition），在不该用的地方用了；（2）遗漏偏误（omission），在应该用的地方没用；（3）词序偏误（misordering）；（4）成分选择偏误（selection of an incorrect element）。这种分类方式得到不少研究者的认可。

根据错误成因分类　Dulay & Burt（1972）根据成因把错误分成四类：（1）母语干扰错误（interference），即学生使用了母语结构，而这类结构在目的语中并不存在。这类偏误也称为语际错误（interlingual error）。（2）发展型错误（developmental），即学习者习得某一语言现象过程中必然出现的错误，如过度使用刚刚学过的语法规则，这类错误在儿童习得母语时也常见。这类偏误也称为语内错误（intralingual error）。（3）混搭错误（ambiguous），错误既有第一语言特征，也有目的语特征。（4）独特错误（unique），错误在第一语言中没有，在目的语中也没有。其实混搭错误和独特错误都可归为发展型错误。后来有学者又在此基础上增加了一类错误——教学不当所致错误（induced error）。这类错误由教学不利而生，比如教师对某个语法点解释不清或没有提供足够的语料或练习过度等（Stenson，1974）。

早期研究者对二语错误进行了大量的分析，特别是母语干扰所致的错误，其主要研究发现如下：母语干扰所致错误主要发生在初级学习者身上，中高级学习者主要是学习过程错误（Taylor，1975）。课堂任务的性质与错误成因有关，比如翻译相对于自由写作更容易导致母语干扰错误，自由写作更容易导致学习过程错误（Lococo，1976）。母语干扰错误在语音和词汇层面较多，在语法层面较少，Grauberg（1971）发现，选词错误中的25%是母语干扰错误，语法错误的10%是母语干扰错误，词法错误中没有母语干扰错误。母语干扰错误在儿童学习者和成年学习者身上的比例不同，Dulay & Burt（1973）发现只有3%的错误是由第一语言干扰所致，85%的错误是学习进程错误，而学习进程错误同样也出现在儿童习得母语的过程当中，但语音错误大都由母语干扰所致。Dulay & Burt（1974）又发现，儿童二语学习者母语干扰错误的比例不到5%，这一发现使他们得出第一语言与第二语言习得发展路径相同的结论。White（1977）使用了Dulay & Burt（1974）的资料收集方法研究成年学习者，发现母语干扰错误比例为

21%，远远大于儿童学习者，这一发现说明，成年学习者与儿童学习者的学习机制并不相同。

国际二语研究界现已很少有学者专注偏误分析研究。但早期二语研究者的研究成果使得后来的研究者对错误成因和类别有了基本的了解，为纠错反馈研究及其他相关研究（如二语形式教学研究）奠定了坚实的基础。在汉语二语界，偏误分析是过去十几年来研究者高度关注的课题，涌现出为数众多的论著和论文，如鲁健骥（1992）《偏误分析与对外汉语教学》、周小兵（2007）《外国人学汉语语法偏误研究》。以后者为例，作者不但从母语迁移角度分析了不同母语背景的汉语二语学习者的偏误特点，包括英语、日语、韩语、越南语、泰语、西班牙语和法语，还从认知角度分析了汉语二语学生常犯的典型的学习进程错误。

第二节　重要理论流派对纠错反馈的解读

教师在课堂上应该不应该纠正学生的错误是早期研究界争论的重点，而近二十年来争论的重点已转移到如何纠错才更有益于学生语言知识系统的发展。前几章已讨论过不同流派的理论观点，它们对二语错误及课堂纠错反馈也有不同甚至相左的解读，下面做简要介绍。

一、行为主义理论

20世纪五六十年代是行为主义盛行的时代，反映到二语课堂教学及习得理论方面就是当时的听说法教学和语言对照理论。行为主义认为，学习过程是培养生成一种新习惯的过程，二语学习也是如此。在这个过程中，学生出错是旧语言习惯（即母语习惯）的干扰所致，因此教师的任务是帮助学生摒弃旧的语言习惯，养成新的语言习惯。在具体操作上是比较学生母语和目的语之间的差异，以确定致错成因。

设计课堂教学时，尽量做到让学生没有机会犯错，一旦犯错，立即帮其改正，以养成新的语言习惯。但研究者后来发现由母语干扰所致的错误并不占多数，更多的是学习进程错误，而学习进程错误同样也出现在儿童习得母语的过程当中。

二、中介语理论

乔姆斯基普遍语法理论的问世从根本上挑战了行为主义理论。这一理论认为语言习得有赖于人类生来就有的语言机制，任何外界影响包括纠错反馈都是徒劳的。课堂纠错可能暂时改变学生的语言行为，但改变不了他们语言习得的自然发展。受普遍语法学说的影响，二语习得研究领域出现了一批理论流派，其中影响颇深的是中介语理论（Interlanguage）。中介语理论认为二语习得是有规律的，哪一种语言形式先习得，哪一种语言形式后习得，是有章可循的，即学习者自身带有学习课程表（built-in syllabus）（Corder，1981）。如果教师在课堂上讲解操练的某一语言知识和学生"自身课程表"不匹配，学生是无法习得的；如果学生犯了错误，不管教师如何纠正，都是无效的。只有所教语法点恰好是学生"自身课程表"上该学的，纠错才有效。一言以蔽之，课堂纠错反馈的有效性是有条件的。

三、可理解输入假说

Krashen（1985）的输入假说可以说是中介语理论的延伸。该假说认为，二语学习者只有浸染在可理解输入的环境中，习得才可能发生。课堂上的教与学，也包括对学生错误的纠正，只能帮助学生学习语言，不能帮助他习得语言。教师的职责是给学生提供一个类似自然环境下学习语言的机会，提供目的语的正确形式，而纠正学生错误"是一个严重的错误做法"（Krashen，1985：74），会让学生对语言学习产生抵抗心理，导致他们在使用时避重就轻，只使用有把握不会出错的词汇和语法，因此课堂纠错应彻底摒弃。根据Krashen理论发展出来的自然教学派（Terrell，1977，1982）强调，情感因素（而非认知因素）是课堂教学成功的关键，课上纠错会"让学生难堪，对学生学习热情、学习态度将起到负面作用"，改正错误是学生课下自己的事。但Krashen也承认，简单、一目了然的错误（如英语第三人称单数）是可以纠正的，这样做可以让学生监督自己的语言输出。

四、互动假说

Long（1996）在其修正版互动假说中增加了学习者自身认知因素和外界因素对输入的影响，认为在互动过程中母语说话人对学习者语言错误的纠正，可以让后者把注意力有选择地放到相关语言知识上，进而促进目的语的习得。在课堂教学中，当学生因为语言出错而影响交流时，教师适时地使用"重述式"（recast）这种暗含纠错的方法，可以让学生注意到自己使用的语言形式与正确语言形式的差别。由于教师使用的是暗含纠错，原来进行中的意义交流并没有因纠错而中断，可谓达到了一举两得的目的。但自20世纪90年代后期，加拿大学者Lyster & Ranta（1997）对Long提倡的"重述式"纠错提出了质疑，认为其他形式的纠错反馈可能更有助于学习者对语言形式的注意，自此引发了研究界围绕"重述式"纠错有效性的激烈争论。但互动-认知学派对课堂纠错反馈持肯定态度，如何实施才能最大化地促进习得发展是这一学派关注的中心。

五、社会文化理论

社会文化理论学派对课堂纠错反馈持正面态度。但与认知心理学派不同的是，这一学派并不认为哪一种纠错反馈形式对二语习得益处更大，而是认为教师应针对不同的学生，在不同的环境下提供最适合他们的纠错形式，这是因为学习者之间存在着个体差异，适合一个学习者的纠错方式可能并不适合另一个学习者。这一学派认为，纠错反馈的关键在于纠错方与被纠错方的互动过程，这个过程提供了一个前者发现后者最近发展区的机会，并据此帮其改正错误。对于被纠错方来说，这个过程可以让其在前者的帮助下用目的语完成单靠自己无法完成的交际任务（Aljaafreh & Lantolf，1994）。我们在第三章已讨论了基于这一理论流派设计的师生一对一纠错过程的有效性研究，本章不再重复。但是，社会文化理论关于纠错反馈的理论也遭到互动-认知学派的质疑，有学者指出（Sheen，2010），社会文化理论提倡的纠错反馈过程很难在教师面对一班学生的教学环境中使用，也不适用于对学生笔头作业的批改，因为教师无法实施发现学习者最佳发展区的过程。

从以上不同理论流派的观点可以看出，早期理论界把错误视为二语学习道路上的洪水猛兽，而后期则把其视为学习过程的一部分；早期理论界认为课堂纠错无益于二语学习，而后期对其持正面态度，把关注点放到如何实施纠错反馈才能更大化地促进二语习得发展上。

第三节　围绕纠错反馈的主要研究回顾

在二语研究领域里，早期学者主要致力于描述课堂纠错过程，关注教师和学生在这个过程中的表现，具有里程碑意义的是Chaudron（1977）口语纠错描述研究。而近期的研究主要从认知心理学角度多方面多层次地探讨、比较不同纠错方式，出现了一批有意义的研究。

一、课堂纠错反馈的必要性

如前所述，二语习得理论界对课堂教师是否应该给学生纠错一直存有争议。反对派认为二语学习的唯一途径是让学生接触语言的正确形式（Krashen，1981），纠错会对学生的语言发展有害（Trucott，1999）。针对这一争议，很多早期研究的关注中心集中在纠错对二语学习是否必要和有益上。Tomasello & Herron（1988，1989）两项研究，用准实证研究的方法调查课堂纠错是否对改正"过度使用"（overgeneralization）和"母语转移"两类错误有效。研究在法语外语课堂进行，学生分为两组，一组教师故意引发学生犯错然后马上纠正，一组正常教学。研究持续一年。研究结果显示，纠错组的语法知识掌握得比正常教学组要好，而这种良好的表现一直持续很长时间。两位研究者总结说，教师要为学生提供比较自我语言和目的语正确形式的条件，才可达到较好的学习效果。后来又有几位研究者在加拿大沉浸项目进行了类似的研究，证实了Tomasello & Herron的结论（如Lightbown & Spada，1990；White，1991）。Trahey & White（1993）的研究从另一方面证实了课堂纠错与二语学习的正相关性。他们为54名五年级的英语二语学生提供自然正面语言（positive evidence），学生犯错不给予纠正，目标形式是英语副词。研究结果表明，单纯的大量正面语言输入对习得英语副词效果甚微。

以上几项研究都是在真实课堂上进行的。有研究者对此提出质疑（Schachter，1993），认为在实际课堂上进行研究，存在诸多干扰因素，得出的结果很难证明纠错与语言学习效果之间的直接相关性。Carroll & Swain（1993）在严格控制的实验条件下检验课堂纠错与学习效果之间的关系。共有100名学生参加，根据不同纠错反馈类型分成若干实验组以及对照组。研究发现，学生在显性纠错和隐性纠错两种条件下学习效果都明显好于不提供纠错的对照组，且显性纠错的效果更好。近期的一些综述研究和统和数据分析研究也都证明，纠错反馈与二语学习发展具有正相关性，在实验条件下实施的研究，纠错效果好于在实际课堂进行的准实证研究（Ellis & Sheen，2006；Mackey & Goo，2007）。Lyster & Saito（2010）再次用统和分析的方法对15个以课堂为背景的纠错准实证研究进行了分析，共涉及8个二语课堂、7个外语课堂，827个被试。他们的研究显示，三类课堂纠错反馈形式（重说式、启发式和明确式）对于目的语习得效果无论在二语课堂还是外语课堂都具有统计学意义，且效果具有持久性，尽管不同纠错方式带来的学习效果有所不一。目前，课堂纠错有益于学生语言学习/习得这一结论已基本得到二语研究界的认可。

二、课堂纠错反馈过程

课堂纠错反馈是指由教师启动的在教师和学生之间就学生错误有来有往的对话片段，完整的过程是以学生犯错为触发点（trigger）、教师反馈为中段、学生领悟回应（uptake）为结束三部分组成。在很多情况下，这个过程在第一阶段便终止，亦即教师忽略学生错误，继续原来的教学进程。还有的情况是学生没有意识到教师在为其纠错，纠错片段到教师反馈便告结束；遇到这种情况，有的教师会抓住学生错误不放，进一步在触发、纠错反馈之间反复，直到学生意识到错误并改正为止。但也有的教师会因学生意识不到而放弃进一步纠错。我们先看一看以下汉语二语课堂的纠错片段：

> （教师：昨天周末，你做什么了？）
> 学生：我去买东西了，一天，可是我是不累。（触发）
> 教师：你说什么？（反馈，暗示错误）
> 学生：……我……是……
> 教师：哦，不对，是"我不累"。（再次反馈，明示错误，并给出正确的语言形式）
> 学生：哦，对，"我不累"。（领悟错误，修正错误）

在实际二语课堂上，纠错反馈过程要复杂得多，在不同环节上都可能会出现不同的可能性。图6-1是Chaudron（1977）根据Sinclair & Coulthard（1975）以及Allwright（1975）课堂流程图改编的二语课堂纠错流程示意图，粗线条地展示了纠错过程中教师不同的选择及课堂走向。

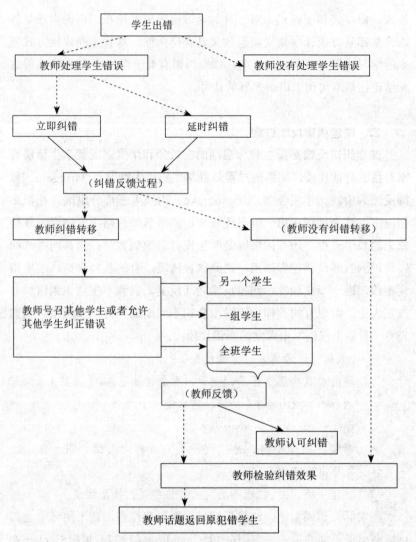

图6-1 二语课堂纠错流程图（虚线表示可能过程，实线表示必然过程）

　　Chaudron 的流程图显示，当课堂教学中学生犯错，教师首先需要确定的是是否采取纠错行动。二语课堂上学生的错误千变万化，有语言错误、知识性错误，答非所问、使用母语等。就语言错误而言，还可分为语音错误、语调错误、用词错误、词缀错误、句法错误等。对这些错误，是每错必纠还是有选择地纠正是教师要做出的第一个选择。Allen等（1990）发现，二语交际课堂上若学生犯错，教师会处于非常尴尬的境地，不去纠正，学生就会失去把语言形式与表达内容联系在一起的机会，如果纠正，就会打断学生交际的顺畅性。但参加 Lasagabaster & Sierra（2005）研究的教师认为，课堂上不能每错必纠，教师必须在纠错和让学生有充分时间说话之间找到一个平衡点。有选择地纠正是研究界及教学界业已达成的共识。

　　教师面临的下一个选择是纠正什么样的错误才能更有效地利用课堂时间、最大化地促进学生习得发展。对此研究界有不同的看法。如前面所讨论的，Corder（1967）认为纠正的应是偏误（error）而不是失误（mistake），因为前者是因学生未能掌握相关知识所致，而后者是临时失误造成的；Burt（1975）认为教师应该纠正"整体错误"（global）而非"局部错误"（local）；Krashen（1985）认为教师只应纠正简单、明了的错误。但也有学者指出，诸如此类的错误分类实际操作起来很难掌控，因为教学中教师要在几秒钟内做出判断。

　　教师做出纠错决定之后，面临的另一个选择是中断学生意义交流马上纠错还是等学生结束意义表达后再行纠错。如果立即纠错，必定影响学生意义表达的流畅性，但会即刻把学生的注意力转向语言的正确性。Hedge（2000）认为，教师的决定取决于当时课堂活动的目的：流利性还是准确性。Hedge还建议教师可采取一些教学手段兼顾两头，比如把学生说的话录下来，过后再做纠错处理等。Long提倡老师课堂上使用"重述式"处理学生错误，既不打断学生正在进行的意义交流，还可以把学生的注意力暂时转移到语言形式上。但很多研究证明，重述式的纠错效果并不理想。关于围绕重述式纠错的讨论，我们稍后再做介绍。

教师做出纠错决定之后，面临的又一个选择是——自己纠错还是让学生纠错。很多研究者认为，提供机会让学生自己纠错为好，如果犯错学生自我纠错失败，还可让其他学生为其纠错（Hedge，2000）。Lyster（2004）发现，使用"请求澄清"等方式提供学生自我纠错的机会不但效果好，而且还有益于学生语言习得的发展。然而让学生自我纠错也有问题：很多学生更倾向让老师为他们纠错；另外有的错误学生有能力自行纠正，有的则不行，套用Corder（1967）的术语是，他们只可纠正"失误"，不可纠正"偏误"，因为对于后者，学生尚未掌握相应的语言知识。

除了Chaudron 的流程图显示的课堂即时纠错以外，教师还要对学生作业进行笔头改错。和课堂口头纠错相比，笔头纠错具有如下特点：（1）具有延时性，一般都是错误出现数小时甚至数天之后才被纠正，而口头纠错是即时的。（2）学生对教师的笔头纠错理解相对容易一些，因为他们不用马上做出反应，可以自己慢慢消化理解。（3）对于教师来说，对学生写作的纠错反馈要比口头复杂得多，因为要顾及多个方面，如整体质量、语法是否正确、句型是否复杂、选词是否合适、上下文连接是否流畅等。而对口语的纠错基本注重交际当中的语言错误，把学生的注意力即时转移到所犯错误即可。（4）笔头纠错老师不能即时知道学生是否能够领悟、修复所犯错误。（5）像口头纠错一样，笔头纠错老师可以选择直接纠错或非直接纠错，非直接纠错可以用符号标出错误或者在错误下画线等，让学生自行修正（Sheen，2010）。但目前大部分的纠错反馈研究都是针对课堂即时纠错，对于笔头纠错研究并不多，这是个值得研究者关注的课题。

三、教师对课堂纠错反馈的态度

　　二语教师的课堂纠错行为、对学生错误的态度及背后的教学理念是纠错反馈研究的另一个关注点。早期二语研究者就发现，教师课堂纠错呈现出一种不稳定、无规律可循，甚至可以说不公正的现象（Allwright，1975；Long，1977）。比如说有的教师对同一种错误提供几个不同的反馈意见，致使学生根本没有意识到教师是在纠错；有的错误语句教师不但不纠正，还让其他学生把错句当成正确的样板进行模仿；有的教师对同一错误纠正几次后发现学生不能改正，便放弃了之；有的时候学生根本没犯错，只是没有使用教师期待他们使用的句型，教师也给予纠正；还有时教师纠正学生根本没有犯的错误（Edmondson，1985）。Allen等（1990）对浸染式课堂的研究发现，课堂上学生犯的语法错误只有19%得到了纠正。Lyster（1998b）发现，教师一般对学生选词错误和发音错误持有较低的容忍度，一旦发现就给予改正，但对语法错误容忍度较高，可是一旦改正起来，一般都会坚持到底，直到学生改正错误为止。Chaudron（1988）在考察一系列相关研究后对教师纠错行为得出如下结论：（1）课堂上学生犯的很多错误没有得到纠正；（2）内容方面的错误、选词上的错误、上下文连接的错误，教师纠正得比较多，语音、语法错误纠正得较少；（3）越常见的错误得到纠正的机会反而越少；（4）不同教师纠错反馈的做法非常不一样。对课堂上教师纠正学生错误缺乏一致的做法，有的研究者持理解态度。Mehan（1974）认为，对于纠什么错、怎么纠正，教师在课堂上必须马上做出决定，而这个决定的做出要同时考虑很多因素。Allwright（1975）认为，教师怎么纠错的决定是考虑不同学生特质的结果，这或许是对学生学习有益的课堂教学行为。值得我们注意的是，以上研究大都是在交际法课堂或以内容为基础的课堂上实施的。在以语言形式为主的汉语二语课堂上，研究发现，教师基本上采取有错即纠的态度，比例在90%以上，但在每堂课最后的自由练习时间，教师对学生的错误一般不予纠正（张欢，2006）。

　　研究还发现，教师对课堂纠错所持的态度，表现了他们对语言是什么这个问题的看法。比如说，有的教师认为语言是由严谨的语法体系架构而成，这类老师对学生的语言错误一般采取不姑息迁就的态度，几乎是每错必纠，非常严格。有的教师认为语言是人类的交际工具，学生说出的话能达到交际目的即可，这类教师在课堂上则倾向尽量少纠错。第二类教师的做法似乎被主流认为是正确的做法。根据Krashen理论发展的交际教学法自20世纪80年代初风靡二语课堂，至今仍是二语课堂的主流教学形式。在这种教学理论指导下培养出来的教师，基本都属于后一类教师。他们认为课堂纠错会让学生难堪，特别是在学生说话的时候打断他们并纠正错误，会影响学生的意义交流，剥夺学生使用目的语的机会，影响他们表达的流利度。持有这一观点的教师也承认，纠错反馈会提高学生语言使用的准确性，但与意义表达的重要性相比纠错会得不偿失。Ellis（2008）认为这种纠错态度，反映了西方以学生为中心的教学理念。

　　研究还证明，不同教学大环境对教师课堂纠错行为有一定的影响。Schulz（2001）就教师和学生对语法教学和纠错的看法在美国和哥伦比亚两个国家的200余名二语教师和1 400余名学生中间进行了问卷调查。调查发现，哥伦比亚的教师比美国教师更强调课堂语法教学的重要性，但两地教师对纠错的态度却相当一致。两地教师都认为，学生的笔头错误应该纠正，若不如此，就会有欺骗学生的感觉；但是对在课堂当场指出学生错误的做法，两边都只有不到一半的教师认可。这个结果和学生对教师纠错的期待值有很大的不同（见第四节）。Sheen（2004）调查证实了Schulz关于教学环境对教师课堂纠错行为影响的结论。她发现，在加拿大法文浸染项目课堂上，学生的语言错误几乎得不到改正，学习几年后语言错误还非常多，而在新西兰英语二语课堂和韩国英语外语课堂上，教师纠错的比例就高很多。Liu

（2007）对中国800名英文老师做了一个问卷调查，发现在非英语环境里教授英语的教师相对于在目的语环境里的教师更注重语言形式教学，也更多地为学生纠正错误。

四、学生对纠错反馈的态度

学生对教师课堂纠错持肯定态度。Cathcart & Olsen（1976）的研究显示，学生愿意让老师指出自己的错误，并认为他们的老师课堂纠错力度不够，还应该加大、加强。Schulz（2001）对美国和哥伦比亚1 500余名学生的问卷调查发现，两地学生都把教师当作"专家和知识的掌握者"，教师的责任就是解释语言，对学生使用语言的质量提供反馈。高达97%的美国学生和98%的哥伦比亚学生表示希望老师纠正他们的笔头错误，94%的美国学生和95%的哥伦比亚学生表示希望老师纠正他们课堂上出现的口头错误。Chenoweth 等（1983）的研究也得出相同的结论，并发现学生喜欢让老师随时随地纠正他们的错误，包括课下他们和母语说话人谈话时出现的错误。然而根据两位学者观察，若此时老师真的纠正他们的错误，原来的意义交流就会终止。

Negata（1993）的研究报告指出，在不同的纠错方式中，学生更倾向于教师直接指出错误，而不是用非直接的方式。但Negata也表示，学生个体情况，如性格、认知水平等，以及课堂气氛、教师不同纠错的方式等，都会影响他们对纠错反馈的态度。Lasagabaster & Sierra（2005）的研究显示，学生对于教师每错必究的做法表示不赞成，他们更倾向于教师有选择地明确地纠错，把纠错目标集中在小范围内。他们的研究还显示，学生喜欢教师在纠错时使用更好的技巧。Mackey 等（2000）发现，学生更容易识别教师对他们语音、选词错误的纠正，但对语法、词缀方面的纠错识别率相对较低。学生对课堂纠错的看法还取决于语言学习的大环境。Loewen 等（2009）在美国中西部一所大学对754名二语学习者调查发现，在二语环境中学习的学习者更注重提高自己的口语交际水平，而在外语环境中学习的学习者更注重语法学习和教师对他们错误的纠正。

从以上总结来看，教师和学生对纠错反馈的态度存在较大不同，教师倾向少纠错，学生则相反。对于教师和学生对纠错态度不一致的现状，Schulz（2001）建议，教师应该把自己对纠错的看法告诉学生，调整他们的期待值，不然会影响学生对老师的信任，降低他们的学习热情。对于教师和学生课堂纠错理念上的不同是否会影响学生学习效果，现在的研究还很有限，是二语课堂研究的一个空白。

五、教师纠错反馈类型

早期研究者注重描述课堂纠错过程，而近期的研究者更关注不同纠错反馈形式的纠正效果以及它们对二语学习的影响。Lyster & Ranta（1997）发表了一项突破性的研究，对课堂不同纠错反馈方式进行了分类，并根据课堂实录计算出不同纠错方式的使用比例，纠错之后学生理解回应（uptake）和修正错误（repair）的比例等，为之后众多的相关研究奠定了扎实的基础。

Lyster & Ranta根据加拿大法语浸染式教学项目课堂教学录像，描述统计了4位教师18个多小时课堂纠错行为。在18个多小时的教学当中，学生总说话次数为3 268次，其中1 104次说话有错，占34%，老师纠错次数为686次，占学生犯错比例的62%。两位研究者把教师纠正反馈形式分为六类：明确纠正式（explicit correction）、重述式（recasts）、请求澄清式（clarification request）、元语言提示（metalinguistic cues）、启发式（elicitation）和重复式（repetition）。在686次纠错次数中：重述式纠错375次，占55%；其余依次是启发式（14%）、请求澄清式（11%）、元语言提示（8%）、明确纠正式（7%）及重复式（5%）。在这六类纠错反馈方式中，重述式是课堂使用最多的纠错方式，占一半以上。后来诸多研究都证实了这一发现：无论在二语课堂还是外语课堂，也包括汉语二语课堂，重述式纠错都是老师使用频率最高的纠错方式（Sheen，2004；Loewen，2004；张欢，2006；祖晓梅，2008）。表6-1根据Lyster & Ranta的纠错反馈类别译编而成，原文例句是法文，为读者方便，笔者用中文例句替代。

表6-1　二语课堂纠错反馈基本类型

类型	定义	举例
明确纠正式（explicit correction）	教师明确指出学生所犯错误，并给出正确形式。	学生：他昨天买三本书。 老师：不对，应该是"他昨天买了三本书"。
重述式（recasts）	教师不直接指出学生错误，而是重复原话并改正其中的错误部分。	学生：他昨天买三本书。 老师：嗯，……他昨天买了三本书。
请求澄清式（clarification request）	教师用提问的方式要求学生重说带语言错误的句子，希望学生再次输出时自我改正刚才的错误。	学生：他昨天买三本书。 老师：我不明白，你再说一遍。
元语言提示式（metalinguistic cues）	教师对学生的错误不直接给出正确的形式，而是从理论层面对所犯错误做出评论、提出问题、提供相关知识等，引导学生自己找出错误并加以改正。	学生：他昨天买三本书。 老师：It is a completed action and a number is provided.
启发式（elicitation）	教师通过提问的方式启发学生更正自己的语言错误。	学生：他昨天买三本书。 老师：你说"他昨天买三本书"？他昨天买……
重复式（repetition）	教师用升调、重音等加重语气语调，重复学生的语言错误，暗示学生更正错误。	学生：他昨天买三本书。 老师：他昨天买三本书。

　　在课堂实际操作中，不同类混合反馈也很常见。据Lyster & Ranta统计，大约有15%的纠错是混合反馈，而最常见的混合是重复式加上明确纠正式、请求澄清式、元语言提示式或启发式。另一种常见的混

合是重述式加上元语言提示式。在上面Lyster & Ranta百分比统计中，凡是混有重复式和重述式的纠错反馈，均计算在后一种反馈形式中，只有单纯的重复式和重述式才计算到相应的归类里。

在Lyster & Ranta纠错反馈分类的基础上，不少研究者又把教师纠错反馈语分为"明确纠错反馈"（explicit corrective feedback）和"暗含纠错反馈"（implicit corrective feedback）两大类。前者指教师明确告诉学生的言语产出中出现错误，把学生的注意力直接引向所涉语言形式，这一类别包括明确纠错式、元语言知识提供。后者指教师不明确地指出错误，而是用暗示的方式警示学生有错，这一类包括重述式、重复式、请求澄清式和启发式。有研究者对用"明确"和"暗含"两极分类持质疑态度，因为有的纠错方式表面属暗含类，但教师可使用不同手段让其明朗起来，如手势、语气、重音等。对此，我们稍后讨论。在Lyster团队后来的研究中，纠错反馈大都被分为三大类进行比较：明确纠正式、重述式和形式交流式（negotiation of form），形式交流式又称诱导式（prompt），包括请求澄清式、重复式、元语言提示式和启发式。

还有一种是根据是否提供学生自我修正错误的机会进行分类，分为"输入提供"（input-providing）和"输出诱导"（output-prompting）。前者指在纠错过程中教师为学生提供正确的语言形式，如重述式、明确纠错式，但学生可能没有机会自我修正；后者是教师通过不同方式让学生自己在二次输出时有机会改正错误，如请求澄清式、重复式。下面以表的形式把以上几种分类法合并展示（表6-2）。

表6-2　二语课堂纠错反馈不同分类比较

	Lyster & Ranta纠错类型	明确/暗含	输入/输出	形式交流
1	明确纠正式（explicit correction）	明确式	输入提供	否
2	重述式（recasts）	暗含式	输入提供	否

续表

	Lyster & Ranta纠错类型	明确/暗含	输入/输出	形式交流
3	请求澄清式（clarification request）	暗含式	输出诱导	有
4	元语言提示式（metalinguistic cues）	明确式	输出诱导	有
5	启发式（elicitation）	暗含式	输出诱导	有
6	重复式（repetition）	暗含式	输出诱导	有

六、学生纠错反应："领悟回应"和"修正"

Lyster & Ranta认为，教师对学生错误实施纠错之后，学生是否能意识到自己产出有错且在言语输出上做出回应（uptake），是教师纠错成功与否的标志。如果学生没有表现出领悟反应（注意：教师的很多纠错是暗含式的）而继续原来的意义交流，那么教师的纠错意向便可视为失败。在这种情况下，如果教师对学生的无领悟反应没有表示，而是任凭学生继续原来的意义交流，其纠错过程便以失败结束。如果学生对纠错表现出领悟回应，之后的语言表现有两种可能：一是学生成功地修正（repair）被纠正的错误，二是学生对于教师纠正的错误没有修正或修正得不完整，教师必须采取进一步的行动才能确保其纠错意向有成功的可能。下列四种可能性表示学生成功领悟纠错并修正错误：（1）重复教师的纠错话语。教师在纠错语句中包含正确的语言形式，学生只要单纯重复教师的正确形式即算成功。（2）把教师的纠错话语整合进自己的话语中。教师纠错中包含正确形式，学生重复教师的纠正，并将其整合进自己句子里。（3）自我修正。教师纠错中不包含正确形式，但学生在教师的提示下自我纠正成功。（4）同学修正。犯错学生在教师的提示下未能自我纠正，但其他学生提供了正确的语言形式。

下列六种可能表示学生没有修正被纠正的错误或纠正得不完整，需要教师采取进一步行动帮助学生修正错误：（1）学生对教师纠错行为只是做简单的回复。比如用"是吗？""嗯"等简单回答表示赞同教师的纠错建议。（2）同类错误。学生在重复教师纠错话语时犯同类的错误。（3）非同类错误。学生在对教师纠错话语做出领悟反应时，没有纠正原来的错误，也没有重复原来的错误，而是犯了不一样的错误。（4）走题。学生的回应话语绕过教师的纠错意图，但并没有再犯错。（5）犹豫。学生在对教师纠错话语进行回应时，表现出犹豫不决。（6）部分修正。学生在对教师纠错话语进行回应时，只是部分纠正了原来的错误。对于上述六种情况，教师一般都会引发新一轮的纠错—改错过程。而对于已改正的错误，教师可能会用不同的教学手段强化纠错效果，比如会用"不错"来评论纠错成功，或上升到理论高度对相关语法现象做一番解释等。

图6-2是Lyster & Ranta 设计的课堂纠错反馈示意图，直观表现了学生的错误类型、教师的纠正反馈方式及学生领悟回应等不同可能性。与Chaudron（1977）的流程图相比，Lyster & Ranta更注重错误出现后的纠正反馈形式及可能引发的学生回应。从图6-2可以看出，纠错反馈过程始于学生讲话时出现的语言错误，此时教师可能给予改正或让学生继续按照原有话题说下去。若是前者，学生可能在进一步的对话中领悟到自己的错误，也可能领悟不到。若学生领悟到自己言语出错，便可能修正自己的错误，抑或在某种程度上需要教师进一步帮助改错。此时教师可能再次就原有错误进行纠错，也可能转向原来的话题。若前者，教师可能在纠错的基础上做一些强化练习，巩固纠错效果。

我们下面看一下Lyster & Ranta研究中对学生领悟回应及修正比例的统计。研究数据显示，在使用不同方式的686次纠错行动后，学生总领悟回应次数为377次，占纠错次数的55%，自我修正次数或曰纠错成功次数为184次，约占回应次数的一半，占教师纠错比例的27%，占总错误比例的17%。但不同纠错反馈方式所引发的学生回应次数比例和修复次数比例有很大的差异。具体数据见表6-3。

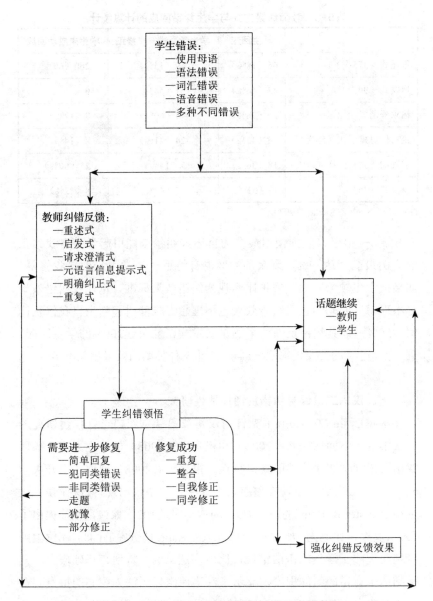

图6-2 Lyster 和Ranta的课堂纠错反馈示意图

表6-3　教师纠错方式与学生纠错回应的计算统计

	学生回应	学生需要进一步修正	学生未成功回应
重述式（375次）	66（18%）	49（13%）	260（69%）
启发式（90次）	43（46%）	51（54%）	0
请求澄清式（73）	20（28%）	44（60%）	9（12%）
语言信息提示式（58次）	26（45%）	24（41%）	8（14%）
明确纠正式（50次）	18（36%）	7（14%）	25（50%）
重复式（36）	11（31%）	17（47%）	8（22%）

注：译自Lyster & Ranta（1997）。

　　表6-3显示，教师使用最多的重述式纠错未能引起学生自我修正的比例最高，达69%，剩余的31%也有将近一半学生未做自我修复，如果把学生领悟回应、修正比例视为纠错效果标准，重述式纠错效果最不理想。明确纠正式纠错效果也不理想，未能引起学生自我修正比例达50%。最具纠错反馈效果的是启发式，能引起100%的学生回应，且学生自我纠正的数字将近一半。其他三种类型的效果相差不多。

七、汉语二语课堂纠错反馈描述性研究

　　根据Lyster & Ranta框架针对汉语二语课堂纠错进行描述研究的数量不多，下面以张欢（2006）和祖晓梅（2008）的研究为例，借以找出汉语课堂纠错反馈的规律特点。祖晓梅（2008）观察了南开大学6位教师的12节课，发现在整整12节课中，学生仅出现192次偏误，远远小于Lyster & Ranta的18小时1 104次。对这192次偏误，教师提出了151次反馈，比例为79%，高于Lyster & Ranta调查中的64%。6位教师特别注重纠正学生的语法错误，比例高达88%，特别在基础班上，几乎到达了有错即纠的程度，显示了汉语课堂以语法为中心的特点。在纠错策略上，6位教师采用最多的是重述式纠错，占54%，与Lyster &

Ranta 的比例相仿，说明汉语教师也充分考虑了学生情感因素问题。研究者没有提供纠错后学生回应的数据和修正数据，但据研究者观察，学生对教师纠错基本都有回应反应，显示出他们理解教师的纠错动因并予以积极配合。研究者的另一个发现是在纠错之后，教师常常让全班一起回应、修正（但没有比例数据），这是Lyster & Ranta研究中所没有的，显示了汉语课堂以教师为中心的特点。

相对而言，张欢（2006）的研究提供的数据更全面一些。张欢调查了10位教师共1 000分钟的课堂教学，课堂基本走向为复习—学习生词/语法—熟悉课文—应用性练习，展现了典型的3P教学特点。研究者发现，在1 000分钟（16小时40分钟）的教学过程中，学生犯错次数只有431次，与Lyster & Ranta的数据相比非常低。研究者对此的解释是，教师在引领全班句型操练练习时学生其实犯错的机会很少，而每堂课最后的应用性练习阶段又非常短，真正意义上的交际互动几乎没有，因此可以说上课期间学生几乎没有机会犯错。10位教师中有两位教师在全课过程中几乎没有纠错。同祖晓梅（2008）发现类似的是，学生一旦犯错，教师几乎是有错即纠，纠错比例高达94%。对于教师的纠错，学生回应比例也很高，高达83%，即学生上课非常认真，积极回应。然而，学生的成功修正比例只有58%，即教师纠错近一半没有成功。与Lyster & Ranta以及祖晓梅的研究相同的是，教师使用最多的纠错策略是重述式纠错，比例为57%。但与Lyster & Ranta结果大不一样的是，学生对重述式纠错的领悟回应率非常高，达76%，成功修正率为62%，而Lyster & Ranta的回应率只有18%。

张欢（2006）研究发现有两点值得我们注意：（1）在课堂最后的应用性练习阶段，即学生可以离开教师控制自我使用语言进行交际的阶段，学生犯错的次数与教师实施纠错的比例很低，有的教师对这一阶段学生的错误一个都不纠正。其中的缘由应值得研究界关注。（2）没有经验的年轻教师纠错次数高于有经验的教师，即有经验的教师提供给学生的基本是正面输入。对于以上两点，由于研究者没有提供具体的数字，也未解释背后的原因，我们在此难下结论。但我们从前几章的讨论中得知，语义交流及互动反馈是语言学习重要的组成部分（Long，1996），而汉语课堂提供给学生这样的机会如此之少，是否会影响他们学习进程的发展需要汉语教学界和研究界的高度关注。

第四节　围绕重述式的讨论

课堂上使用什么样的纠错反馈形式能更好地促进二语学习是近期二语研究界一直争论的问题。Lyster & Ranta的数据及诸多相关研究显示，重述式是二语课堂使用最多的纠错方式，但又是纠错效果最不理想的方式（Loewen，2004；Lyster & Ranta，1997；Mori，2002；Sheen，2004，2006）。这一发现挑战了互动学说代表人物Long关于重述式优于其他纠错方式的观点，引发了一系列与重述式有关的深化、细化研究，包括对重述式纠错显隐度及与所涉语言结构、教学环境、学生语言水平、学生个体差异的相关性讨论。

一、关于重述式的双面解读

如前所述，Long是重述式纠错反馈的倡导人物。Long（2006）认为，重述式一方面可以让学生把注意力暂时从意义交流转移到语言形式上，一方面又不打断正在进行的互动过程，还不会出现因显性纠错可能带来的不快课堂气氛，可谓是最理想的纠错形式。Long从心理语言学层面上分析说，重述式纠错相对于单纯的正面输入（Krashen，1985）有以下几个优势：（1）重述式纠错是在一定的语境下提供相关语言形式的正确版本，学生的注意力此时与教师基本一致，因此更容易把语言形式和功能结合起来，有助于他们对形式的理解；（2）对学生错误的纠正是在语言运用过程中，此时他们的注意力更集中，也更有动力去注意输入中包含的语言形式信息；（3）学生至少明白教师纠错话语的一部分（因为教师一部分是在重复他们的话，一部分是在纠错），因此多余出来的注意力更有可能分配到被纠正的形式上，有助于他们把语言形式和语义功能结合起来；（4）在学生与教师之间一来一往的纠错过程中，学生更容易比较自己的语言输出和老师输出之间的差别。

　　不少研究结果支持Long的观点（如Doughty & Varela，1998；Mackey，1999；Ortega & Long，1997）。Doughty & Varela（1998）的研究是对两个以科学为内容的二语英语课堂进行的准实验研究，目的语形式是简单过去式和条件过去式。实验历时四个月，有前测、后测、延时后测。参加研究的两位老师之一在讲解内容时，对学生出现的相关语言错误一概不纠（对照组），而另一位老师使用重述式纠错方式对所涉语言错误几乎有错即纠（实验组）。具体的纠错方式是：在课堂教学进行中，实验组老师每当发现学生出错便重复学生错误，用升调加重错误部分，用降调重复其他部分。在学生递交上来的实验报告上，教师若发现学生出现相关错误，也画圈标出，并给出正确句式。实验结果显示，对照组后测的六项指标中的五项与前测相比都不具统计意义，延时后测中的六项指标都不具统计意义；而实验组的后测成绩与前测相比六项指标均显示较高的统计意义，延时后测五项指标具统计意义。这项研究结果说明，重述式纠错对学生掌握目的语形式效果显著。但我们必须注意的是，实验组教师在学生实验报告上的笔头纠错，已然是明确纠错，因此很难让人分清后测显示的纠错效果是来自课堂的重述式纠错还是来自实验报告的笔头纠错。

　　Han（2002）的研究同样证明了重述式纠错与二语习得的正相关性。Han的研究是在实验条件下进行的，八个被试分为实验组和对照组，在为时两个月的时间里，实验组提供了八次重述式纠错课程，而对照组提供的是正常课程。实验后测表明，重述式纠错对学生英文时态的掌握相对于对照组有显著的提高。Han总结说，重述纠错的有效与否在于以下几个条件：（1）教师是否给予学生足够的个别注意力；（2）教师纠错重点是否一致；（3）学生语言水平是否准备好；（4）纠错的强度大小。但值得注意的是，Han的研究是在实验条件下进行的，且被试数量很小。另外，Han的研究与Doughty & Varela（1998）的研究一样都是在重述纠错与不纠错之间比较，而更值得研究界和教学界关注的是重述式与其他纠错方式的相对有效性。

Lyster 团队自1997年的研究发表之后又发表了一系列研究，多次证明重述纠错相对于其他纠错方式效果不佳的结论。Lyster（1998b）使用了Lyster & Ranta（1997）的原始资料，但在这项研究里，他把课堂纠错反馈类型从原来的六类并为三类：重述式、明确纠正（explicit correction）和语言形式交流式（negotiation of form），其中语言形式交流式包括原来分类中的请求澄清法、元语言提示、启发式和重复式。在新的分类中，重述式属暗含型正确形式提供，明确纠正式属明确型正确形式提供，而语言形式交流不提供纠错的正确形式，但提供让学生自行纠正错误的机会。Lyster发现，教师在纠正词汇错误时使用更多的是语言形式交流方式，而在纠正语音错误和语法错误时使用更多的是重述式。他还发现，教师使用语言形式交流后，学生修复语法和词汇错误率较高，而使用重述式后，学生修复语音错误率较高。相比较而言，Lyster认为，语言形式交流比重述式在纠正语法错误方面更有效：教师在实施重述式纠错时，纠错句内含有正确的用法，但学生在领悟回应中的改错部分可能只是鹦鹉学舌，并没有真正明白错误是什么、在哪里。Lyster认为，语法错误是学生容易忽视的错误，但教师常常不做纠正。而使用语言形式交流能"迫使"学生注意自己的错误，让他们说出正确的语法形式。基于这一研究结果，Lyster（1998a：207）说：课堂上使用最多的重述式纠错不能成功地把学生的注意力引向语言错误，这起码发生在以内容为主的课堂上，在这里学生把教师重述纠错看成是原表达方式的另一种说法，而非对语言形式错误的修正。

对于Lyster的结论，后来诸多的研究都予以了证实：重述式无论在二语课堂还是外语课堂都是教师使用频率最高的纠错方式，但也是领悟回应率最低的纠错方式（如Loewen，2004；Mori，2002；Sheen，2004，2006），Lyster提出的以学生领悟回应和修正次数作为纠错有效的衡量方式后来也被众多研究者采用（Mori，2002；Sheen，2004）。但问题是低领悟回应率是否等于纠错低效，我们下面看看对这个问题的不同回答。

二、纠错反馈的有效性评估

Long（2006）并不认可Lyster团队把学生领悟回应作为纠错效果的衡量标准。他（2006）认为，二语课堂是以教师为主导的教学环境，在很多情况下不允许学生在教师重述纠正后接话以做出领悟回应表示；另外教师的不同纠错方式给予学生接话的可能性大不一样，因此把领悟回应次数作为纠错成功的标准是"极不可靠的"，"毫无根据的"。Ohta（2001）也认为，教师在课堂纠正学生的语言错误是学生学习过程的一部分，学生有可能当时在课堂上做出反应，也有可能表面默不作声，但实际上自言自语（private speech）修正自己的错误；还有可能当时没有反应，但稍后会表现出来，重述纠错的效果可能会在以后的学习进程中显示出来。Mackey & Philp（1998）认为，纠错之后学生是否领悟回应并做出修正更多地取决于重述纠错的内容以及学生语言水平的高低，而不是纠错的方式，把领悟回应作为纠错反馈有效性的衡量标准是研究方法上的失误。Long还认为，学生领悟回应并不能与学习效果相提并论。Lyster & Ranta（2013）也承认，学生对教师重述纠错是否提供领悟回应不应与学习效果相提并论，但他们坚持说，学生不予回应应该被视为对教师纠错没有领悟的表现；另外领悟回应也有不同的类型，如果学生对教师的重述纠错只是单纯地重复教师的话语，其效果显然不如"迫使"学生说出正确形式，即回应+修正。

Goo & Mackey（2013）明确反对Lyster团队把学生即时回应作为纠错效果的衡量标准。他们认为，使用前测、后测、对照组的研究方式才能真正反映纠错效果及学生习得进程。的确，有很多实证研究，特别是就单一语法形式进行的纠错研究，使用的是前测、后测对比方式检验纠错反馈效果（如 Han，2002；Ellis 等，2006）。而早期二语研究者Chaudron（1977）也曾提出，评价纠错有效的标准是检验学生能否在纠错之后一段时间仍能正确使用该形式，或在自己犯同样的错误时不用他人提醒便能自行改正。Mackey & Philp（1998）的研究表明，尽管重述式很少引发学生立即回应并改正，但过一段时间或许可以带来正面的学习效果，特别是语言程度高的学生。其他一些研究也证实了重述纠错的延后有效性（如 Boom，1998；Mackey，1995）。Li（2010）对33项纠错反馈实证研究进行了统和研究，结果显示明确纠错比暗含纠错（即重述式纠错）短期效果好，但从长期来看，暗含纠错的效果持续时间更长。

然而，另外一些研究却有不同的结果，相对于语言形式交流式（或叫"输出诱导式"）纠错，重述式不但引发学生领悟回应及修正错误的次数少，而且对学生学习产生的正面效果也较低。Lyster（2004）用实证的方法再次比较了语言形式交流式和重述式纠错的有效性，所涉目的语形式是法文完成式。研究发现，语言形式交流组的各种后测成绩均显著高于重述组。Ammar（2003）、Ammar & Spada（2006）进行了与Lyster（2004）相似的研究，比较了输出诱导和重述式纠错对学习英文领属代词的效果，他们发现输出诱导组的口试、笔试后测均高于重述组。他们还发现，语言水平较低的学生可以更多地受益于输出诱导式纠错，而语言水平较高的学生则从两种纠错方式都可以受益。Ellis等（2006）比较了元语言知识提供（输出诱导的一种）和重述式纠错对学习英文简单过去式的效果，发现前者的延时后测成绩明显高于后者。曹贤文、牟蕾（2013）延续了Swain团队研究设计方式，在汉语教学环境下进行了一项实验室条件下的重述式纠错与启发式纠错的比较实验，被试先根据一段无声短篇写一篇作文，然后一对一在主试面前口头重述短篇内容，在重述过程中如果语言出错，主试为其纠错，15个被试分成两组，一组接受重述式纠错，一组接受启发式纠错。纠错之后，主试把纠错之前写的作文还给被试，让他们自我纠错。两个星期之后，把纠错之前写的作文再给被试让他们再次自我纠错。研究结果显示，117次重述纠错后，被试对其中的65%的偏误进行了成功修正或半成功修正，经过修正的错误在后测和延时后测中改正成功率为67%和38%。而启发式纠错的三个百分比为64%、84%和66%。两组相比，即时后测没有显著差别，但延时后测，启发式纠错效果显著高于重述式纠错，说明启发式纠错的效果更具持久性。Lyster & Saito（2010）对15个已发表的课堂纠错研究进行了统和数据分析，结果显示，三类课堂纠错反馈形式（重述式、诱导式和明确式）引发的学习效果无论在二语课堂还是外语课堂都具有统计学意义，且效果都具有持久性，但诱导式的效果较之重述式更为显著。

　　或许正像Ellis & Sheen（2006）所指出的，不同研究对同一纠错方式的定义和实施过程并不完全一样，因此有时很难比较不同的研究结果。这或许就是上述研究结果不一致甚至相左的原因。另外，纠错回应和修正是否等于学生真正掌握/习得有关形式或者是暂时性的纠错效应还有待于考证，但如果学生对教师的纠错举措没有反应，至少说明他们当中相当一部分没有领悟到教师的纠错（Lyster & Ranta，2013），而领悟回应也为相当一部分研究者作为衡量纠错效果的标准。

三、"重述式"纠错的显隐度

从认知角度讲，只有当学习者注意并意识到正确形式与自己错误之间的不同，习得才可以发生（Schmidt，1990）。而重述式纠错由于其暗含性质，致使学生注意不到或领悟不到老师的纠错举措，因此引起一些研究者对其纠错效果的怀疑。Lasagabaster & Sierra（2005）让10个老师看一段课堂录像，这段录像里共有12个纠错片段，但这10位老师看出来的不到一半。研究者对此感到吃惊，因为老师都看不出来的纠错行为学生更难意识到。Lyster（1998a）的研究表明，用重述式纠正学生的语法形态词（如英文第三人称单数），并不能让学生领悟回应并加以改正，因为学生常常把教师对错误的重复当成对交际语义的重复，即学生把重述纠错与单纯重复学生说话混淆起来，因此学生对教师纠错不能做出反应并修正自己的错误。一言以蔽之，学生对教师纠错动因的误解不能帮助其二语学习的进步。

对于重述式纠错过于隐晦乃至影响纠错效果的说法，Long（2006:97）并不认为是个"严重到可以摒弃使用这种纠错方式"的问题。他提出，教师可以用升调、重读、手势、脸部表情等副言语语境（paralinguistic）提示学生老师在改正他们的错误，以帮助提高重述式纠错的显隐性。Philip（2003）的调查证明，如果重述纠错时教师提高语调、增加间歇时间、重说单个错误、增加师生之间的互动次数，学生意识到被纠错的比例就会大大增加。Philip还发现，无论学生语言水平高低，教师简短的重述纠错，学生一般都能注意到，但如果教师重述部分改动学生原句三个或三个以上的地方，纠错效果便会大幅降低。Han（2002）的研究也证实，高密度的有重点的重述纠错可以有效增加学生对目的语语法形式的注意和最终学习效果。

Sheen（2010）借鉴口语纠错反馈研究的方式，对笔头纠错进行了实证研究。参加者共分五组：口头重述组、笔头重述组（直接在错误的地方写下正确形式）、口头元语言提供组、笔头元语言提供组、对照组。口头重述纠错和笔头重述纠错都是老师直接提供正确的语言形式，口头元语言纠错和笔头元语言纠错老师只提供错误纠正的理由，属非直接纠错。Sheen发现，笔头重述纠错组对英语冠词的掌握远远高于口头重述纠错组。她对此的解释是，笔头纠错教师把错误的正确方式写出来，使得原来口头的低显性重述纠错变成高显性纠错。由于提供方式的不同，看似相同的纠错方式效果大为不同。这一结果表明，显隐性高低是影响纠错反馈效果的关键。Mackey等（2000）对学生识别重述纠错的研究也得出了同样的结论。Sheen（2006）提出，重述纠错实际上并不都是全隐性的，其显性和隐性的相对程度取决于不同教师的不同做法，她把重述纠错细化为"高显隐性重述式"和"低显隐性重述式"。前者指纠错部分比较简短、只重述一个错误、反复重述部分等，后者指重述部分长、多重纠错、整句重述。Sheen的研究数据显示，高显隐性重述式纠错，学生对纠错的回应及立即修正的比例高于低显隐性重述式纠错。她总结说，如果学生的错句中包含多个错误且教师全部重述，学生很难面面俱到地注意到教师重述的所有部分，因而降低了他们领悟回应及改正错误的可能性。

以上研究告知我们，重述式由于实施方法的不同，会引出不同的纠错回应，如何将其付诸实施（比如使用不同方式提高其显隐度）决定了这种纠错方式的有效性。

四、重述式纠错与学生语言水平及所涉语言形式

研究还发现，重述式纠错的有效性与学生语言程度高低以及学生是否准备好习得所涉目的语形式有关。Mackey & Philp（1998）的研究发现，重述式纠错对程度较高的学生效果更佳。Philp（2003）发现，高程度及中等程度学习者对重述式纠错涉及的语法形式注意程度高于程度较低的学生，因此她认为，如果学习者的语言程度接近习得目的语形式的程度，纠错的有效性就会更高。Han（2002）的研究

也证明，重述式纠错的有效条件之一是学生语言水平是否达到了理想水平，即是否与"自身课程表"相符或基本相符。我们稍后讨论的Li（2014）的汉语课堂纠错研究也证明了这一点。

另外，纠错所涉及的语言形式显隐性高低与重述纠错的效果也有很大的相关性。Lyster（1998a）的研究表明，用重述式纠正语法形态词（如英文第三人称单数）的错误，由于该语法结构的显隐性很低，学生不能意识到教师的纠错动因并加以改正。Ellis & Sheen（2006）发现，重述纠错对英文冠词的效果有限，原因之一是该语言形式自身的凸显性很低，对于这类低显隐性的语言形式，使用显隐性高的纠错方式效果更佳，比如元语言提供纠错等。同理，Boom（1998）发现，对学生出现的语音错误、选词错误、不规则过去时等，重述纠错效果明显，从64%到100%不等；但对英语冠词和规则过去式，效果不佳，分别为33%和38%。Yang & Lyster（2010）就两种不同语言形式进行了研究，一种是英语规则过去式，一种是英语不规则过去式，前者属规律性语言形式（rule-based），显隐性低，而后者属非规律性语言形式（exemplar-based），显隐性高，不呈规律性。参加者按班分为重述组、诱导组（prompt，即语言形式交流）和对照组，研究结果表明，重述式纠错对英语不规则过去式相对于英语规则过去式更有效，表现在笔试后测和延时后测以及口试后测上，而重述式纠错对英语规则过去式的有效性只表现在笔试后测上，诱导式的效果对两种语言形式都具统计学意义。

Li（2014）在实验条件下进行了重述纠错和元语言提示纠错的对比研究。75个美国大学学习汉语的学生参加了研究，据HSK考试分数分为高水平和低水平两组，每组又分为重述纠错组、元语言提示组和对照组。研究设前测、后测和延时后测。目标形式是汉语动词"了"和量词，研究者把前者视为形式-功能关系复杂但显隐性高的语言形式，把汉语量词视为形式-功能关系简单但显隐性低的语言形式。研究结果显示，后测与前测相比，两种纠错方式、两种目标形式，无论是高水平组还是低水平组都有显著差别。这个结果说明两种纠错方式都有助于学生的不同目标形式的学习。与对照组相比，动词"了"的元语言提示纠错无论是高水平组还是低水平组都效果显著，而重述纠错只是在高水平组效果显著，低水平组差别不大。而汉语量词，两种纠错方式对高低语言水平的学生都效果显著。这一结果再次说明，重述纠错的效果不如元语言提示，特别是对语言水平较低的学生。但Li把动词"了"归类为显隐性高的语言形式似乎值得商榷。

以上研究均证明，重述式纠错对显隐性高的语言形式效果较好，对显隐性较低的语言形式效果较差；对于显隐性低的语言形式，使用显隐性高的纠错方式效果更好，如语言形式交流或元语言提示。学生语言水平也是考虑的另一个重要因素。

五、重述式纠错与教学环境

研究还发现，重述纠错的有效性与教学环境有直接关系，也与研究是在真实课堂进行还是在实验条件下实施有很大关联。Oliver & Mackey（2003）的研究发现，在以语言形式教学为主的外语教学环境里，使用重述式纠错学生的领悟回应成功率高达85%。张欢（2006）在汉语二语课堂上发现，重述式纠错的领悟回应率为76%，成功修正率为62%。Li（2009）的实验室条件下一对一的重述式纠错研究，领悟回应率几乎达到100%。而Lyster & Ranta（1997）的浸染式课堂，领悟回应率只有18%，成功修正率只有13%。Sheen（2004）对韩国英语课堂、新西兰英语二语课堂和加拿大浸染式课堂及加拿大英语二语课堂进行了比较研究，发现前两者重述纠错领悟回应率高于后两者，尽管都使用交际法教学。

Lyster & Mori（2006）也做了类似的研究。研究是在加拿大法语浸染式二语课堂和美国日语浸染式外语课堂上进行，教师的纠错行为同样分为三种（重述式、诱导式和明确式）。研究发现，两种不同课堂的学生对相同纠错形式的反应截然不同。在加拿大法语浸染式二语课堂上，学生在教师语言形式交流纠错后通常可以领悟回应教师纠错并自我改正，但使用重述式就不能产生类似的效果；而在美国日语浸染式外语课堂上，教师使用重述式纠错后，学生通常可以领悟回应教师纠错并加以改正。究其原因，两位研究者发现，教学环境是造成上述差别的主要原因：美国日语浸染式外语课堂相对于加拿大法语浸染式二语课堂更注重语言的准确性，教学重点更多地放在语言形式上；再者，前者的目的语与学生母语之间的差异较大，且在非目的语环境中学习，使得师生更注重语言形式。基于上述发现，Lyster & Mori提出"反式效果假说"（Counterbalance Hypothesis），即在注重语言形式的教学环境里，学生已习惯把注意力放在形式上，因此教师的暗含提示（重述式）纠错便能引发学生的自主纠正；而在注重意义沟通的课堂上，比如加拿大法语浸染式二语课堂上，学生的注意力放在课堂内容上，若学生犯错时教师使用暗含提示，很难引起学生的注意，但若教师此时明确指出错误，把学生的注意力从内容转到形式，纠错意向便会明朗起来。Lyster & Mori的反式效果假说解释了汉语二语课堂学生对重述式纠错领悟回应率高的原因（张欢，2006；祖晓梅，2008）。

然而，Long（2006）对于重述纠错与教学环境之间的关系有另一层面的解读。他认为，重述式纠错的优势之一是在暂时把学生注意力转移到语言形式的情况下，不打断原有的意义交流，保障课堂讲授内容的连贯性，这是其他纠错方式不可比拟的。而保障课堂讲授内容的连贯性，让学生把主要注意力放到授课内容上，对某些二语课堂是至关重要的，例如以内容为主的二语课堂、浸染式二语课堂等。使用明确纠正和语言形式交流的方式对纠正学生的错误效果可能更好一些，但其代价是牺牲原来的课堂内容。

如此看来，不同纠错方式都有各自的优势和局限性。目前在同一课堂条件下，特别是在一些特殊语言课堂上，如浸染式课堂、以内容为主的课堂，比较不同纠错方式对语言学习效果和内容学习效果的研究几乎没有，需要研究界更深入、细化地研究，这对二语理论的发展和二语课堂实践都大有裨益。

六、重述式纠错与学生个体差异

Krashen（1985）反对课堂纠错的原因之一是纠错会增加学生的焦虑感，降低学生使用目的语的热情。Long倡导重述式纠错的原因之一也是如此，重述式纠错由于其暗含性不会引起学生的不快。Morris & Tarone（2003）调查学生一对一练习时发现，纠错方与被纠错方之间的关系是重述纠错是否有效的因素之一，一方的重述纠错有时会被看成"讽刺""傲慢"和"讨厌"的表现，特别是在学生之间关系不和睦的情况下。两位研究者据此推论，教师和学生的关系也会影响重述式乃至其他纠错方式的有效性，教师的语气、表情、体态语言都会影响纠错效果。到目前为止，情感因素与纠错关系的研究并不多，但Sheen（2007，2008）的两项研究应该对我们有所启发。

Sheen（2008）就重述式纠错与学生焦虑感之间的关系进行了一项实证研究。她把学生分成实验组和对照组，每组又分为高焦虑感组和低焦虑感组，目的语形式是英语冠词。在实验组课堂上，若学生英语冠词使用不对，教师便用重述式纠正学生的错误。通过前测和后测发现，实验组中的低焦虑感组后测成绩显著高于高焦虑感组，即焦虑感会影响重述式纠错的有效性。这一发现值得关注，因为在所有纠错反馈形式中，重述式被认为是最不打扰学生交际进程、最不增加学生焦虑感的方式，即便如此，重述式仍会让学生紧张。Sheen的发现在某种程度上支持了Krashen的观点：课堂纠错会提高学生焦虑感进而影响学习效果。Sheen对此的解释是，二语课堂上在全班同学面前说话本身就是让人紧张、增加焦虑感的过程，重述式纠错与焦虑感之间的相关性是很自然的。但Zhang & Rahimi（2014）却发现，无论高焦虑感学生和低焦虑感学生对教师课堂改错都抱有正面积极的态度。

Sheen（2007）的研究也颇具意义。她把学生语言分析能力（language analytical ability）和对纠错的态度作为可能影响纠错效果的个体因素进行考察。她认为，语言分析能力是语言学习能力的重要组成部分，属认知范畴，但对老师课堂纠错的态度属情感范畴。被试分为重述组、元语言提供组和对照组，纠错目标形式是英语冠词，实验时间为九个星期。研究结果显示，语言分析能力与重述式纠错效果不具相关性，但与元语言提供式纠错强势相关。Sheen对此的解释是重述式纠错由于其低显隐性，学生并没有意识到自己被纠错，因此其语言分析能力并没有发挥作用；而在元语言提供式纠错中，教师直接指出错误，迫使学生必须应用其分析能力理解教师的纠错，因此语言分析能力的强弱直接影响纠错效果及学习/习得效果。Sheen还发现，学生对待老师纠错的态度与重述式纠错不具相关性，但与元语言提供式具强势相关关系。Sheen对此做出类似的解释，重述式纠错的低显隐性使得学生并没有意识到自己被纠错，因此不存在态度问题，而在教师直接指出错误的元语言提供式中，对课堂纠错态度较积极的学生成绩自然优于态度较负面的学生。但就语言分析能力与纠错态度对纠错反馈的影响大小而言，前者的影响力大于后者，即认知能力的强弱与纠错效果好坏呈较高的相关性，而情感因素并不那么重要。Sheen的结论符合以往二语习得领域对认知能力及情感因素对二语学习相对影响力的研究发现（Ellis，1994）：认知因素比情感因素影响更大。Sheen的结论是对Krashen情感过滤假说的反证。

学生年龄大小也是影响重述纠错的另一个因素。Long（2006）对Lyster & Ranta（1997）有关重述纠错的统计结果中学生领悟回应率过低的结论的不认同点之一是Lyster & Ranta观察的课堂学生都在9—10岁之间，由于年龄过小，这些学生的认知能力较低，影响他们对重述式这种暗含纠错的分辨能力。Ellis 等（2001）的研究显示，他们的成人被试对重述式纠错的领悟率高达72%。但Lyster & Saito（2010）的统和数据分析却显示，年龄与纠错反馈的效果呈反相关性，即年龄越小，纠错引致的学习效果越好（不是领悟回应率），但他们没有把三种不同纠错方式分别计算出来，因此年龄是否对重述纠错的即时效果和延后效果有影响还是个未知数。

从以上研究可以看出，包括焦虑感、学习态度、学习能力、年龄大小等个体差异对课堂纠错效果的影响在很大程度上取决于纠错的显隐性，但到目前为止，相关研究还很少，是个值得更多研究者关注的课题。

七、重述纠错研究小结

围绕重述式纠错的研究自1997年开始已近20年。两派的争论还在继续当中，但重述式引发的一系列研究使我们对二语课堂纠错反馈的方方面面有了更深入的了解。可以得出结论的是：（1）课堂纠错反馈对二语学习有益；（2）重述纠错是目前二语课堂及外语课堂教师使用最多的纠错方式；（3）如何评估重述纠错的效果是研究界争论的焦点，学生即时回应的次数高低是否能真正地反映纠错效果，是否能促进学生显性知识以及隐性知识的发展还有待进一步研究；（4）重述纠错的有效性取决于多种因素，改正一个错误还是多个错误、学生的语言水平、涉的错误是否超出学生中介语发展水平、所涉语言形式的凸显性、重述纠错的具体方式等；（5）重述式纠错的有效性与学习环境关系密切，重述纠错在注重语言形式的教学环境下比在注重交际的课堂的效果更好，外语课堂比在二语课堂效果好；（6）课堂纠错方式的选择取决于学生的语言水平、教学环境、所涉语言形式、学生个体差异等。

尽管如此，现有的研究还有待于深入，比如说：（1）过去对纠错反馈的研究大都集中在重述式上，对其他类型的研究远远不够，对通过意义沟通达成的纠错研究几乎没有，因此哪种纠错方式更加有效几乎很难下结论；（2）目前的纠错分类是否最理想还有待进一步考证；（3）不同研究对同一纠错分类实施方法并不一致，因此有时很难比较不同研究的结果；（4）纠错领悟只是暂时性的语言表现还是与长期二语习得有正相关关系还需更多的实证研究；（5）对于学生个体差异（母语背景、焦虑感、年龄）与纠错反馈效果的影响还缺乏更多的研究；（6）对于使用计算机纠错的效果研究很少；（7）笔头纠错的研究还很缺乏；（8）对教师和学生课堂纠错理念的不同是否会影响学生学习效果的研究还很缺乏。总之，二语研究界需要更细化、更深入的研究，从理论上增加我们对纠错反馈与二语学习之间关系的了解，从实践上给予课堂老师更好的实践指导。

结语与思考

课堂教师对学生的纠错是把学生注意力引向语言形式的一个重要手段。正因如此，国际二语习得界对课堂纠错反馈的讨论一直没有间断，成为业界一个非常重要的研究命题。通过本章的阅读，希望读者对以下相关方面有比较清楚的了解：二语错误不同的分类、课堂纠错过程、教师及学生对纠错的态度、纠错反馈类型、纠错效果不同评估方式、纠错自身显隐性、纠错方式与不同目标形式、纠错方式与教学环境、对重述纠错的不同观点、纠错反馈与焦虑感和认知能力的关系等。

本章讨论了若干汉语二语研究界对课堂错误纠错反馈的研究，其中有对国内汉语课堂纠错反馈的描述性研究。请思考以下问题：为什么汉语课堂的整体错误比例明显少于西方二语课堂？为什么对教师的重述纠错汉语课堂学生的领悟回应比例高于来自西方的二语课堂？这反映了汉语课堂的什么特点？这是否说明汉语二语课堂的纠错反馈研究没那么重要？

深度阅读推荐

1. Chaudron, C. (1977) A descriptive model of discourse in the corrective treatment of learners' errors. *Language Learning*, 27, 29-46.

在实际二语课堂上，纠错反馈过程非常复杂，在各个环节上都会出现不同的可能性。在这篇文章中，Chaudron粗线条地展示了纠错过程中教师不同的选择及课堂走向。

2. Lyster, R. & Ranta, L. (1997) Corrective feedback and learner uptake. *Studies in Second Language Acquisition*, 19, 37-66.

这篇文章是课堂纠错反馈研究领域的突破性研究。研究者对不同纠错反馈方式进行了分类，并根据学生理解回应和修正错误的比例对常用的重述纠错的有效性提出了质疑。

3. Long, M. (2006) *Problems in SLA*. Mahwah, NJ: Lawrence Erlbaum.

Long是重述式纠错反馈的倡导人物。在这本书里，Long专门就研究界对重述式纠错的疑义和批评进行了解释和反驳。

4. Goo, J. & Mackey, A (2013) The case against the case against recasts. *Studies in Second Language Acquisition*, 35(1), 127-165.

在这篇文章里，Goo & Mackey对Lyster及其团队关于重述式纠错无效的观点进行了反驳，特别对把学生即时回应作为纠错效果的衡量标准提出了批评。

5．Lyster, R., & Mori, H. (2006) Interactional feedback and instructional counterbalance. *Studies in Second Language Acquisition*,28(2), 269-300.

Lyster & Mori在这篇文章中提出"反式效果假说"，即在注重语言形式的教学环境里，重述纠错能引发学生的自主纠正，但在以意义为主的课堂上，重述纠错很难引起学生的注意。这一理论解释了不同课堂重述式纠错领悟回应率不一的现象。

6．Sheen, Y. (2007) The effect of focused written corrective feedback and language aptitude on ESL learners' acquisition of articles, *TESOL Quarterly*, 41(2), 255-283.

Sheen 进行了一系列关于课堂纠错反馈的研究，这篇文章报告的研究便是一例。在这项研究中，Sheen把学生语言分析能力和对纠错的态度作为可能影响纠错效果的个体因素进行了考察。

第七章
个体差异与第二语言课堂

本章导读

第二语言课堂学习牵涉教师、教学环境和学习者。在前几章里，我们把学习者视为一个整体来讨论，而本章更多地从学习者自身差异的角度讨论课堂二语教学问题。众所周知，拥有同样的教师和在同样的教学环境里学习同样的目的语，学生之间的学习效果可以相差很大，而这些差别大都由学生自身的个体差异所致。与二语课堂学习相关联的个体差异有年龄、性别、性格、语言天赋、智力、学习动机、焦虑感、是否愿意与他人交际、学习理念、学习策略等。个体差异是每个个体相对稳定的心理特征，但某些个体差异可以因为环境的不同或人为的因素有所改变，而另一些较难改变。个体差异与第二语言课堂教学之间的关系研究已有几十年历史了，尽管与课堂互动研究、任务教学研究、语言形式教学研究等相比没有那么"热门"（Dörnyei & Skehan, 2003），但也出现了一些非常重要的理论探讨和实证研究，向我们展示了教师、教学环境和学习者之间的关系。由于篇幅关系，本章重点讨论学习动机、语言天赋、交际意愿、焦虑感和学习策略等相关性研究。

第一节　学习动机

　　学习动机是众多个体差异中最受研究者关注的研究领域，其主要原因是学习动机被认为是激发学生选择学习另一种语言并坚持下去的动力（Dörnyei，2005），直接影响着学习者的学习态度、自信心、焦虑度、学习策略和交际策略等（Gardner，2001；Oxford & Shearin，1994），与学生最终达到的语言水平有极高的相关性（Moskovsky 等，2013）。早期研究者更多地把学习动机视为相对稳定的个人特质，关注中心多从宏观角度为其定义与分类，而近期的研究者认为学习动机具有动态特质，把关注点更多地放到具体学习环境对动机的影响以及动机提高训练效果上。

一、学习动机的定义与分类

　　第二语言学习动机研究始于20世纪70年代加拿大法语浸染项目，以加拿大学者Gardner 为代表。这一学派针对加拿大英、法双语社会情况，把选择学习第二语言的学生分为两大类：一类被称为融合型动机（Integrative Motivation），指学生学习另一种语言的动机源于对目的语文化的认同和喜爱；另一类是工具型动机（Instrumental Motivation），指学生出于工作、考试、个人发展等功利目的选择学习另一种语言。Gardner 理论框架的关键词是"语言态度"，即对所学语言及该语言所代表的文化的看法；换言之，看法决定动机，动机决定效果。因此两类动机相比，拥有融合型动机的学生学习动力更强，最终达到的语言水平也相对更高（Gardner & Lambert，1972）。Gardner和他的团队在过去几十年的时间里实施了一系列的研究，证明其理论框架的正确性。例如 Glksman、Gardner & Smythe（1982）的研究表明，融合型动机高的学生在课堂上参与积极性更强，语言产出的正确率更高，教师也倾向于更多地向融合型动机高的学生提问，对他们的回答给予的正面鼓励也更多。

　　20世纪90年代之前的第二语言学习动机研究大都遵循 Gardner 的理论框架，但之后的一些学者对该理论提出了诸多质疑，认为这一理论更多地从社会教育层面解释学习者的学习动机，忽略了具体教学环境对学习动机的影响。Ely（1986）指出，融合型动机与工具型动机常常同时存在，并不是非此即彼。此外还存在两类之外的动机，比如很多学生选修外语的目的是满足课程大纲中必修外语的要求，而这种动机实际上对语言学习是有负面作用的。Ely还指出，学习动机不但有类别之分，还有高低之分。Dörnyei（1990）也提出，融合型动机与工具型动机之分只是宽泛的类别框架，并不是泾渭分明的非此即彼。他提出了另外两类学习动机：一是成就需求动机（need for achievement），比如学生要通过考试而产生的学习动机；一是失败归因动机（attributions about past failure），比如通过努力就可以考试成功。Dörnyei（1994）又提出，第二语言学习动机有三个层次：（1）语言层次（the language level），该层次与目的语及代表的文化相关，融合型与工具型动机便属于这个层次；（2）学习者层次（the learner level），与学习者个人因素相关，如自信心；（3）学习环境层次（the learning-situation level），指的是学习环境对学习动机的影响。三个层次中任何一个层次的变化都会对总体动机产生重大影响。Dörnyei 又把第三层学习环境动机进一步分为课程、教师、学习小组（group-specific）三类，并建议研究者应更多地关注学习环境对动机的影响。

　　人们对Gardner理论的另一大质疑是针对该理论中融合型动机的内涵意义提出的。融合型动机是Gardner在加拿大双语环境中针对第二语言（而非外语）学习提出的，其关注点是语言在不同族群融合过程中的同化作用。但是，在以课堂教学为主的外语学习环境中不存在语言同化问题，也没有实证数据表明融合型动机引发的学习动力高于工具型动机（Au，1988）。Dörnyei & Csizér（2002）分别在1993年和1999

年调查了同一批匈牙利籍学生学习五种不同外语的动机，发现间隔六年，学生外语学习的动机都普遍下降，只是学习英文的学生例外。研究者认为，这与英文已成为全球化通用语言相关。Lamb（2004）对印尼英语外语学习者进行调查，发现融合型动机与工具型动机已难以区别，英语已成为世界语言，已不完全代表英美文化，在这种趋势下，学生的融合型动机发生了质的改变。Robinson（2005）总结以往对学习动机的研究，提出在以课堂教学为主的外语学习环境下，学生对所学语言及其代表文化所持态度已非喜爱或不喜爱两类，而是呈现出多重性特征。从以上几项研究看，在非目的语社会环境下学习外语，融合型动机远远超出了不同语言族群互相融合的目标，拥有不同的特点，呈现出各异化特征。

二、学习动机与具体教学环境

Gardner的理论基本把语言学习动机视为相对稳定不变的个人特质。新世纪开始，Dörnyei（2000，2001）在细化学习动机的基础上，提出了"动态学习动机"模式。他认为，学习动机在不同外在因素的影响下，不是一成不变的，而是呈一种流动、变化的状态。他进一步把二语学习动机分为行动前动机、行动中动机和行动后动机。行动前动机是指在语言课程开始前选择学习某种外语的动机，比如喜爱目的语文化或有助于将来择业，即Gardner所指的融合型动机和工具型动机。此时的语言课程选择与后来上课时的课堂环境及任课教师关系不大。行动中动机是指学习过程中获得的语言学习体验对学习动机的影响，课堂环境、任课教师、作业难易程度等都可能会影响学生的学习动机，比如是否要多花时间把语言课学好。行动后动机是指学生对以往学习经验的反思以及是否要继续学下去的决定。课堂环境、任课教师、课堂任务、同班同学等都会影响学生行动中动机和行动后动机的变化。

　　Dörnyei（2001）特别总结归纳了学生"动机丧失"（demotivation）的原因。根据 Dörnyei（2001：142）的定义，动机丧失是指那些原来有学习动机但后来由于某种原因丧失兴趣的学生。与原本就没有学习动机的学生不同，这些学生是因为某些外在原因而对外语学习丧失了兴趣。可能有任课教师的原因，比如与学生关系紧张、不能清楚地讲解等；可能有学生自身的原因，比如缺乏自信心、语言学习失败的经历、对目的语文化抱有偏见、不喜欢同班同学等；可能有学校的原因，比如班级过大、经常更换教师、课程政策不够灵活等；可能有课程原因，比如学习负担过重、课堂活动过于单调、不喜欢使用的课本等。

　　温晓虹（2011）对美国大学生学习汉语的研究发现，许多有中国家庭背景的学生当发现汉语课要求他们投入比想象要多的努力时就可能中断汉语学习，这一发现与她早年关于学习期待值与学习成果之间关系的研究发现吻合（Wen，1997）。我们在前面讨论的Lantolf & Genung（2002）个案研究的学生就是"动机丧失"的典型案例。PG是一个语言学博士生，对流行的各种习得理论、教学理论、课堂教学方式等都有很好的了解，也有成功的课堂学习外语的经验。在没上汉语课之前，她有着强烈的融合型学习动机。但上课之后，教师传统的教学方式以及带有中国特色的课堂文化让她丧失了学习动机。她继续学下去的原因是为了拿到满足课程需求的学分，从原来一个"好的语言学习者"转变为一个"好学生"。PG学习动机的丧失直接影响着她的学习态度和策略。尽管最后两个星期教师上课不再那么机械化地操练，引进了一些交际互动任务，但PG又不习惯了，因为新的课堂活动要把她从已经熟悉的"舒服区"拉出来。

　　受Dörnyei动态理论的影响，在过去的十几年间，很多研究者从微观层面出发，关注不同课堂环境对学习动机的影响。Duppenthaler（2002）在日本中学英语班对学生的动机变化做了一项实验研究。研究在英语写作课上进行，为期一个学期，学生分为三组，教师给予不同组别学生的作文不同类别的评语：针对作文内容写评语、针对语言错误写评语、给出一般性正面评价，如很好、加油等。Duppenthaler发现，得到一般性正面评价的一组最不急于拿到教师的作文反馈。他的研究结论是，具体的具有建设性的评语反馈更能提高学生的学习积极性，无论是针对内容还是语言，宽泛的评语没有此类作用。Cai & Zhu（2012）对参加网上汉语项目学习的44个学生做了学习动机前后变化的研究，为期四个星期。通过研究学生的每周学习笔记，他们找出对学生动机变化产生正负面影响的具体原因，其中正面62个，负面54个。正面影响包括网上学习提供了更多的学习资源和方便，提供了与其他汉语学习者交流的机会等；负面影响主要与使用计算机技术有关，还有学生提到过多占用时间等。

Dörnyei 及其团队（Dörnyei & Kormos，2000；Kormos & Dörnyei，2004）进行了一系列不同课堂任务变量与动机相关性的研究，并使用二语习得研究中常用的量化手段，测量比较不同组别产出的单词数量和话轮数。他们的研究表明，情境动机（situation-specific motivation）（比如是否喜欢某门课、某项课堂活动）对学生任务参与度（口语产出量和话语轮数）有显著的影响。高情境动机与个人动机（融合型或工具型）呈正比，但低情境动机与个人动机之间的相关性呈随机状态，即高情境动机可以激活学生原有的个人动机，但如果学生不喜欢教师指定的课堂活动，原有的高个人学习动机也有可能降低。他们还发现，在完成口头课堂任务时，同伴参与度的高低及同伴之间的关系对学生任务参与度的影响很大。他们同时也发现，尽管学习动机高的学生口语产出量和话语轮数高，但对话语质量并没有过多的影响，说明学习动机与学习效果并不是直线相关，它只是起到一个媒介作用。换言之，高学习动机诱导学生更加努力学习，但是否能达到较好的学习效果还有其他因素的作用。

Gardner 及团队并不认可Dörnyei的动态动机模式。Masgoret & Gardner（2003）进行了一项统合研究，这项统合统计共包括75项研究，其中有9项是在加拿大之外进行的。统计结果显示，无论在二语环境下还是外语环境下，二语学习动机的高低均决定着语言水平的高低，具体学习环境与语言水平并不显示相关性。另外，Gardner 等（2004）在为期一年的研究中发现，尽管学生的学习动机在各个测量点上稍有波动，但没有太大的变化，即个人动机（融合型或工具型）对学习效果的影响更大，呈相对稳定状态。

三、课堂学习动机训练

对于一线教师而言，如何建立、保持、提高学生的动机是他们更关注的问题。Dörnyei & Csizér（1998）在匈牙利200名中学教师中做了一项调查，给这些教师51个提高学生学习动机的课堂策略，让他们对这些策略进行评估，并说出他们一般经常使用的策略。在此基础上，Dörnyei & Csizér重新归类排序，最后提出教师提高学生学习动机的十大策略：（1）用自己的行为为学生做出榜样；（2）营造愉悦、放松的课堂环境；（3）用恰当的方式为学生讲解课堂任务实施的过程；（4）和学生建立良好的关系；（5）提高学生语言学习的自信心；（6）课程有趣；（7）加强学生的自律性；（8）注重学生的学习个性化特质；（9）增强学生的学习目的性；（10）让学生了解所学语言的文化。

Cheng & Dörnyei（2007）在中国台湾复制了Dörnyei & Csizér（1998）的研究，以验证上述课堂动机策略是否适合在不同文化的教学环境中使用。Cheng & Dörnyei的研究结果基本是肯定的，但也发现台湾地区教师对于"加强学生自律"这一条并不赞同，他们更强调学生努力学习的重要性。由此看来，动机策略在不同文化环境里应该有所不同。

在上述两项研究的基础上，Guilloteaux & Dörnyei（2008）调查

了课堂教师动机策略的使用与学生英语学习动机的相关性。研究在韩
国的一所中学真实课堂中进行，27位教师和1 000余名学生参加，资
料收集主要通过课堂观察、学生自我动机评估以及课后教师评估。课
堂观察的重点是记录教师使用动机策略的次数，学生在动机策略鼓励
下的回应次数。研究结果表明，教师动机策略的使用数量与学生动机
行为呈显著相关关系，也与学生自我评估呈正相关关系，学生动机行
为和学生自我评估也呈正相关关系。研究者对上述结果的解释是，教
师动机策略的使用影响着学生场景（situational）学习动机，两者呈因
果关系。Ellis（2012）对此的解释稍有不同，他认为两者之间或许互
为因果关系，学生的高学习动机也会影响教师更多地使用动机策略。
考虑到教师是课堂的主导人物，特别是在韩国尊师重教的文化中，
Guilloteaux & Dörnyei的解释应该更为准确。

Moskovsky 等（2013）在Guilloteaux & Dörnyei（2008）的研究
基础上做了一项课堂实验研究，设前测和后测，为期八个星期，共有
14位教师和296名学生参加，分为实验组和对照组。实验组教师在实
验开始之前接受了如何提高学习动机的策略训练，在之后的八个星期
内对实验组学生进行了10次动机策略训练，而对照组像平常一样上
课。学生在实验开始前和结束后接受了动机测量问卷，以检验他们学
习动机的变化。统计结果显示，与对照组学生相比，实验组学生的个
人动机（trait）和场景动机（situational）的提高均具统计意义，场景
动机的提高比个人动机的提高更为显著。这项研究进一步说明，教师
若在课堂上刻意使用动机策略，可以显著提高学生的整体学习动机，
尽管对相对稳定的个人动机的影响需要更长的时间才能起作用。

综上所述，二语学习动机与学习效果和可达到的语言水平有直接
关系。尽管学习动机有一定的稳定性，如对目的语文化的态度，但在
提高、保持学习者的学习动机方面，课堂教师是有所为的。

第二节　语言天赋

一、语言天赋

我们在上一节里提到，学习动机是决定二语学习者是否可以达到较高语言水平的决定因素之一，另一个决定因素是语言天赋（language aptitude）。然而，学习动机在环境的作用下以及人为的努力下，在某种程度上是可以改变的。语言天赋不同，它是一种天生的、相对稳定的个人特质，难以在外界的作用下有所改变（Carroll，1993；Granena，2013）。换言之，儿童期后开始学习第二语言的学习者只有极具语言天赋的人才有可能达到接近母语说话人的水平。

第二语言学习与语言天赋之间的相关性研究早在20世纪50年代就已开始，以美国心理学家Carroll为代表。Carroll在大量实证研究的基础上，把语言天赋分为语音识别能力、语法敏感度、学习能力、记忆能力四个方面。语音识别能力是指识别语言输入中的语音以及把语音和符号联系在一起的能力。语法敏感度是指识别语句中词汇语法作用的能力。学习能力是指学生总结归纳语言规则的能力。记忆能力是指学生死记硬背的能力。Skehan（1998）结合第二语言认知理论进一步提出，语言天赋的四个不同方面应该与第二语言信息处理的不同方面有一定的关联性，比如语音识别能力与语言输入处理相关，语言分析能力（语法敏感度和学习能力）与语法条目总结相关，记忆能力与语言输出和流利度相关。就学习阶段而言，语音识别能力强的学习者在学习的开始阶段有优势；记忆力特别好的学习者在学习的各个阶段都有优势，最终有可能达到母语说话人的语言水平；语言分析能力强的学习者说明总体智力水平也高，在语言学习的各个阶段都会起作用（Ellis，2012）。

最初语言天赋研究的目的是鉴别适合和不适合学习外语的人，如何测量语言天赋的各个方面一直以来是研究者的重点。Carroll &

Sapon（1959）在反复实验测量的基础上推出了"现代语言天赋测量表"（Modern Language Aptitude Test），用来预估学习者未来语言学习成就，由五个部分组成，如语音识别能力、语言学习能力和记忆能力，至今仍是权威之作。之后又发表了一些测量表，但都是在Carroll & Sapon 测量表的基础上改编的。比如 Pimsleur（1966）研发的针对高中生的测量表，增加了听力部分。Peterson & Al-Haik（1976）为美国军队研发的"国防语言天赋测试表"，增加了分辨高端语言人才的题型。

二、语言天赋与二语课堂教学

在Carroll理论框架问世之后的相当一段时间里，二语习得界很少有人研究语言天赋问题。一则它有悖于人人平等的理念。二则它的不可改变性，即无论研究者和教师怎么努力，也不会让语言天赋低的学生变成语言天赋高的学生（Dörnyei & Skehan，2003）。三则 Carroll 的语言天赋研究是建立在当时传统的课堂教学方式（语法教学和听说教学法）的基础上，尔后的教学方式有了革命性的转变，交际法教学和任务法教学成为第二语言教学界的主流，因此对于语言天赋的研究对现行二语教学没有什么指导意义（Krashen，1981）。尽管第二语言习得界对学生语言天赋的研究数量寥寥，但一直没有间断，最近十几年有越来越多的研究者关注这一领域，但关注的重点不是去寻求如何提升学生的语言天赋，而是如何在课堂教学中使用不同的教学方式（如任务教学）去适应不同语言天赋的学生，即语言天赋教学方式的互动匹配研究（aptitude-treatment interaction）（Robinson，2005）。

Wesch（1981）早期在加拿大法语项目中进行了一项语言天赋与教学方式关系的开拓性研究。她根据Carroll的语言天赋测量表把学习者分为记忆力强的学生和分析能力高的学生两类，把教学方式分为分析法教学（显性教学）和听说法教学（隐性教学）两类。两类学生各分两组，分别接受两类不同的教学方式。研究结果表明，分析能力高的学生如果接受的是分析教学方式，所得成绩高于接受听说法教学的学生；记忆力强的学生如果接受的是听说法教学，所得成绩高于接受分析法教学的学生。实验之后对参试者的访谈显示，语言天赋与教学方法相匹配的学生对学习法语更感兴趣，更愿意课下练习法语，上课也不那么紧张。

Robinson（1995）的研究调查了语言天赋与不同语法教学形式的关联性，共有100余名学生参加，随机分为四个实验组：（1）显性教学组，直接给学生讲解语法规律；（2）语法规律寻求组，给学生阅读材料，让他们自己找出语法规律；（3）隐性教学组，给学生阅读材料，但不把学生的注意力引向语法规律；（4）附带学习组，学生做课堂活动，活动材料含有目的形式。目的形式有两个，一个简单，一个复杂。所有学生在实验开始前参加语言天赋测量。后测是语法形式正误判断。研究结果显示，在显性教学条件和隐性教学条件下学习的语言分析能力高的学生与后测成绩都呈相关性，记忆力好的学生与显性教学呈相关性，与其他教学条件不呈相关性。无论是简单的还是复杂的语法项目，除了附带学习组外，整体语言天赋高的学生在其他三种教学方式下成绩都高于天赋低的学生，说明语言天赋高低在以意义为主的教学（附带学习）中扮演的角色不那么重要。

但Ranta（2002）的研究并不支持语言分析能力与交际法教学的负相关性。她的研究在加拿大法语区的英语项目进行，参加者是135名六年级的小学生，课堂是交际法教学。参试学生均经过语言天赋能力中的分析能力测试，研究者按照成绩把学生从高到低分为四组。她还对学生进行了一系列包括听力、语法的语言水平测试。她发现，除了听力测验之外，其他测验成绩都与学生的语言分析能力呈相关性，但相关性最强的是语法方面，即高语言分析能力的学生语法测试成绩最高，中等次之，以此类推。Ranta总结说，语言分析能力高低同样在交际法教学中扮演着重要的角色。然而，DeKeyer（2000）发现，17岁以下学习者的语言天赋成绩与语言水平不呈相关性，只有17岁以上的学习者两者之间的关系才呈相关性。若DeKeyer（2000）的结论正确，Ranta的研究结果需要在成人学习者中进行验证。

近年来，语言天赋研究更多地把注意力放到语言分析能力与语言形式教学上。我们在第六章讨论过Sheen（2007）的研究。她把学生语言分析能力作为可能影响纠错效果的个体因素进行考察。被试分为重述组、元语言提供组和对照组。研究结果显示，语言分析能力与语言信息提供式纠错呈强势相关性。Sheen对此的解释是在语言信息提供式纠错中，教师直接指出错误，迫使学生必须应用其分析能力理解教师的纠错，语言分析能力的强弱直接影响纠错效果及目标形式的学习/习得效果。

Li（2013）的研究与Sheen的研究有相似之处。有78名学习汉语的美国大学生参加，分为重述组、语言信息提供组和对照组，纠错语言点是汉语量词，实验方式是母语说话人（研究者本人）和学习者两人一对一使用相应方式纠错，纠错时间为50分钟。在实验开始前，被试参加了语言分析能力测试，使用的是Carroll & Sapon测量表的相关部分。实验设前测、后测和延后测。研究发现，两种纠错方式对学生掌握汉语量词都有促进作用，但语言分析能力只与重述纠错（暗含纠错）相关，与语言信息提供（显性纠错）并不相关。换言之，高语言分析能力的学生在接受暗含纠错反馈时会收益更大。Li关于语言分析能力与不同纠错方式的结论与Sheen的结论相反。Sheen的研究是在真实课堂上进行，且长达九个星期，而Li的研究是在实验环境下进行，而且时间短很多，但纠错强度又高很多。另外Sheen的目标形式是难度很高的英语定冠词，且规律性很强（rule-based），提供语法规律式的显性纠错更有助于语言分析能力高的学生学习和掌握。而Li的目标形式是汉语量词，初级学生只要背下与其搭配的名词即可，使用时不牵涉太多的语法规则，因此是否提供语法规则对语言分析能力意义不大。

正如前所述，二语习得对语言天赋的研究重点不是如何提升学生的语言天赋，因为语言天赋不像我们之前讨论过的学习动机、可以在外界的影响下有所改变。研究者关注的是如何在课堂教学中使用不同的教学方式适应不同语言天赋的学生。到目前为止，相关研究数量不多，因此很难对两者关系做出令人信服的结论。研究还在继续，但对课堂教学而言，教师应尽量设计不同的教学活动，以求不同语言天赋的学生都能在同一课堂找到适合自己的活动。

第三节　交际意愿

"交际意愿"（Willingness to Communicate）是第二语言个体差异领域里近十几年来发展起来的分支，有学者把它归为动机范畴，也有学者把它归为焦虑感范畴。交际意愿是指学习者如果可以选择的话，是否愿意主动与他人交流。这个概念始于20世纪80年代中期（McCrosky & Baer，1985），用来描述母语说话人在人际交往中的个体差异，被认为是一种稳定的不会随着情景而改变的个人特质（Hashimoto，2002）。90年代末，随着交际法/任务教学法在二语课堂的普及，学生是否愿意使用目的语与老师和同学互动成为课堂学习成功与否的重要标志，研究者把"交际意愿"这个概念引入第二语言个体差异研究领域。

研究（MacIntyre等，1998）发现，第二语言交际意愿尽管与语言水平相关，但在某种程度上不等于人的语言交际能力（communication competence）。与母语说话人不同，第二语言的交际意愿不但有个人性格上的原因，也有"环境"的影响以及语言水平的影响，而母语说话人交际意愿基本上是性格特质。此处的"环境"影响是指交际意愿会随着时间、地点、对话人的改变而改变。MacIntyre 等（1998）认为，影响交际意愿的因素由不同层次的因素组成，这些因素构成呈金字塔形，底层由性格和社会环境组成，相对稳定、持久，上面由即时环境因素构成，属于不确定的因素，比如是否愿意跟某个特定的对象说话，是否在某个特定环境具有自信心。因此，二语学习者的交际意愿与学习动机相同，既是稳定的又是变化的。

在过去的十几年时间里，为数不多的研究者致力于交际意愿与不同教学环境相关性的研究。不同教学环境是指外在的学习环境（如是在外语环境还是二语环境、不同国别等）以及具体的课堂环境。研究者关注的中心包括是什么因素让学生更愿意交流，什么因素让他们不愿张口。我们上面提到的Dörnyei & Kormos（2000）的研究把学生分为高场景动机和低场景动机两组，他们发现，场景动机（如是否喜欢该课堂活动）对学生交际意愿有显著的影响，场景动机高的学生，其交际意愿（口语产出量和话语轮数）也高，相关性具有统计学意义。下面讨论几个有代表性意义的研究。

Cao & Philip（2006）的研究是在新西兰成人英语学习项目中进行的，资料采集包括观察学生在真实课堂上的表现、学生填写自我评估交际意愿问卷、学生的学习日记和利用提示回忆进行的个别访谈。研究者发现，学生课堂交际表现和他们的自我交际意愿评估并不一致，说明自我评估的个人交际意愿更多地受场景交际意愿的影响。他们还发现，和小组活动相比，整班上课时学生比较安静。参加研究的学生自我报告说，影响他们交际意愿的因素有课堂活动小组的大小、自信心、同伴的熟悉度以及同伴参与活动的积极程度等。

MacIntyre, Burns & Jessome（2011）研究了100名在加拿大法文浸染项目的学生学习日记，发现了很多难以解释的现象。比如有的场景会激发学生的交际意愿，但同样的情况也可能让他们没有交际意愿，同一学习者的交际意愿时而高时而低。研究者对这种矛盾现象做了如下解释：

处在青春期的语言学习者，情感因素更多地决定着他们交际意愿的高低，特别是在学习自主权问题上。因此教师在课堂教学中应将学生的情感因素考虑进去，比如课堂任务要尽量符合他们的语言水平并给以他们更高的自主性，这样他们就会有较高的交际意愿，而强制他们说目的语会让他们感觉没有自主权，反而会降低他们的交际意愿。

Peng & Woodrow（2010）的研究参加者是近600名中国学习英文的大学生，调查目的是交际意愿与学生用英语交际的能力、学习英语的动机、用英语交际的忧虑、学生信念及课堂环境的相关性。他们发现，课堂环境对学生的交际意愿有直接影响。课堂环境包括教师是否愿意帮助学生，学生是否认为所做课堂任务对他们学习有意义，学生之间是否团结。学生自我英语能力评估也直接影响交际意愿的高低，但学习英语的动机对交际意愿的影响是间接的，即高学习动机的学生并非有高交际意愿，他们认为所做课堂任务对学习没有太多帮助时，交际意愿就会减低。

综上所述，交际意愿既是稳定的又是流动的。影响交际意愿的情景因素很多，教师应因势利导提高学生的交际意愿，因为愿意使用目的语积极参与课堂互动是课堂成功学习的决定因素，特别是在交际法课堂上。但特别要注意的是，交际法教学只是众多教学方式的一种，到目前为止，没有证据表明课堂互动的积极参与成功学习效果之间存在正相关性，参与量不等于参与质（Kormos & Dörnyei，2004），因此交际意愿的高低不应该被视为语言学习效果的预测指标（Ellis，2012）。

第四节　语言学习焦虑

在二语学习过程中表现出来的焦虑（anxiety）与交际意愿相似，一方面由个体性格所致，一方面受具体场景影响。整体而言，焦虑可分为性格焦虑（trait anxiety）、状态焦虑（state anxiety）和场景焦虑（situation-specific anxiety）三类。性格焦虑不言而喻，是较为固定的性格倾向，状态焦虑指一时的不稳定状态，而场景焦虑指与某些特定情形相关联的焦虑。只要当众讲话就会产生不安情绪的现象是性格焦虑和状态焦虑的综合体。二语学习焦虑属于场景焦虑。Horwitz等（1986）对外语学习焦虑的外在表现进行了详尽的描述，比如焦虑感强的学生会避免用外语表达一些较难的信息，吐字不清，表意含糊，难以识别某些音和语法结构，考试时把知道的答案写错，上课时避免与老师目光接触，坐在最后一排，老师提问时低头，回答问题十分简短，有机会就逃课等。

测量外语学习焦虑的主要方式是通过学生日记（如Bailey，1983）和测量问卷表。比较有影响的测量问卷表是Horwitz等（1986）外语课堂学习焦虑量表FLCAS（Foreign Language Classroom Anxiety Scale），是研究者在调查、分析外语学习中可能出现的焦虑现象的基础上设计而成的。该量表由33个题目组成，其中有20个题目涉及听和说，包含交际畏惧、考试焦虑和否定评价恐惧三个方面的内容。对语言学习焦虑感的很多研究把关注点放在甄别导致焦虑感的内在与外在原因上。Young（1991）总结了六种可能导致焦虑感的原因：（1）个人因素（自我评价）和与他人关系（竞争意识）；（2）对语言学习的看法；（3）教师对语言教学的看法；（4）教师与学习者之间的交流；（5）课堂活动形式；（6）语言测试。

Bailey（1983）通过分析11名学生的日记提出，当学习者常常把自己和他人相比较或者和理想中的自我形象相比较，就容易产生焦虑。Krashen（1982）认为，学习者的自我评价与语言焦虑密切相关，自我评价低的学生总是担心同学老师对自己持否定评价。Price（1991）的实验研究表明，很多参试者都认为别人的语言技能比自己强，因此在全班同学面前说外语时会感到焦虑，犯语音错误或遭到其他同学嘲笑时会感到焦虑，当教师频繁纠错时也会感到焦虑。学习者对语言学习的看法往往导致他们自我评价过低，比如有的学习者认为学习一门外语最重要的是语音，能说一口标准地道的外语很重要，有的认为词汇、语法规则是语言学习的关键，有的认为到目的语国家学习才能学好，有的认为两年的时间就可以学好外语，有的认为学习外语要有语言天赋等。当学习者发现情况并非像自己认为的那样时就会产生受挫感。外在的一些因素也会导致焦虑的产生。比如教师过于严厉的纠错，课堂口头活动、考试等都会使学生感到紧张不安。Woorddrow（2006）发现用目的语表演、做展示、与母语说话人讲话会致使焦虑感的产生，考试内容和题型不熟悉也容易让学生产生焦躁感（Bailey，1983；Horwitz等，1986）。

　　Xiao & Wong（2014）对美国87名有中文家庭背景的大学生进行了一项焦虑感调查。与其他学习汉语学生不一样的是，汉字书写是引起他们汉语学习焦虑感的最大因素；而对其他学生来说，说是学习焦虑感的最重要因素。研究者呼吁，对这个群体的学生，教师要同样给予关注，特别是在有语言背景和无语言背景混班的情况下，因为他们有特殊的焦虑感成因。学习焦虑与习得之间的关系没有定论。有的学者把语言学习焦虑看作正面因素，可以促进学习（Eysenck，1979），比如考试前、做演示前可以促使学生更加努力地进行准备。也有学者认为它们之间没有线性关系（Scovel，1978）。Zhang & Rahimi（2014）发现，高焦虑感的学生和低焦虑感的学生对教师课堂改错的必要性、时间、方式、频率等的看法没有什么不同。但大多数学者把学习焦虑视为阻碍学习成功的负面因素，Horwitz等（1986）认为，当学生意识到自己不能用外语自由地表达自己又不能理解别人说的外语时，就会产生交际畏惧，即交际回避或交际退缩，会严重影响学习效果。MacIntyre & Gardner（1991）发现，当学生感到焦虑时，输入、输出的能力都会降低。我们在第六章曾提到的Sheen（2008）的研究也表明，与高焦虑感的学生相比，低焦虑感的学生从教师的隐含纠错中得到的益处更大，这表现在对纠错的领悟和后测中对目标形式的掌握上。也有学者认为焦虑感对学习会有负面影响，但不会严重到影响最终学习效果。比如Robinson（1994）和Delaney（2009）都发现，焦虑感会降低学生课堂的主动参与量，但与课堂讲话的质量没有相关性，这与我们讨论过的交际意愿与学习效果的关系非常相似。研究者还发现，其他因素会影响焦虑感与学习效果的关系，比如语言程度较高的学习者不会因焦虑感影响其学习效果（Révész，2011）等。

综上所述，尽管学习焦虑与习得之间的相关研究不多，也没有定论，但高焦虑感对二语学习有负面影响是研究者比较一致的看法。因此教师应尽可能地在教学过程中减轻学生的焦虑感，比如营造让学生不感到压力和紧张的课堂气氛，组织不同的课堂活动，给容易产生焦虑的学生更多的表扬和鼓励，与学生更好地沟通，改变学生对语言学习的某些不切实际的想法，让学生知道出错是学习语言常见的事情，是学习的必然过程等。

第五节　学习策略

第二语言学习策略研究始于20世纪70年代对"成功语言学习者"（good language learner）的研究（如Rubin，1975），其意义在于总结他们的学习策略，再推广到一般语言学习者当中去。Naiman 等（1978）发现，成功语言学习者不一定具有较高的语言天赋或超强的记忆力，学习策略对他们的成功有相当的影响。Stern（1975）总结了一些成功语言学习者的学习策略，比如在实际生活中积极使用所学语言，能够监控自己的学习并善于反思学习效果等。早期研究者的注意力主要集中在描述成功学习者使用的各种策略上，资料收集主要通过观察、学生日记、个别访谈、问卷调查上。后来研究者的关注中心开始包括对不同学习策略的界定和分类，学习策略及学习策略训练与学习效果的关系，开发学习策略测量表等。到目前为止，最有影响的学习策略测量工具是 Oxford（1990）开发的"语言学习策略表"（Strategy Inventory for Language Learning，SILL）。

一、学习策略的定义和分类

学习策略研究迄今已有将近50年历史，但由于学习策略可以宽泛到制订学习规划，也可以具体到根据词根猜测词义，因此如何界定学习策略依然存在分歧。我们姑且使用Oxford（2011：167）的最新定义：学习策略是学习者为了提高语言能力、完成学习任务、使语言学习变得更快捷、更有效、更容易而有意采取的行动。

对学习策略的分类主要有三种：根据语言学习的不同技巧（听、说、读、写、词汇、语法、翻译）分类，根据学习上使用的策略（如记忆、重复）和语言实际应用时使用的策略（如使用交际策略）分类，根据学习策略的不同作用分类（如认知策略、社交策略）。在不同分类中，以Oxford（1990）的分类最有影响。她的分类属于第三种分类，分为直接策略和间接策略两大类。直接策略指策略的使用与所学语言有直接关系，如记忆策略、认知策略（包括练习、接受和传送信息、分析和推理、为输入输出信息建立规则）、补偿策略（包括猜词、克服说、写中的语言知识不足）；间接策略指策略的使用与所学语言没有直接关系，包括元认知策略（meta-cognitive strategies）（如计划学习时间、评估学习效果）、情感策略（如降低焦虑程度、建立自信）、社交策略（如询问问题、与他人合作）。尽管以上各种分类不同，但以下四种学习策略是学者一致认可的（Dörnyei & Skehan，2003）。

认知策略　指学习语言过程中学习者为了更有效地识别、理解、保持和提取信息而采用的微观策略。认知策略与语言学习材料有直接联系，运用于具体的学习活动中。如识别和区分所需学习的材料，将所需学习材料归类并重复练习，有意识的记忆，利用视觉形象、关键词或上下文情景理解或推测等。

元认知策略 指学习者为了有效地组织和安排学习活动而采用的办法，包括在学习过程中确立长、中、短期学习目标，制订学习计划，选择学习方法，监控学习过程，评价方法的有效性，调整学习行为等。

社交策略 指学习者在学习语言的过程中寻求他人帮助他们学习的活动，如积极寻找与母语说话人交流的机会，课内外学习活动中用目的语与同学交流，交际中遇到不会表达的词语，可用手势、表情甚至母语等方式达到表意的目的等。

情感策略 指学习者在学习过程中培养、调整、控制自己情感的策略，如因怕出错误或害羞而不敢开口或考试成绩不佳引起的焦虑，会对学习产生消极的影响，调节这种情感状态有助于学习进程。

通过以上对学习策略定义和分类的讨论可以看出，语言学习策略是学习者为了有效提高学习效率和效果而采取的各种方法、技巧和步骤。但各种具体策略并无好坏之分，学习者会在不同主观、客观因素的影响下对各类策略有不同的取舍，成功的学习者使用的策略也因人而异，各自具有不同的组合（Griffiths，2008）。

二、学习策略训练研究

Biggs（1984）提出，影响学习策略的因素可分为个体、场景和情感等方面。其中个体因素与个人能力、认知风格和已有知识有关。从这个层次看，学习策略是稳定的，外界难以改变的。场景因素特指课堂环境、任课教师等，如课堂任务的性质、内容、难度、评估方式等，对学习策略的选择有影响，从这个层次看，学习策略是可变的。而情感因素主要与学习动机有关，如果学习动机有所改变，是否使用原有的学习策略的意愿也会相应改变。就场景和情感因素而言，学习策略是可变的、可训练的，特别是对于初学者，通过训练可以让他们了解一些好的学习策略并运用到实际学习中去。正如Ellis（2012）指出的，教师面对各种各样的学习者，很难面面俱到，照顾到所有不同的学习风格、不同焦虑程度的学习者，为了应对这样的情况，方法之一是训练学习者了解、使用更多的学习策略，最大化地让他们受益于课堂教学。正是因为学习策略的可塑性及其对语言学习的促进作用，在过去几十年间，出现了很多就学习策略及训练与学习效果关系的研究，我们选择两个有代表性的研究加以讨论。

Cohen、Weaver & Li（1997）是一项较有代表意义的课堂研究，调查学习策略训练对第二语言口头表达的影响。6个班55名美国学习外语的大学生参加，具有中级语言水平。其中3个班32名学生作为实验组，在10个星期内接受显性学习策略训练，其他3个班为对照组。除是否接受学习策略训练的不同外，两组学生都按照教学大纲进行正常教学。在研究开始的第一个星期，所有学生都填写了"语言学习策略表"（Oxford，1990）。研究开始和结束时，学生参加了前测和后测，内容是单独完成三项口头任务：自我描述、重述故事、城市描述。在完成每项任务后，研究者给学生一张学习策略表，让他们报告在任务前的准备阶段、任务中的执行阶段和任务后的反思阶段都使用了什么学习策略。研究者还对其中21名学生做了一对一访谈，了解他们运用相应学习策略的频率。研究结果显示，两组学生前后测的口头表达能力都有提高，但两组相比，实验组在第三项口头任务的表现上超过对照组，具统计学意义，实验组也使用了更多的语法策略和词汇策略。研究者的结论是，学习策略训练有助于学生语言能力的提高，表现在使用必要的语言手段完成口头表达任务上。

Vandergrift & Tafaghodtari（2010）的听力策略训练也显示了同样的结果。参加这项研究的是6个班级106个在加拿大学习法文的学生，分为实验组（59人）和对照组（47人），为期一个学期。实验组的学生在教师的指导下边听边接受元认知策略训练，如预测听力内容，与同伴讨论所做预测，反复听相同的内容以验证、评估所做预测。对照组由同一位教师上课，听同样的材料和次数，但不接受相应的策略训练。研究者在研究的开始、中段和结束时对学生进行元认知策略听力问卷调查。研究结束时的后测显示，实验组的听力成绩显著高于对照组，包括原来听力能力较低学生的成绩也超过了对照组学生。三次元认知策略听力问卷调查也显示，学生对元认知策略的意识程度通过训练有明显的提高。

下面我们讨论两篇学习策略训练的综述性研究。Hassan 等（2005）对25个学习策略训练研究进行了综述，以探讨策略训练在不同教学环境，对不同语言、不同技巧、如何实施的有效性。他们发现，策略训练在短期内对实际教学基本有效，25个研究中，17个报告有效，6个不确定，两个无效。但他们不能证明训练效果是否具有长效性。他们还发现训练效果的有效性在阅读和写作方面更为显著。

Plonsky（2011）采用统和分析的方法对策略教学研究的有效性进行了综述研究。研究者对相关研究进行筛选，筛选标准包括三个方面：教学环境——如学习者水平、是在二语环境还是在外语环境、学习者年龄、受教育程度以及是在真实课堂上进行还是在实验环境下进行等；实验过程——策略教学中策略类别及数量、实验时间、策略教学是否是课程内容一部分等；结果变量（outcome variable）——技能方面如阅读、写作、词汇学习等，学习理念、态度、学习自主性等。研究的问题是：第二语言策略教学的有效性，有效性与不同学习环境、实验手段、结果变量和研究方法的相关性。研究者首先对各个研究进行收集和编码，最终筛选出了61个研究进入最终统和分析，通过对各个研究的效应值（effect size）进行叠加，得出最终结论。统和结果表明：策略教学的总效应值为0.49，为低-中等（small-medium）；二语环境学习者的效应值大于外语环境；较小年龄学习者的效应值大于较大年龄的学习者；语言水平高的效应值大于语言水平低的学习者；实验环境研究的效应值大于课堂研究的效应值；认知策略教学的效应值大于元认知策略；策略教学对阅读、口语、词汇、语音等方面的效应值大于写作和学习者态度；注重较少数量学习策略训练的效应值高于多数量学习策略。

尽管在过去几十年时间里，学习策略训练及相关研究是第二语言研究及教学的热门课题，但也有不少批评声音，比如策略训练与花费时间不成正比，学习策略这一概念过于宽泛，分类缺乏科学性，缺少相应的理论支持，个体因素过多，应该重新命名为自我约束机制（self-regulation）等（Dörnyei，2005，2008）。

三、汉语学习策略研究

在汉语二语研究领域里，相对于其他研究课题，有关学习策略的研究数量很多，特别是过去的十几年，国内外大约有40篇相关文章发表，还有数目不少的研究生论文。尽管在研究方法和题目的深度、广度上与整体学习策略研究相比存在很多欠缺（Jiang & Cohen，2012），但针对汉语的特殊性，研究者对学生常使用的学习策略做了一些描述性研究（如Ke，1996，1998；Shen，2005；印京华，2003）、汉语阅读（如Everson & Ke，1997），研发了汉字学习策略测量表（Shen，2005），为今后的汉语学习策略研究奠定了基础。Ke（2012）对美国学者针对汉语学习策略进行的相关研究做了全面的总结；Jiang & Cohen（2012）对美国和中国的汉语学习策略研究进行了全面综述，并从研究方法和研究范围对已有研究提出了中肯的批评。以下只讨论一个课堂学习策略训练的研究。如前所述，策略训练研究是目前二语策略研究领域的关注中心，但汉语界此类研究几乎是空白。

袁玲玲（2005）主要探讨了汉语听力策略训练对初、中级留学生策略使用的影响，研究重点是策略训练内容、策略训练方法和被试语言水平对策略训练效果的影响。研究采用课堂训练和定期测试的方法进行。课堂听力策略训练有三种：（1）基本听力技能策略训练，包括发音和四声识别、语法分析；（2）认知策略训练，包括内容猜测、选择性注意、内容总结策略；（3）元认知策略训练，包括计划、评估等。每一种策略训练时间为50—60分钟，训练方法是教师讲解、学生练习、实际应用等。效果测试时，学生不但要回答出听力内容，还要说出使用的听力策略。研究结果显示：汉语听力策略训练效果非常显著，但认知策略训练和元认知策略训练的效果好于基本听力技能策略训练。训练方法对策略训练的影响也很大，融合式显性训练的方法优于融合式隐性训练方法。被试语言水平对策略训练的效果也有影响，初级学生使用策略的频率更高，并且更倾向使用基本听力技能策略。总之，训练内容、训练方法和被试水平三者之间的交互作用影响着策略训练的结果。

结语与思考

本章重点讨论了学习动机、语言天赋、交际意愿、焦虑感和学习策略等个体差异与第二语言课堂教学的关系问题。尽管个体差异是每个个体相对稳定的心理特征，但一些个体差异可以由于环境的不同（如课堂环境、学习任务）或人为的因素（如教师有意识地施加影响）有所改变，比如学习动机、焦虑情绪、学习策略等，而另一些较难改变，如语言天赋、记忆能力等。对于前者，教师应因势利导，施加影响，而对第二类应该认同与生俱来的个体差异，力图教学方式的多样化。

如果读者对学习者个体差异与课堂教学效果之间的关系有兴趣，可以模仿Moskovsky 等（2013）的研究在自己的课堂上实施一些提高学生动机的课堂策略，努力提高学生的行动中动

机及行动后动机。或许可以设计不同的课堂任务，以符合不同
学习天赋的学生，加以实施，并检验最终教学效果。

深度阅读推荐

1．Carroll, J. B., & Sapon, S. M. (1959) *Modern Language Aptitude Test*. New York, NY: The Psychological Corporation/Harcourt Brace Jovanovich.

Carroll & Sapon在反复实验测量的基础上设计了"现代语言天赋测量表"，用来预估二语学习者未来可能达到的语言学习成就，现仍广泛使用。

2．Dörnyei, Z. (2000) Motivation in action: Towards a process-oriented conceptualisation of student motivation. *British Journal of Educational Psychology*, 70, 519-538.

Dörnyei 在细化学习动机的基础上，提出了"动态学习动机"模式，这篇文章对该模式做出了令人信服的解释。

3．Dörnyei, Z. & Skehan, P. (2003) Individual differences in second language learning. In C. Doughty & M. Long (Eds.), *Handbook of Second Language Acquisition* (pp. 589-630). Oxford: Blackwell.

Dörnyei & Skehan在这篇文章中对2003年之前第二语言习得研究界对个体差异的研究进行了综述总结。

4．Gardner, R. C. & Lambert, W. E. (1972) *Attitude and Motivation in Second Language Learning*. Rowley, MA: Newbury House.

Gardner的学习动机分类影响深远，这本专著对此做了详尽的阐释。

5．Horwitz, E. K., Horwitz, M. B. & Cope, J. (1986) Foreign language classroom anxiety. *The Modern Language Journal*, 70, 125-132.

Horwitz等学者在调查、分析外语学习中可能出现的焦虑现象的基础上设计了"外语课堂学习焦虑量表"，现仍广泛使用。

结篇

在过去的几十年中，研究者就第二语言课堂不同方面对学习者中介语系统发展的影响进行了一系列研究。本书对这些研究有选择地分章进行了介绍，包括相关理论、主要问题、代表性研究、重要发现、未来研究方向等，并在尽可能的情况下，引用讨论了汉语二语研究案例。作为本书的结篇，本章首先就贯穿各章的问题做简要总结，之后对各章提及的汉语二语课堂研究做综述总结。

一、第二语言课堂研究理论、范围和方法要点重述

（一）二语课堂研究理论和范围

从各章的标题我们可以看出二语课堂研究的发展轨道。从早期的课堂语篇研究到互动学说的发展，再到如今的热点——任务教学、语言形式教学和纠错反馈，其中穿插着社会文化理论对二语课堂的解读以及对学习者个体差异的研究。学界对一些现象的解释已取得一致的意见，但更多的还在讨论甚至争论之中。学习者显性知识和隐性知识之间的关系是各家理论流派争论的关键，也是课堂教学如何实施的分歧所在，且目前没有定论。显性知识是学习者通过课堂显性讲解就可以获得并可以用语言表达出来的语言知识，隐性知识是支配人们语言即时使用脱口而出的知识。以Krashen为代表的"无接口理论"认为显性知识和隐性知识之间是不可转换的；以DeKeyser为代表的"强势接口理论"认为两者可以无条件转换；以Long为代表的"弱势接口理

论"认为显性知识可以促进隐性知识的发展，但受制于学习者中介语系统的发展。

就课堂教学而言，各派都派生出无数教学形式和技巧。无接口理论提倡强势交际教学，课堂教学只提供语言使用的环境。强势接口理论提倡使用3P显性教学方式，即语言规则讲解—练习—生成教学流程，其关键词是"练习"或我们常说的熟能生巧，双码教学和规则输入是语言规则显性讲解的不同做法。弱势接口理论主张隐性介绍语言知识，通过课堂任务教学和隐性纠错反馈向学生提供语言输入、输出、注意的机会。一言以蔽之，如何在课堂上发展学生的隐性知识是各派根本的不同，而各学派内部也有很大的分歧。

如何在课堂不同环节调用各种教学手段更有效地发展学生中介语隐性知识是二语课堂教学研究的中心，其中有如何输入（教师直接讲解、强化输入、听或读），从输入到输出中间的活动（学生互动、句型练习）和输出条件（学生合作完成、提供输出时间的长短），以及学生个体差异、教师差异、具体目标形式、教学环境等。多年来，研究者从不同角度、不同层面、动用不同研究手段描写和解释这些环节和因素，探究课堂学习者内外在因素对发展中介语系统的即时影响和持久影响。目前比较一致的结论是，均衡教学是有效提高学习者语言水平的最佳模式，即课堂上既提供语言形式的显性教学又提供语言使用机会的隐性教学。

（二）二语课堂研究方法

研究方法的发展是贯穿本书的另一条主线。从早期的宏观教学法比较到如今纠错反馈的衡量标准，研究者争论的重点是研究方法问题。早期更多的是质化描述研究；现在更多的是量化研究，用介入实验的方法证明并解释教与学之间的关系。下面简要概述关于实验研究争论最多的三个问题，即研究实施地点、衡量工具和研究过程。

1. 研究实施地点

课堂实验研究在什么条件下进行一直是研究界争论的主要问题。在真实课堂上进行研究，常因具体条件所限导致标本取样过小、各组被试数目不等、学生缺勤影响效果测试、没有时间进行延时后测等问题。针对这些问题，研究界提倡在真实课堂上进行的研究应设立具体的实验目标，实验过程具体化，选择合理的评估工具和统计方式，设立对照组，实施多次后测等。而在实验条件下进行的课堂导向研究也因其环境效度问题，引起人们对其是否能够真实反映二语课堂的质疑。已有研究证明，在实验条件下进行的研究其效值高于真实课堂研究；换言之，同样的研究问题和实验程序，在实验条件下得到的结果其有效性高于真实课堂。尽管存在争议，两类研究都有存在的合理性，我们只能说各有长短、互为参照，互为补充。

2. 测量工具

目前研究者使用的测量工具多是具体目标形式的显性知识测量（如选择填空、改错、句子重组、翻译）、语言整体质量（流利度、复杂度、准确度）、意义协商次数、语言形式聚焦片段、理解回应次数及语言修复次数等。对有些测量工具的效度问题研究界有争议。例如，很多研究者认为，使用纠错后的即时理解回应不能公平地衡量纠错反馈的有效性，用选择填空、改错、句子重组等方式只能说明学生掌握了目的语形式的显性知识，而隐性知识才是大部分课堂教学的终极目标。但如何准确地评估看不见摸不着的隐性知识是研究界讨论的另一个中心。尽管在语言即时使用的条件下可以测量到相应的隐性知识，比如看图说话、即时作文等，但对研究者来说，设计这样的语用环境困难重重，学生往往采取回避策略，使得研究者无从知道学生是否真的可以在真正的交际环境下使用目标形式。时间效度是教学效果的另一个指标。语言发展是一个渐进的过程。Ellis把"习得"定义为学习者中介语知识系统变化的过程，具体表现为：（1）第一次使用从未用过的语言形式；（2）使用准确率提高；（3）使用过的语言形式在新的语境下使用，或使用了该语言形式其他的语用功能；（4）使用流利度提高。因此单纯使用"对"与"错"的标准评判实验结果有失公允。如何把上述标准应用到实际研究中去是研究者需要解决的命题。

3．研究过程

早期的二语课堂研究更多的是质化研究，如第二章讨论的第二语言课堂语篇描述，着眼点主要放在教师课堂语言行为上；现在更多的是Long提倡的"教学-效果"式的实验研究，即教学中有意介入某种教学模式或教学条件，测试比较相对效果，进而做出理论解释。这类研究对实验设计要求严格，除了上面提到的实验地点和评估工具以外，还要设立具体的目标形式，分不同的实验组和对照组，使用合适的统计工具，实施前测、后测、延时后测等，最后用数据证明实验效果，再从理论层面解释实验各要素之间背后的因果关系。统计工具的正确使用是研究界关注的重要问题之一。Ellis（2012）提出，目前研究界存在统计工具过度使用、使用不到位、错误使用等问题，因此各大学术期刊对统计工具的使用和过程要求非常苛刻。另外，现在越来越多的研究者除了报告实验统计数据之外，还对实验过程进行描述，即所谓的"结果-过程"式的混合研究方式，对数据的解释更全面、具体。总之，经过几十年的发展，二语课堂研究趋于规范化、具体化、纵深化、动态化。

二、汉语第二语言课堂研究综述

以下我们对散落在各章的汉语二语课堂研究做简要重述，以便让读者对我们的研究成果和今后研究方向有更系统的了解，即我们做了什么，没做什么，原因为何，今后应该做什么。重点讨论：（1）汉语二语课堂语篇研究；（2）语言形式教学研究；（3）课堂任务教学研究；

（4）从社会文化理论角度看汉语二语课堂；（5）个体差异与汉语二语课堂研究。

（一）课堂语篇

在第二章，我们引用了不少汉语课堂研究的例子。除最后三个案例外，大都是国内学者近几年实施的，让我们对国内汉语课堂有了一定的了解。例如，亓华和李雯（2010）对美国教师执教的中级汉语会话课的描述和解释让我们发现，汉语课堂语篇很多指标都与常模不同，比如教师说话比例低，学生比例高，教师提问比例高；课堂教学以语言操练为主，学生主动参与比例极低；课堂上教师主要是在发指令、讲解、提问，话轮转换特点是教师"提问—学生回答—语言点操练"。这些描述与第六章讨论的张欢（2006）的研究发现一致：汉语课堂的阶段性非常鲜明，呈典型的3P教学特征，且第三阶段非常短。亓华、杜朝晖（2008）发现，教师课堂提问的种类与课堂阶段关联密切，课文导入阶段的问题以"参考性问题"为主，课堂主要阶段生词课文讲解又以"展示性"问题为主；而"展示性"问题的目的是检验学生是否掌握相应的语言知识。王召妍、郑新民（2012）发现，教师常常在IRF的第三话轮从汉语转换成英文，用英文解释学生在第二轮回复中显现的语言问题。这些汉语课堂语篇特点解释了张欢（2006）和祖晓梅（2008）在课堂纠错描述研究中的发现：学生犯错比例极低，因为课堂基本掌握在教师手中，学生几乎没有自主使用语言的机会，也因此没有犯错误的机会；而教师改错的比例又很高，几乎是有错必纠。这些发现反映了汉语课堂以教师为主、以语法为纲的现状。但国内汉语学习者是在第二语言环境中学习汉语，课堂以外使用汉语的机会非常多，或许可以弥补课上此类机会的欠缺。但在非汉语环境中学习汉语的学生如何弥补此类欠缺是我们需要正视的问题。

新手教师和熟手教师的比较研究也是国内学者非常关注的话题。刘弘、靳知吟、王添淼（2014）发现，熟手教师的等待次数和等待时间都少于新手教师，说明熟手教师提出的问题更切中要点，更符合学生的语言水平。江新和张海威（2011）对教师教学理念和教学行为的研究显示，老教师的教学理念和教学行为相当一致，新教师部分一致，准教师相当不一致。Lü & Lavadenz（2014）也有类似的发现。这些以教师为客体的研究说明业界对教师培训的重视。

我们在第一章提到，国际二语课堂研究呈阶段性发展，课堂语篇及教师学生特点研究鼎盛于20世纪80年代，现很少有研究者涉及这一领域。这也解释了为什么海外学者很少涉足这一领域的原因。而国内汉语二语课堂研究起步较晚，在同一时间研究范围跨越了国际学界几十年研究的课题。但也正因如此，填补了汉语二语课堂语篇研究的空白。但令人遗憾的是，汉语课堂语篇研究对学生课堂行为的研究几乎没有，这反映了教师是课堂主体的观念依然根深蒂固。对学习者课堂语言行为的研究应该是未来研究者关注的中心之一。

（二）语言形式教学

语言形式教学是课堂教学研究的重点。国际二语习得领域主要从两个角度对语言形式教学的有效性进行研究，一是教学方式，二是纠错反馈。与其他研究领域相比，汉语二语研究界对语言形式教学的关注度较高，无论是国内还是海外，出现了数量不少的研究，本书只选择了近期发表的研究。

汉语语言形式教学方式的研究主要集中在汉字教学和拼音声调教学上，不少研究者根据双码教学理论设计实验，对图像信息+字面信息或声音信息的强化式教学与通用的只提供字面信息的教学进行比较。Shen（2010）比较了传统汉字教学只给语义的做法与语义+相应图片的双码教学，发现教授抽象词时如果提供相应图片，有助于学生对这类汉字的掌握，但这种教学法对具体词汇的教学效果并不显著。朱宇（2010）比较了不同电子抽认卡对汉语初学者汉字记忆的影响，发现有发声有笔顺动画的抽认卡会影响学生的记忆，因为看似属于图像性质的笔顺动画实际提供的是目标文字信息，会增加学生的记忆负担。贾琳、王建勤（2013）考察了课堂教师常用的打手势方法在汉语声调教学上的有效性。Liu 等（2011）在网上进行的不同拼音调号标记与调号掌握的研究显示，声调标记+拼音的训练效果更为有效。这两项研究肯定了视觉听觉双通道信息相加的拼音声调训练效果，为我们的声调教学提供了很好的实证基础。

除了汉字和声调教学研究外，研究界也出现了一些教授其他语言形式的课堂教学研究。洪炜（2013）比较了显性教学和发现式教学对近义词习得的影响，发现后者的短期和长期效果显著好于前者。S. Li（2012）比较了不同强度的练习+显性教学对汉语请求语用功能的掌握，发现单纯显性教学即可提高学生语用知识的发展，练习强度的增加也可起到一定的作用。靳洪刚（2010）发现，任务复杂度的增加不但可以促进学生交流的数量，还增加了顺带学习的机会，对目的语形式的掌握有显著效果。Yuan（2012）验证了意识提高任务对促进"了"中介语知识发展的有效性，发现从意识提高教学得到的显性知识具有"注意"和"注意差距"效果。Yuan（2014a）以三个汉语时间词为目标形式，发现学生之间的合作互动有助于目标形式的深层处理。但Yuan的两项研究都证明，不同难度的语言形式对任务条件的反应非常不同。

关于汉语课堂纠错反馈的实验研究数量有限。曹贤文和牟蕾（2013）进行了一项重述式纠错与启发式纠错的比较实验，后测显示两种纠错方式都很有效，但启发式纠错的延时效果显著高于重述式纠错。海外学者Li，S-F（2014）对比了重述纠错和元语言提示纠错对汉语动词"了"和量词的掌握，同样发现两种纠错方式都有效，但重述纠错的效果不如元语言提示。以上两项研究与国际纠错反馈研究的结论一致。但这两项研究都是在实验条件下进行的，在真实课堂实施的准实验研究目前是一个空白。

尽管与其他领域的汉语课堂研究相比，汉语语言形式教学研究数量较多，但与国际学界整体相比，数量和研究范围都非常有限。比如，显性教学、3P教学是目前汉语教学的常态，但很少有对这种教学方式细化、深化的研究，也没有与其他教学方式的比较研究，针对不同目标形式的课堂纠错反馈也几乎没有。这些都应该是我们未来研究的方向。

（三）课堂任务教学

课堂任务教学是近几年各学术会议的热点题目，但大都是个人经验总结，真正的科学研究非常少，几乎呈空白状态。书中介绍的几个汉语研究均来自海外学者。Magee & Jacobs（2001）在新加坡汉语二语课堂进行了一项研究，发现信息互换的阅读任务在话轮转换和小句产出数量上都高于不需信息互换就可完成的阅读任务。他们还发现很多学生不喜欢小组活动，因此提议任务教学所提倡的分组活动只应是课堂教学的补充。靳洪刚（2010）探讨了任务复杂度与互动输出数量之间的关系，发现提高任务复杂度可以增加语义协商的机会，有助于学生"顺便"学习新的语言成分及结构。目前任务教学研究关注的重点是任务实施条件与语言流利度、复杂度、准确度的关系。Yuan（2009）把Skehan用于任务教学评估的语言三度衡量标准介绍给汉语研究界，发现英文流利度的测量指标可以直接用于汉语，准确度与复杂度在词汇层面也可借鉴，但在句子层面由于汉、英两种语言的不同，借鉴难度很大。Yuan（2010，2012）根据认知负担理论设计了不同任务条件及两种不同写作模式与语言输出语言流利度、复杂度、准确度的关系。Yuan（2014a，2014b）对听-写任务在不同实施条件下与语言输出流利度、复杂度、准确度的关系进行了研究，她（2012，2014a）还对形式聚焦任务对汉语语法词"了"和时间词掌握的影响进行了研究。

无论是国内还是国外，汉语任务教学研究数量寥寥，这或许与汉语课堂基本是3P教学，任务教学很少在课堂使用有关。希望本书对任务教学研究的综述能吸引一部分研究者进入这一领域，用实证数据向汉语教学界推广任务教学的一些研究发现，比如根据Skehan 和Robinson的理论框架设计比较不同任务和不同实施条件对学生均衡发展语言流利度、复杂度和准确度的不同影响，为汉语教学跳出单纯发展准确度的教学模式做些理论准备。

（四）社会文化角度

正如本书多处指出的，国际二语习得界相当一部分学者从社会文化角度解读第二语言课堂，汉语二语课堂研究也不例外，但大都是海外学者。关之英（2008）发现中国香港一所汉语作为第二语言的小学课堂教师一共使用了八种"鹰架"搭建策略，且大部分都很成功，不太成功的一次其原因是教师没有充分了解学生的"最近发展区"。Zhang（2009）利用话语分析的方法，对两名中文教师课堂提问的动态过程、问题类型、提问策略以及提问话语进行了比较分析，考察了两个不同教师提问行为在创造学生课堂话语参与机会、为学习提供"鹰架"帮助方面的差异。Pu & Li（2011）的研究展示了一个美国周末中文学校成功的课堂案例。课堂上教师通过互动性朗读，发现学生的最近发展区，并在此基础上搭建"鹰架"。教师还鼓励学生互搭"鹰架"，为学生提供了大量的以文化意义为主兼顾语言形式的语言互动机会。

教学理念和教学行为之间的矛盾是美国学者关注的另一个话题，第二章章末的三个案例之中的两个描述了这样的矛盾。美国汉语教学的大环境是以西方语言教学方式为主流的第二语言教学，关键词是课堂交际、任务教学、小组互动、意义为主等，而汉语课堂教学基本延续了3P教学方式，与宏观环境"格格不入"。而一些拥有应用语言学学位或受过相关教育或培训的汉语教师对两者的反差感到彷徨和矛盾。Duff & Li（2004）和Yang（2008）案例中的Jin和"我"在课堂上的教学表现和课下的心理活动向我们展示了这样的矛盾。学习者也是如此。Lantolf & Genung（2002）研究中的PG就是这样一个例子。她的汉语课堂学习经验展示了主流二语教学理念与汉语课堂具体做法的矛盾，而她本人最后妥协，成为这种矛盾的牺牲品。这三个案例均使用社会文化研究的多视角方法，为我们展示了美国汉语二语课堂的现状和师生的矛盾心态。三个研究都来自美国学者，或许国内汉语教师不存在这样的矛盾，因为宏观环境与具体课堂环境是相对一致的。

从社会文化角度解读二语课堂已是二语课堂研究非常重要的研究分支。但汉语二语研究的整体数量非常少，从学生角度和使用微分析研究课堂进程的更是没有，而国内几乎没有学者从这个角度对汉语课堂进行研究，希望有兴趣的学者进入这一领域。

（五）个体差异

个体差异中学习动机和语言天赋被认为是可以预测学习者是否成功的两项指标，但学习动机的上升或下降是可以在外界的影响下改变的，而语言天赋是与生俱来的。其他可以在外界影响下改变的个体差异还有焦虑感、交际意愿、学习策略。

目前国际研究界对学习动机的研究关注更多的是探究引发学习动机上升或下降的场景因素，比如课堂任务、教师、同学、动机策略使用等。温晓虹（2011）对美国大学生学习汉语的研究发现，许多有中国家庭背景的学生当发现汉语课要求他们投入比想象要多的努力时就可能中断汉语学习。Cai & Zhu（2012）对参加网上汉语项目的学生做了学习动机前后变化的研究，找出致使学生动机变化的正负面影响。Lantolf & Genung（2002）个案研究中的PG由于汉语课堂传统的教学方式和课堂文化，丧失了原有的学习动机，她继续学下去的原因只是为了拿到满足课程需求的学分，从原来一个"好的语言学习者"转变为一个"好学生"。

目前，研究界对语言天赋的关注主要是找出不同教学方式与不同语言天赋的匹配研究，但汉语二语界几乎没有，Li，S-F（2013）关于汉语量词纠错与语言分析能力的研究是个例外。他发现，语言分析能力与重述纠错相关，与语言信息提供并不相关。由于初级学生掌握汉语量词不需要牵涉太多的语法规则，因此语言分析能力高低意义不大，但在重述纠错中，由于研究者未提供元语言知识，学生依靠语言分析能力对量词进行分析，因此对高语言分析能力学生的量词中介语发展更有效。除S-F Li的研究之外，语言天赋与语言形式教学方面的研究在汉语教学界几乎无人涉足，希望有兴趣的研究者进入这一领域。

相对而言，在汉语第二语言研究领域里，有关学习策略的研究数量相对较多，特别是汉字识别记忆策略（如Ke，1996，1998；Shen，2005；印京华，2003）、汉语阅读（如Everson & Ke，1997），为今后汉语学习策略的深入研究奠定了基础。课堂学习策略训练研究是目前二语策略研究的热点题目，但汉语界此类研究几乎是空白。

整体来说，汉语二语界个体差异研究大都集中在学习策略和学习动机上，但描述性研究过多，解释性研究很少，不同课堂因素与影响个体差异变化的动态研究几乎没有，语言天赋与教学形式的匹配研究也是如此。这些都应该是未来研究者关注的课题。

三、余论

本书讨论的基本是国内和海外学者近10年在汉语二语课堂上所做的研究。相比而言，两类学者最大的不同体现在研究题目上。比如课堂语篇研究，美国学者基本无人涉及，第二章提到的汉语课堂语篇研究（除章末案例研究）几乎都来自国内学者。而从社会文化角度解读二语课堂、对任务实施条件与语言产出关系方面的研究，国内学者少有涉足，几乎都来自海外学者。有些领域国内和海外学者都有涉及，比如语言形式教学研究中的双码教学和个体差异中的学习策略研究。

与整体二语课堂研究相比，汉语二语课堂研究最突出的特点是数

量过少，研究范围有限，很多研究课题无人涉足。这与汉语二语研究
起步晚历史短有关，也与我们课堂教学主要沿用3P方法有关。国际流
行的一些教学方式没有在汉语课堂上普遍使用，因此与这些教学方式
相关的研究题目在汉语二语界没有产生太多的共鸣，比如任务教学条
件与产出之间的关系，不同纠错反馈与不同语言形式中介语系统发展
的关系，不同语言形式教学对学生中介语发展的不同作用等。但换一
个角度考虑，汉语课堂现有的3P教学是否是唯一正确的教学模式并没
有经过研究实证证实，这应该是汉语二语课堂研究最大的题目。或许
国际二语课堂研究的一些结论性发现和开拓型研究可以让我们重新审
视现行的课堂教学，比如针对不同语言形式不同学习者群体或许可以
使用一些不同的教学方式，适当地引进任务教学的做法或许可以给学
生提供自主使用语言的机会以及从错误中学习语言的机会。正如交际
法教学不是放之四海而皆准的教学模式一样，3P教学也不应该如此。
对现行汉语教学的反思和审视需要更多的研究者进入课堂研究领域，
针对课堂教学方方面面设计实施的不同类型研究，特别是实验研究和
准实验研究，不但会帮助我们解读汉语学习者与目标形式、教学方
式、教师、课堂环境之间错综复杂的关系，也将有助于我们了解汉语
二语学习者习得规律，促使汉语作为第二语言习得整体研究向更加规
范化、具体化和动态化的方向发展。

参考文献

Al-Homoud, F. & Schmitt, N. (2009) Extensive reading in a challenging environment: A comparison of extensive and intensive reading approaches in Saudi Arabia. *Language Teaching Research*, 13(4), 383-401.

Aljaafreh, A. & Lantolf, J. P. (1994) Negative feedback as regulation and second language learning in the zone of proximal development. *The Modern Language Journal,* 78(4), 465-483.

Allen, P., Fröhlich, M. & Spada, N. (1984) The communicative orientation of second language teaching: An observation scheme. In J. Handscombe, R. Orem & B. Taylor (Eds.), *On TESOL '83*, Washington, D.C.

Allen, P., Swain, M., Harley, B. & Cummins, J. (1990) Aspects of classroom treatment: Toward a more comprehensive view of second language education. In B. Harley, P. Allen, J. Cummins & M. Swain (Eds.), *The Development of Second Language Proficiency*. Cambridge: Cambridge University Press.

Allwright, D. (1988) *Observation in the Language Classroom*. London: Longman.

Allwright, R. L. (1975) Problems in the study of the language teacher's treatment of error. In M. K. Burt & H. D. Dulay (Eds.), *On TESOL '75: New Directions in Second Language Learning, Teaching, and Bilingual Education* (pp. 96-109). Washington, D.C.: TESOL.

Allwright, R.L. & K.M. Bailey (1991) *Focus on the Language Classroom: An Introduction to Classroom Research for Language Teachers.* Cambridge: Cambridge University Press.

Ammar, A. (2003) *Corrective Feedback and L2 Learning: Elicitation and Recasts.* Unpublished doctoral thesis. McGill University, Montreal.

Ammar, A. & Spada , N. (2006) One size fits all? Recasts, prompts, and L2 learning. *Studies in Second Language Acquisition,* 28, 543-574.

Anderson, J. R. (1995) *Learning and Memory.* New York: Wiley.

Anderson, N. H. (1981) *Foundation of Information Integration Theory.* New York: Academic Press.

Anton, M. & Dicamilla, F. J. (1999) Socio-cognitive functions of L1 collaborative interaction in the L2 classroom. *The Modern Language Journal,* 83(2), 233-247.

Au, S. (1988) A critical appraisal of Gardner's social-psychological theory of second language (L2) learning. *Language Learning,* 38, 75-100.

Bailey, K. M. (1983) Competitiveness and anxiety in adult second language learning: Looking at and through the diary studies. In H. W. Seliger & M. H. Long (Eds.), *Classroom Oriented Research in Second Language Acquisition* (pp. 67-103). Rowley, MA: Newbury House.

Bardovi-Harlig & Vellenga (2012) The effect of instruction on conventional expressions in L2 pragmatics. *System,* 40 (1), 77-89.

Barnes, D. (1969) The language of the secondary classroom. In D. Barnes, J.N. Britton & H. Rosen (Eds), *Language, the Learner and the School.* Harmondsworth: Penguin.

Beck , T. (1951) An experiment in teaching French by the oral-cultural approach method. *The Modern Language Journal,* 35, 595-601.

Beglar, D. & Hunt, A. (2002) Implementing task-based language teaching. In Richards, J. C. & Renandya, W. A. (Eds.), *Methodology in Language Teaching: An Anthology of Current Practice.* Cambridge: Cambridge University Press.

Berry, M. (1981) Systemic linguistics and discourse analysis: a multi-layered approach to exchange structure. In M. Coulthard & M. Montgomery (Eds.), *Studies in Discourse Analysis* (pp. 120-145). Routledge & Kegan Paul.

Berwick, R. (1990) *Task Variation and Repair in English as a Foreign Language.* Lobe University of Commerce: Institute of Economic Research.

Biggs J. B. (1984) Learning strategies, student motivation patterns and subjectively perceived success. In J. R. Kirby (Ed), *Cognitive Strategies and Educational Performance.* Academic press, INC.

Bloomfield, L. (1933) *Language.* New York: Holt.

Boers F., Píriz, A., Stengers, H. & Eyckmans, J. (2009) Does pictorial elucidation foster recollection of idioms? *Language Teaching Research,* 13(4), 367-382.

Boom, R. (1998) *A Longitudinal Study of the Use of Recasts in Adult Second Language Acquisition.* Unpublished manuscript, University of Hawaii at Manoa.

Brock, C. (1986) The effects on referral questions on ESL classroom discourse. *TESOL Quarterly,* 20, 47-59.

Brooks, L. & Swain, M. (2009) Languaging in collaborative writing: Creation of and response to expertise. In A. Mackey & C. Polio (Eds.), *Multiple Perspectives on Interaction in SLA* (pp. 58-89). Mahwah, NJ: Lawrence Erlbaum.

Brooks, F. & Donato, R. (1994) Vygotskian approaches to

understanding foreign language learner discourse during communicative tasks. *Hispania,* 77, 262-274.

Brown, G., Anderson, A., Shilcock, R. & Yule, G. (1984) *Teaching Talk: Strategies for Production and Assessment.* Cambridge: Cambridge University Press.

Burrows, C. (2008) Socio-cultural barriers facing TBL in Japan. *The Language Teacher,* 3(8), 15-19.

Burt, M. & Kiparsky. C. (1972) *The gooficon: A repair manual for English.* Rowley, Mass.: Newbury House.

Burt, M. (1975) Error analysis in the adult EFL classrooms. *TESOL Quarterly*, 9, 53-63.

Bygate, M. (2001) Effects of task repetition on the structure and control of language, In M.Bygate, P.Skehan & M.Swain (Eds.), *Task-based Learning: Language Teaching, Learning and Assessment* (pp. 23-48). London: Longman.

Cai, S. & Zhu, W. (2012) The impact of an online learning community project on university Chinese as a Foreign Language students' motivation. *Foreign Language Annals*, 45(3), 307-329.

Candlin, C.N. (1987) Towards task-based learning. In C.N. Candlin & D. Murphy (Eds.), *Lancaster Practical Papers in English Language Education. Vol. 7. Language Learning Tasks* (pp. 5-22). Englewood Cliffs, NJ: Prentice Hall.

Cao, Y. & Philp, J. (2006) Interactional context and willingness to communicate: A comparison of behavior in whole class, group and dyadic interaction. *System*, 34(4), 480-493.

Carless, D. (2002) Implementing task-based learning with young learners. *ELT Journal*, 56, 389-396.

278

基于课堂的第二语言习得研究

Carless, D. (2003) Factors in the implementation of task-based teaching in primary schools. *System*, 31, 485-500.

Carroll, J. B. (1993) *Human Cognitive Abilities: A Survey of Factor-analytic Studies*. New York, NY: Cambridge University Press.

Carroll, J. B. & Sapon, S. M. (1959) *Modern Language Aptitude Test*. New York, NY: The Psychological Corporation/Harcourt Brace Jovanovich.

Carroll, S. & Swain, M. (1993) Explicit and implicit negative feedback: An empirical study of the learning of linguistic generalizations. *Studies in Second Language Acquisition*, 15, 357-386.

Cathcart, R. L. & Olsen J. W. B. (1976) Teachers' and students' preferences for correction of classroom conversation errors. In J. F. Fanselow & R. H. Crymes (Eds.), *On TESOL '76* (pp. 41-53). Washington, D.C.: TESOL.

Chaudron, C. (1977) A descriptive model of discourse in the corrective treatment of learners' errors. *Language Learning*, 27, 29-46.

Chaudron, C. (1983) Simplification of input: Topic reinstatements and their effects on L2 learners' recognition and recall. *TESOL Quarterly*, 17, 437-458.

Chaudron, C. (1985) Intake: On models and methods for discovering learners' processing of input. *Studies in Second Language Acquisition*, 7, 1-14.

Chaudron, C. (1988) *Second Language Classrooms: Research on Teaching and Learning*. Cambridge, UK: Cambridge University Press.

Chaudron, C. (2001) Progress in Language Classroom Research: Evidence from *The Modern Language Journal*, 1916-2000. *The Modern Language Journal*, 85(1), 57-76.

Cheng, H.-F. & Dörnyei, Z. (2007) The use of motivational strategies in language instruction: The case of EFL teaching in Taiwan. *Innovation in Language Learning and Teaching,* 1 (1), 153-174.

Chenoweth, N. A., Day, R. R., Chun A. E. & Luppescu, S. (1983) Attitudes and preferences of ESL students to error correction. *Studies in Second Language Acquisition,* 6 (1), 79-87.

Chomsky, N. (1968) *Syntactic Structures.* The Hague: Mouton.

Chomsky, N. (1975) *Reflections on Language.* New York: Pantheon.

Cohen, A. D., Weaver, S. & Li, T-Y. (1997) *The Impact of Strategies-based Instruction on Speaking a Foreign Language* (CARLA Working Paper Series #4). Minneapolis: University of Minnesota, Center for Advanced Research on Language Acquisition.

Corder, S. (1967) The significance of learners' errors. *International Review of Applied Linguistics,* 5, 161-167.

Corder, S. (1981) *Error Analysis and Interlanguage.* Oxford: Oxford University Press.

Crookes, G. (1989) Planning and interlanguage variation, *Studies in Second Language Acquisition,* 11, 367-383.

Crooks, G. & Rulon, K. A. (1985) *Incorporation of Corrective Feedback in Native Speaker/Non-Native Speaker Conversation. Technical Report No. 3.* Honolulu: Center for Second Language Class-room Research, Social Science Research Institute, University of Hawaii at Manor.

Cullen, R. (2002) Supportive teacher talk: the importance of the F-move, *ELT Journal,* 56(2), 117-128.

Dabaghi, A. (2010) *Corrective Feedback in Second Language Acquisition.* Lambert Academic Publishing, Saarbrucken, Deutschland.

Day, E. & Shapson, S. (1991) Integrating forma and functional approaches to language teaching in French immerssion: An experimental study. *Language Learning*, 41(1), 25-58.

de Bot, K. (1992) A bilingual production model: Levelt's Speaking model adapted. *Applied Linguistics*, 13 (1), 1-24.

de Graaf & Housen, A. (2009) Investigating the effects and effectiveness of L2 instruction. In Long, M & Doughty, C.(Eds.), *The Handbook of Language Teaching* (pp.726-755). Oxford: Blackwell Publishing.

de Graaf, Rick. (1997) The eXperanto experiment: Effects of explicit instruction on second language acquisition. *Studies in Second Language Acquisition*, 19, 249-297.

DeKeyser, R. (1993) The effect of error correction on L2 grammar knowledge and oral proficiency. *Modern Language Journal*, 77, 501-514.

DeKeyser, R. (1995) Learning second language grammar rules: An experiment with a miniature linguistic system. *Studies in Second Language Acquisition*, 17, 379-410.

DeKeyser, R. (1998) Beyond focus-on-form: Cognitive perspectives on learning and practicing second language grammar. In C. Doughty & J. Williams (Eds.), *Focus on form in classroom language acquisition* (pp. 42-63). Cambridge: Cambridge University Press.

DeKeyer, R. (2000) The robustness of critical period effects in second language acquisition. *Studies in Second Language Acquisition*, 22, 499-533.

DeKeyser, R. (2003) Implicit and explicit learning. In C. Doughty & M. Long (Eds.), *Handbook of Second Language Acquisition* (pp. 313-348). Oxford: Blackwell.

DeKeyser, R. (2007) Skill acquisition theory. In J. Williams & B. VanPatten (Eds.), *Theories in Second Language Acquisition: An introduction* (pp. 97-113). Mahwah, NJ: Erlbaum.

Delaney, T. (2009) Putting names and faces together: Using digital photo sheets to manage large classes. In Farrell, T.S.C. (Ed.), *Classroom Management*. Arlington, VA, USA: TESOL.

Ding, Y-R. (2007) Text memorization and imitation: The practices of successful Chinese learners of English. *System*, 35(1), 271-280.

Donato, R. (1994) Collective scaffolding in second language learning. In J.P. Lantolf & G. Appel (Eds.), *Vygotskian Approaches to Second Language Research* (pp. 33-56). Westport: Ablex Publishing.

Dörnyei, Z. (1990) Conceptualizing motivation in foreign-language learning. *Language Learning*, 40 (1), 45-78.

Dörnyei, Z. (1994) Understanding L2 motivation: On with the challenge! *Modern Language Journal*, 78, 515-523.

Dörnyei, Z. (2000) Motivation in action: Towards a process-oriented conceptualisation of student motivation. *British Journal of Educational Psychology*, 70, 519-538.

Dörnyei, Z. (2001) *Motivational Strategies in the Language Classroom*. Cambridge: Cambridge University Press.

Dörnyei, Z. (2005) *The Psychology of the Language Learner: Individual Differences in Second Language Acquisition*. New York: Routledge.

Dörnyei, Z. (2008) New ways of motivating foreign language learners: Generating vision. *Links*, 38 (Winter), 3-4.

Dörnyei, Z. & Csizér, K. (1998) Ten commandments for motivating language learners: Results of an empirical study. *Language Teaching Research,* 2, 203-229.

Dörnyei, Z. & Csizér, K. (2002) Some dynamics of language attitudes and motivation: Results of a longitudinal nationwide survey. *Applied Linguistics*, 23, 421-462.

Dörnyei, Z. & Kormos, J. (2000) The role of individual and social variables in oral task performance. *Language Teaching Research*, 4, 275-300.

Dörnyei, Z. & Skehan, P. (2003) Individual differences in second language learning. In C. Doughty & M. Long (Eds.), *Handbook of Second Language Acquisition* (pp. 589-630). Oxford: Blackwell.

Doughty, C. (1988) *Effects of Instruction on the Acquisition of Relativization in English as a Second Language*. Ph.D. dissertation. University of Pennsylvania.

Doughty, C. (2003) Instructed SLA: Constraints, compensation, and enhancement. In C. Doughty & M.H. Long (Eds.), *The Handbook of Second Language Acquisition* (pp. 256-310). Oxford: Blackwell.

Doughty, C. & Varela, E. (1998) Communicative focus on form. In C. Doughty & J. Williams (Eds.), *Focus on form in classroom second language acquisition* (pp. 114-138). New York: Cambridge University Press.

Doughty, C. & Williams, J. (Eds.) (1998) *Focus on Form in Classroom Second Language Acquisition*. Cambridge: Cambridge University Press.

Duff, P. (1986) Another look at interlanguage talk: Taking task to task. In R.R. Day (Ed.), *Talking to learn: Conversation in second language acquisition* (pp. 147-181). Rowley, MA: Newbury House.

Duff, P. & Li, D. (2004) Issues in Mandarin language instruction: Theory, research, and practice. *System*, 32(3), 443-456.

Duff, P. & Polio, C. (1990) How much foreign language is there in the foreign language classroom? *The Modern Language Journal*, 74, 154-166.

Dulay, H. & Burt, M. (1972) Goofing, an indicator of children's second language strategies. *Language learning*, 22, 234-252

Dulay, H. & Burt, M. (1973) Should we teach children syntax? *Language Learning*, 23(2), 245-258.

Dulay, H. & Burt, M. (1974) Natural sequences in child second language acquisition. *Language Learning*, 24(1), 37-53.

Duppenthaler, T. (2002) *Feedback and Japanese High School English Language Journal Writing.* Unpublished doctoral dissertation, Temple University, Philadelphia, PA.

Duskova, L. (1969) On sources of errors in foreign language learning. *International Review of Applied Linguistics*, 7(1), 11-36.

Eckerth, J. (2009) Negotiated interaction in the L2 classroom. *Language Teaching*, 42(1), 109-130.

Edmondson, W. (1985) Discourse worlds in the classroom and in foreign language learning. *Studies in Second Language Acquisition*, 7(2), 159-168.

Edstrom, A. (2006) L1 use in the L2 classroom: One teacher's self-evaluation. *The Canadian Modern Language Review*, 63, 275-292.

Ellis, N. (2002) Frequency effects in language processing: A review with implication for theories of implicit and explicit language acquisition. *Studies in Second Language Acquisition*, 24, 143-188.

Ellis, R. (1984) *Classroom Second Language Development.* Oxford: Pergamon.

Ellis, R. (1987) Interlanguage variability in narrative discourse: style shifting in the use of the past tense. *Studies in Second Language Acquisition,* 9, 12-20.

Ellis, R. (1989) Are classroom and naturalistic acquisition the same?

Studies in Second Language Acquisition, 11, 305-328.

Ellis, R. (1990) *Instructed Second Language Acquisition.* Cambridge, England: Basil Blackwell.

Ellis, R. (1991) Grammar teaching practice or consciousness-raising? In R. Ellis (Ed.), *Second Language Acquisition and Second Language Pedagogy* (pp. 232-241). Clevedon, UK: Multilingual Matters.

Ellis, R. (1992) The classroom context: An acquisition-rich or an acquisition-poor environment? In C. Kramsch & S. McConnell-Ginet (Eds.), *Text and Context: Cross-disciplinary Perspectives on Language Study* (pp. 171-186). Toronto: D. C. Heath & Co.

Ellis, R. (1993) Second language acquisition and the structural syllabus. *TESOL Quarterly*, 27, 91-113.

Ellis, R. (1994) *The Study of Second Language Acquisition.* New York: Oxford University Press.

Ellis, R. (1995) Modified input and acquisition of word meanings. *Applied Linguistics*, 16, 409-441.

Ellis, R. (2002) Does form-focused instruction affect the acquisition of implicit knowledge? A review of the research. *Studies in Second Language Acquisition*, 24, 223-236.

Ellis, R. (2003) *Task-based Language Learning and Teaching.* Oxford: Oxford University Press.

Ellis, R. (2005) *Analyzing Learner Language.* Oxford: Oxford University Press.

Ellis, R. (2008) *The Study of Second Language Acquisition (2nd edition).* Oxford: Oxford University Press.

Eillis, R. (2009) The differential effects of three types of task planning on the fluency, complexity and accuracy in L2 oral production.

Applied Linguistics, 30, 474-509.

Ellis, R. (2012) *Language Teaching Research and Language Pedagogy*. Malden, MA: Wiley Blackwell.

Eillis, R. Basturkmen, R. & Loewen, S. (2001) Learner uptake in communicative ESL lessons, *Language Learning*, 51(2), 281-318.

Ellis, R. & He. (1999) The roles of modified input and output in the incidental acquisition of word meanings. *Studies in Second Language Acquisition,* 21, 285-301.

Ellis, R. & Heimbach, R. (1997) Bugs and birds: Children's acquisition of second language vocabulary through interaction. *System,* 25(2), 247-259.

Ellis, R., Loewen, S. & Erlam, R. (2006) Implicit and explicit corrective feedback and the acquisition of L2 grammar. *Studies in Second Language Acquisition*, 28(2), 339-368.

Ellis, R., Loewen, S., Elder, C., Erlam, R., Philip., J. & Reinders, H. (2009) *Implicit and Explicit Knowledge in Second Language Learning. Testing and Teaching,* Multilinqual Matters.

Ellis, R. & Sheen, Y. (2006) Re-examining the role of recasts in second language acquisition. *Studies in Second Language Acquisition*, 28, 575-600.

Ellis, R., Tanaka, Y. & Yamazaki, A. (1994) Classroom interaction, comprehension and the acquisition of second language word meanings. *Language Learning,* 44, 449-491.

Ellis, R. & Yuan, F. (2004) The effects of planning on fluency, complexity, and accuracy in second language narrative writing. *Studies in Second Language Acquisition*, 26, 59-84.

Ely, C. (1986) Language learning motivation: a descriptive and causal analysis. *The Modern Language Journal*, 70, 28-35.

Evelyn H. (1978) Discourse analysis and second language. In Hatch, Evelyn M. (Ed.), *Second Language Acquisition*: *A Book of Readings*. Rowley, MA: Newbury House.

Everson, M. E. (1998) Word recognition among learners of Chinese as a foreign language: investigating the relationship between naming and knowing. *The Modern Language Journal*, 82(2), 194-204.

Everson, M. E. & Ke, C. (1997) An inquiry into reading strategies of intermediate and advanced learners of Chinese as a second language. *Journal of the Chinese Languages Teachers Association*, 32(1), 1-22.

Eysenck, M. (1979) Anxiety, learning and memory: A reconceptualization. *Journal of Research in Personality*, 13, 363-385.

Flanders, N. A. (1970) *Analyzing Teaching Behavior.* Reading, MA: Addison-Wesley.

Foster, P. (1998) A classroom perspective on negotiation of meaning. *Applied Linguistics,* 19(1), 1-23.

Foster, P. & Skehan, P. (1996) The influence of planning time on performance in task-based learning. *Studies in Second Language Acquisition,* 18, 299-234.

Foster, P. & Skehan, P. (1999) The influence of source of planning and focus on task-based performance. *Language Teaching Research*, 3(3), 215-247.

Fotos, S. (1993) Consciousness-raising and noticing through focus on form: Grammar task performance vs. formal instruction. *Applied Linguistics,* 14, 385-407.

Gardner, R. (2001) Integrative motivation and second language acquisition. In Z. Dornyei & R. W. Schmidt (Eds), *Motivation and Second*

Language Acquisition. Honolulu, University of Hawaii.

Gardner, R. C. & Lambert, W. E. (1972) *Attitude and Motivation in Second Language Learning*. Rowley, MA: Newbury House.

Gardner, R.C., Masgoret, A. M., Tennant, J. & Mihic, L. (2004) Integrative motivation: Change during a year-long intermediate level. *Language Learning*, 54(1), 1-34.

Gass, S. M. (1988) Integrating research areas: A framework for second language studies. *Applied Linguistics*, 9, 198-217.

Gass, S. M. (1997) *Input, Interaction, and the Second Language Learner*. Mahwah, NJ: Lawrence.

Gass, S. M. (2003) Input and interaction. In Catherine J. Doughty and Michael H. Long (Eds.), *The Handbook of Second Language Acquisition* (pp. 224-255). Malden, MA: Blackwell.

Gass, S. M. & Mackey, A. (2002) Frequency effects and second language acquisition: A complex picture? *Studies in Second Language Acquisition*, 24(2), 249-260.

Gass, S. M., Mackey, A. & Ross-Feldman, L. (2005) Task-based interactions in classroom and laboratory settings. *Language Learning*, 55, 575-611.

Gass, S. & Varonis, E. M. (1984) The effect of familiarity on the comprehensibility of non-native speech. *Language Learning*, 34(1), 65-89.

Gass, S. M. & Varonis, E. M. (1985) Task variation and native/non-native negotiation of meaning. In S. M. Gass & C. Madden (Eds.), *Input in Second Language Acquisition*. Rowley, MA: Newbury House.

Gass, S. M., & Varonis, E. M. (1994) Input, interaction, and second language production. *Studies in Second Language Acquisition*, 16, 283-302.

Ghari, A. & Moinzadeh, A. (2011) The effects of output task types on noticing and learning of English past modals: A case of intermediate Persian adult learners of English. *Journal of Language Teaching and Research*, 2(5), 1180-1191.

Gibbon, J. (1985) The silence period: An examination. *Language Learning*, 35, 255-267.

Girard, M. & Sionis, C. (2004) The function of formulaic speech in the L2 class. *Pragmatics*, 14, 31-53.

Glksman, L., Gardner, R. & Smythe, P. (1982) The role of integrative motivation on students' participation in the French classroom. *Canadian Modern Language Review*, 38, 625-647.

Goo, J. & Mackey, A (2013) The case against the case against recasts. *Studies in Second Language Acquisition*, 35(1), 127-165.

Granena, G. (2013) Individual differences in sequence learning ability and second language acquisition in early childhood and adulthood. *Language Learning*, 63(4), 665-703.

Grauberg, W. (1971) An error analysis in German of first-year university students. In Perren, G. & Trim, J. (Eds.), *Applications of Linguistics*. Cambridge: Cambridge University Press.

Greene, J. O. (1984) Speech preparation processes and verbal fluency. *Human Communication Research*, 11, 61-84.

Griffiths, C. (2008) Strategies and good language learners. In C. Griffiths (Ed.), *Lessons from Good Language Learner* (pp. 83-98). Cambridge: Cambridge University Press.

Guilloteaux, M. J. & Dörnyei, Z. (2008) Motivating language learners: A classroom-oriented investigation of the effects of motivational strategies on student motivation. *TESOL Quarterly*, 42 (1), 55-77.

Guk, L. & Kellogg, D. (2007) The ZPD and whole class teaching: Teacher-led and student-led interactional mediation of tasks. *Language Teaching Research*, 11, 281-299.

Håkansson, G. & Lindberg, I. (1988) What's the question? Investigating questions in second language classrooms. *AILA Review*, 5, 77-88.

Halliday, M. (1973) *Exploration on the Function of Language*. London: Edward Arnold.

Han, Z. (2002) A study of the impact of recasts on tense consistency in L2 output. *TESOL Quarterly*, 36(4), 543-572.

Harmer, J. (2007) *The Practice of English Language Teaching*. Longmen.

Hashemnezhad, A. & Zangalani, S. K. (2012) The effects of processing instruction and traditional instruction on Iranian EFL learners' writing ability. *English Language Teaching*, 5-11.

Hashimoto, Y. (2002) Motivation and willingness to communicate as predictors of L2 use. *Second Language Studies*, 20 (2), 29-70.

Hassan, Macaro, Mason, Nye, Smith, & Vanderplank (2005) Strategy instruction in language learning: a systematic review of available research. In *Research Evidence in Education*. London: EPPI-Centre, Social Science Research Unit, Institute of Education, University of London.

Hayes, E. B. (1988) Encoding strategies used by native and nonnative readers of Chinese Mandarin. *The Modern Language Journal*, 72(2), 188-195.

Hedge, T. (2000) *Teaching and Learning in the Language Classroom*. Oxford: Oxford University.

Hinkel, E. (2005) *Handbook of Research in Second Language*

Teaching and Learning. Mahwah, NJ: Lawrence Erlbaum Associntes.

Holley, F. & King, J. (1971) Vocabulary glosses in foreign language learning materials. *Language Learning,* 21, 213-219.

Holmes, J. (1978) Socialinguistics competence in the classroom. In J. Richards (Ed.), *Understanding Second and Foreign Language Learning* (pp. 134-142). Rowley, MA: Newbury House.

Horwitz, E. K., Horwitz, M. B. & Cope, J. (1986) Foreign language classroom anxiety. *The Modern Language Journal,* 70, 125-132.

Housen, A., & Pierrard, M. (Eds.) (2005) *Investigations in Instructed Second Language Acquisition.* Berlin: Walter de Gruyter.

Hulstijn, J. (1995) Not all grammar rules are equal: Giving grammar instruction a proper place in foreign language teaching. In Schmidt (Ed.), *Attention and Awareness in Foreign Language learning* (pp. 359-386). Honolulu: University of Hawaii Press.

Hulstijn, J. H. (1997) Introduction: Second language acquisition research in the laboratory: Possibilities and limitations. *Studies in Second Language Acquisition,* 19, 131-144.

Hulstijn, J. H. & de Graaff, R. (1994) Under what conditions does explicit knowledge of a second language facilitate the acquisition of implicit knowledge? A research proposal. *AILA Review,* 11, 97-112.

Hummel, K. M. (2010) Translation and short-term L2 vocabulary retention: Hindrance or help? *Language Teaching Research,* 14(1), 61-74.

Hymes, D. (1972) On *communicative competence.* In Pride, J.B. & Holmes, J. (Eds.), *Sociolinguistics: Selected Readings* (pp. 269-293). Harmondsworth: Penguin.

Iddings, D. & Jang, E Y. (2008) The mediational role of classroom practices during the silent period: New immigrant children learning the

English language in the mainstream classroom. *TESOL Quarterly*, 42(4), 567-590.

Iwashita, N. (2001) The effect of learner proficiency on corrective feedback and modified output in nonnative-nonnative interaction. *System*, 29 (2): 267-287.

Iwashita, N. (2003) Negative feedback and positive evidence in task-based interaction: Differential effects on L2 development. *Studies in Second Language Acquisition,* 25 (1), 1-36.

Izumi, S. (2002) Output, input enhancement, and the noticing hypothesis: An experimental study on ESL relativization. *Studies in Second Language Acquisition*, 24, (4), 541-577.

Izumi, S. & Bigelow, M. (2000) Does Output Promote Noticing and Second Language Acquisition? *TESOL Quarterly*, 34 (2), 239-278.

Jarvis, J. & Robinson, M. (1997) Analyzing educational discourse: An exploratory study of teacher response and support to pupils' learning. *Applied Linguistics*, 18(2), 212-228.

Jauregi, K.(1990) Task variation in non-native/non-native conversation, Unpublished master's thesis, University of Reading.

Jiang, X. & Cohen, A. D. (2012) A Critical review of research on strategies in learning Chineseas both a second and foreign language. *Studies in Second Language Learning and Teaching*, 2 (1), 9-43.

Jin, H. (1992) Pragmaticization and the L2 acquisition of Chinese BA construction. *Journal of Chinese Language Teachers Association,* 28 (3),35-52.

Jin, H. (1994) Topic-prominence and subject-prominence in L2 acquisition: Evidence of English-to-Chinese typological transfer. *Language Learning*, 44(1),101-122.

Ke, C. (1996) An empirical study on the relationship between Chinese character recognition and production. *The Modern Language Journal*, 80(3), 340-350.

Ke, C. (1998) Effects of strategies on the learning of Chinese characters among foreign language students. *Journal of Chinese Language Teachers Association*, 33(2), 93-112.

Ke, C. (2012) Research in second language acquisition of Chinese: Where we are, where we are going. *Journal of Chinese Language Teachers Association*, 47(3), 43-113.

Ko, D., Schallert, D. & Walters, K. (2003) Rethinking scaffolding: examining negotiation of meaning in an ESL storytelling task. *TESOL Quarterly*, 37, 303-324.

Kormos, J. & Dörnyei, Z. (2004) The interaction of linguistic and motivational variables in second language task performance, *Zeitschrift fur Interkulturellen Fremdsprachenunterricht*.

Kowal, M. & Swain, M. (1997) From semantic to syntactic processing: How can we promote metalinguistic awareness in the French immersion classroom? In R. K. Johnson & M. Swain (Eds.), *Immersion Education: International Perspective* (pp. 284-309). Cambridge: Cambridge University Press.

Krashen, S. (1981) *Second Language Acquisition and Second Language Learning*. Oxford: Pergamon.

Krashen, S. (1982) *Principles and Practice in Second Language Acquisition*. Oxford: Pergamon.

Krashen, S. (1985) *The Input Hypothesis: Issues and Implications*. New York: Longman.

Krashen, S. (1994) The input hypothesis and its rivals. In N. Ellis

(Ed.), *Implicit and Explicit Learning of Language*. London: Academic Press.

Krashen, S. (2003) Explorations in language acquisition and use. *The Taipei Lectures*. The Portsmouth, N.H.: Heiemann.

Krashen, S., Dulay, H. & Burt, M. (1982) *Language Two*. New York: Oxford University Press.

Krumm, H. J. (1973) Interaction analysis and microteaching for the training of modern language teachers. *IRAL*, 11, 163-170.

Kumaravadivelu, B. (1994) The postmethod condition: Emerging strategies for second/foreign language teaching. *TESOL Quarterly*, 28, 27-48.

Kumaravadivelu, B. (2006) TESOL methods: Changing tracks, challenging trends. *TESOL Quarterly,* 40(1), 59-81.

Kuo, M.-L. & Hooper, S. (2004) The effects of visual and verbal coding mnemonics on learning Chinese characters in computer-based instruction. *Journal of Technology Research and Development*, 52(3), 23-38.

Labov, W. (1970) The Study of language in its social context. *Studium in Generale*, 23, 30-87.

Lamb, M. (2004) Integrative motivation in a globalized context. *System*, 32, 3-19.

Lange, D. L. (2000) A blueprint for a teacher development program. In J. Richards & D. Nunan (Eds.), *Second Language Teacher Education,* (pp. 245-268). Cambridge: Cambridge University Press.

Lantolf, J. P. (1996) SLA theory building: Letting all the flowers bloom! *Language Learning*, 46(4), 713.

Lantolf, J. P. (1997) The function of language play in the acquisition of L2 Spanish. In W. R. Glass & A.-T. Perez-Leroux (Eds.), *Contemporary perspectives on the acquisition of Spanish. Vol 2: Production, processing and comprehension* (pp. 3-24). Somerville, MA: Cascadilla Press.

Lantolf, J. P. (2005) Sociocultural theory and L2 learning: An exegesis. In E. Hinkel (Ed.), Handbook of second language research (pp. 335-354). Mahwah, NJ: Erlbaum.

Lantolf, J. P. & Genung, P. (2002) "I'd rather switch than fight": An activity-theoretic study of power, success, and failure in a foreign language. In C. Kramsch (Ed.), *Language acquisition and language socialization: Ecological perspectives* (pp. 175-195). London: Continuum.

Larsen-Freeman, D. (1983) The importance of input in second language acquisition. In Andersen, R. (Ed.), *Pidginization and Creolization as Language Acquisition* (pp. 87-93). Rowley, MA: Newbury House.

Lasagabaster, D., & Sierra, J.M. (2005) Error correction: Students' versus teachers' perceptions. *Language Awareness,* 14(2-3), 112-127.

Laufer, B. (2005) Focus on Form in second language vocabulary acquisition. In S. H. Foster-Cohen, M. P. Garcia-Mayo & J. Cenoz (Eds.). *EUROSLA Yearbook* 5 (pp. 223-250), Benjamins.

Lazaraton, A. (2000) Current trends in research methodology and statistics in applied linguistics. *TESOL Quarterly*, 34, 175-181.

Lee, J., Jang, J. & Plonsky. L. (2014) The effectiveness of second language pronunciation instruction: A meta-analysis. *Unpublished Manuscript*.

Lemke, J. L. (1990) *Talking Science: Language, Learning, and Values*. New York: Ablex.

Lerner, G. (1995) Turn design and the organization of participation in instructional activities. *Discourse Processes*, 19, 111-131.

Levelt, J. M. (1989) *Speaking from Intention to Articulation*. MIT Press. Lexington, MA: D. C. Heath & Co.

Li, D. (1998) It's always more difficult than you plan and imagine: Teachers' perceived difficulties in introducing the communicative approach in South Korea. *TESOL Quarterly*, 32, 677-697.

Li, S-F. (2009) The differential effects of implicit and explicit feedback on L2 learners at different proficiency levels. *Applied Language Learning*, 19 (1-2), 53-79.

Li, S-F. (2010) The effectiveness of corrective feedback in SLA: A Meta-Analysis. *Language Learning*, 60(2), 309-365.

Li, S-F. (2013) The interactions between the effects of implicit and explicit feedback and individual differences in language analytic ability and working memory. *The Modern Language Journal*, 97, 634-654.

Li, S-F. (2014) The interface between feedback type, L2 proficiency, and the nature of the linguistic target. *Language Teaching Research*, 18(3), 373-396.

Li, S. (2012) The effects of input-based practice on pragmatic development of requests in L2 Chinese. *Language Learning*, 62(2), 403-438.

Lightbown, P. (1983) Exploring relationships between developmental and instructional sequences in L2 acquisition. In H. Seliger & M. Long (Eds.), *In Classroom-oriented Research in Second Language Acquisition*. Rowley, MA: Newbury House.

Lightbown, P. & Spada, N. (1990) Focus on form and corrective feedback in communicative language teaching: effects on second language learning. *Studies in Second Language Acquisition*, 12, 429-448.

Liu, Y., Wang, M., Perfetti, C. A., Brubaker, B., Wu, S. &

MacWhinney, B. (2011) Learning a tonal language by attending to the tone: An in vivo experiment. *Language Learning*, 61(4), 1119-1141.

Liu, J. (2007) *English Language Teaching in China: New Perspectives, Approaches and Standards*. London: Continuum.

Lococo V. (1976) A comparison of Three Methods for the collection of L2 Data: Free Composition, Translation and Picture Description. *Working Papers on Composition*, 8, 59-86.

Loewen, S. (2004) Uptake in incidental focus on form in meaning-focused ESL classroom. *Language Learning*, 54, 153-187.

Loewen, S. (2005) Incidental focus on form and second language learning. *Studies in Second Language Acquisition*, 27(3), 361-386.

Loewen, S. (2006) The prior and subsequent use of forms in targeted in incidental focus on forms. In S. Fotos & H. Nassaji (Eds.), *Form-focused instructions and Teacher Education: Studies in Honor of Rod Ellis*, Oxford: Oxford University Press.

Loewen, S. (2014) *Introduction to Instructed Second Language Acquisition*. Routledge.

Loewen, S. & Nabei, T. (2007) Measuring the effects of oral corrective feedback on L2 knowledge. In A. Mackey (Ed.), *Conversational Interaction in Second Language Acquisition: A Collection of Empirical Studies* (pp. 361-377). Oxford: Oxford University Press.

Loewen, S., Li, S., Fei, F., Thompson, A., Nakatsukasa, K., Ahn, S. & Chen, X. (2009) L2 learners' beliefs about grammar instruction and error correction. *Modern Language Journal*,93(1), 91-104.

Long, M. (1977) Teacher feedback on learner error: Mapping cognitions. In H. D. Brown, C. Yorio & R. Crymes (Eds.), *On TESOL' 77: Teaching and Learning English* (pp. 278-294). Washington, D.C.: TESOL.

Long, M. (1980) *Input, Interaction and Second Language Acquisition.* Unpublished dissertation, University of California at Los Angeles.

Long, M. (1981) Input, interaction and second language. In H. Winitz (Ed.), *Native Language and Foreign Language Acquisition.* New York: Annals of the New York Academy of Sciences.

Long, M. (1983) Native/non-native speaker conversation and the negotiation of comprehensible input. *Applied Linguistics,* 4(2), 126-141.

Long, M. (1985) The role of instruction in second language acquisition: Task-based language teaching. In K. Hyltenstam & M. Pienemann (Eds.), *Modeling and Assessing Second Language Acquisition* (pp. 77-99). San Diego, CA: College-Hill Press.

Long, M. (1988) Instructed Interlanguage development. In L. M. Beebe (Ed.), *Issues in Second Language Acquisition: Multiple Perspectives.* New York: Newbury House.

Long, M. (1989) Second language research: some implications for methodology and class size in teaching Japanese. *AJALT Journal,* 12, 22-31.

Long, M. (1991) Focus on form: A design feature in language teaching methodology. In K.de Bot, R. Ginsberg & C. Kramsch (Eds.), *Foreign Language Research in Cross-cultural Perspectives* (pp. 39-52). Amsterdam: John Benjamins.

Long, M. (1996) The role of linguistic environment in second language acquisition. In W. C. Ritchie & B. K. Bahtia (Eds.), *Handbook of Second Language Acquisition* (pp. 413-468).New York: Academic Press.

Long, M. (2006) *Problems in SLA.* Mahwah, NJ: Lawrence Erlbaum.

Long, M., Adams, L, McLean, M & Castanos, F. (1976) Doing things with words: Verbal interaction in lockstep and small group classroom situations. In J. Fanselow & R C'rymes (Eds.), *On TESOL '74.* Washington, DC: TESOL.

Long, M. & Crookes G. (1987) Intervention points in second language classroom processes. In B K Das (Eds.), *Patterns in Classroom Interaction in Southeast Asia.* Singapore: Singapore University Press/ RELC.

Long, M. & Crookes, G. (1989) *Units of Analysis in Syllabus Design.* Unpublished MS. Honolulu: University of Hawaii at Manoa.

Long, M. & Crookes, G. (1992) Three approaches to task-based syllabus design. *TESOL Quarterly*, 26, 27-56.

Long, M., Inagaki, S. & Ortega, L. (1998) The role of implicit negative evidence in SLA: Models and recasts in Japanese and Spanish. *Modern Language Journal,* 82, 357-371.

Long, M. & Porter, P. A. (1985) Group work, interlanguage talk, and second language acquisition. *TESOL Quarterly*, 19 (2), 207-228.

Long, M. & Robinson, P. (1998) Focus on form: Theory, research, and practice. In C. Doughty & J. Williams (Eds.), *Focus on Form in Classroom Second Language Acquisition* (pp.15-41). Cambridge: Cambridge University Press.

Long, M. & Sato, C. J. (1983) Classroom foreigner talk discourse: Forms and functions of teachers' questions. In H. Sehger & M. Long (Eds.), *Classroom Oriented Research in Second Language Acquisition.* Rowley, MA: Newbury House.

Long, M. H. & Sato, C. J. (1984) Methodological issues in interlanguage studies: an interactionist perspective. In Davies, A., Criper, C. & Howatt, A. P. R. (Eds.), *Interlanguage*(pp. 253-80). Edinburgh: Edinburgh University Press.

Lorscher, W. (1986) Conversational structures in the foreign language classroom. In Learning. G. Kasper (Ed.), *Teaching and Communication in the Foreign Language Classrooms*. Aarhus: Aarhus University Press.

Loschky, L. & Bley-Vroman. (1993) Grammar and task-based methodologies. In G. Crookes & S. Gass (Eds), *Tasks and Language Learning: Integrating Theory and Practice*. Bristold: Multilingual Matters.

Loschky, L.(1989) *The Effects of Negotiated Interaction and Premodified Input on Second Language Comprehension and Retention* (Occasional Paper No. 16). Honolulu: University of Hawaii at Manoa, Department of English as a Second Language.

Loschky, L. (1994) Comprehensible input and second language acquisition: What is the relationship? *Studies in Second Language Acquisition,* 16, 303-325.

Lü, C. & Lavadenz, M. (2014) Native Chinese-speaking k-12 language teachers' beliefs and practices. *Foreign Language Annals*, 47 (4), 630-652.

Lynch T. & Maclean J. (2001) A case of exercising: effects of immediate task repetition on learners' performance. In M. Bygate, P. Skehan & M. Swain (Eds.), *Researching Pedagogic Tasks: Second Language Learning, Teaching and Testing* (pp.141-162). Addison Wesley Longman.

Lyster, R. (1998a) Negotiation of form, recasts, and explicit correction in relation to error types and learner repair in immersion classrooms. *Language Learning*, 48, 183-218.

Lyster, R. (1998b) Recasts, repetition, and ambiguity in L2 classroom discourse. *Studies in Second Language Acquisition,* 20, 51-81.

Lyster, R. (2001) Negotiation of form, recasts and explicit correction in relation to error types and learner repair in immersion classrooms. *Language Learning*, 51, 265-301.

Lyster, R.(2004) Differential effects of prompts and recasts in form-focused instruction. *Studies in Second Language Acquisition*, 26(3), 399-432.

Lyster, R. & Mori, H. (2006) Interactional feedback and instructional counterbalance. *Studies in Second Language Acquisition*,28(2), 269-300.

Lyster, R. & Ranta, L. (1997) Corrective feedback and learner uptake. *Studies in Second Language Acquisition*, 19, 37-66.

Lyster, R. & Ranta, L. (2013) The case for variety in corrective feedback research. *Studies in Second Language Acquisition*, 35 (1), 167-184.

Lyster, R. & Saito, K. (2010) Interactional feedback as instructional input: A synthesis of classroom SLA research. *Language, Interaction and Acquisition*, 1, 276-297.

Macaro, E. & Masterman, L. (2006) Does intensive explicit grammar instruction make all the difference? *Language Teaching Research*, 10(3), 297-327.

MacIntyre, P. D., Burns, C. & Jessome, A. (2011) Ambivalence about communicating in a second language: A qualitative study of French immersion students' willingness to communicate. *The Modern Language Journal,* 95(1), 81-96.

MacIntyre, P. D., Clément, R., Dörnyei, Z. & Noels, K. A. (1998) Conceptualizing willingness to communicate in a L2: A situational model of L2 confidence and affiliation. *The Modern Language Journal*, 82, 545-562.

MacIntyre, P. D. & Gardner, R. C. (1988) *The Measurement of Anxiety and Applications to Second Language Learning: An Annotated Bibliography.* (Research Bulletin No. 672). Ontario: University of Western Ontario.

MacIntyre, P. D. & Gardner, R. C. (1991) Language anxiety: Its relationship to other anxieties and to processing in native and second languages. *Language Learning,* 41, 513-534.

Mackey, A. (1995) *Stepping up the Pace: Input, Interaction and Interlanguage Development: An Empirical Study of Questions in ESL.* Unpublished doctoral dissertation, University of Sydney, Sydney, Australia.

Mackey, A. (1999) Input, interaction and second language development: An empirical study of question formation in ESL. *Studies in Second Language Acquisition*, 21, 557-587.

Mackey, A. (2007) The role of conversational interaction in second language acquisition. In A. Mackey (Ed.), *Conversational interaction in second language acquisition: A series of empirical studies* (pp. 1-26). Oxford: Oxford University Press.

Mackey, A., Gass, S. & McDonough, K. (2000) How do learners perceive interactional feedback? *Studies in Second Language Acquisition, 22*(4), 471-497.

Mackey, A. & Goo, J. (2007) Interaction research in SLA: A meta-analysis and research synthesis. In Mackey, A. (Ed.), *Conversational Interaction in Second Language Acquisition: a Series of Empirical Studies* (pp. 407-453). Oxford: Oxford University Press.

Mackey, A. & Philp, J. (1998) Conversational interaction and second language development: Recasts, responses, and red herrings? *The Modern*

Language Journal, 82, 338-356.

Magee, V. Y. G. & Jacobs, G. M. (2001) Comparing second language student participation under three teaching modes. *Journal of the Chinese Language Teachers Association,* 36 (1), 61-80.

Markee, N. (2000) *Conversation Analysis.* New York: Routledge.

Masgoret, A. & Gardner, R. C. (2003) Attitudes, motivation, and second language learning: A Meta-analysis of studies conducted by Gardner and associates. *Language Learning,* 53(1), 123-163.

McCrosky, J.C. & Baer, J. E. (1985) *Willingness to communicate: the construct and its measurement. Paper* presented at the annual convention of the speech communication association, Denver. CO.

McHoul, A. W. (1978) The organization of turns at formal talk in the classroom. *Language in Society,* 7, 183-213.

Mclaughlin, B. (1987) *Theories of second-language learning.* London: Arnold.

McLaughlin, B. (1990) Restructuring. *Applied Linguistics,* 11, 113-128.

Mehan, H. (1974) Accomplishing Classroom Lessons. In A. Cicourel, K. Jennings, S. (Eds.), *Language Use and School Performance* (pp. 76-142). New York: Academic Press.

Mehan, H. (1979) *Leaning lessons: Social organization in the classroom.* Cambridge, MA: Harvard University Press.

Mehnert , U. (1998) The effects of different length of time for planning on second language performance. *Studies in Second Language Acquisition,* 20, 52-83.

Mochizuki, N. & Ortega, L. (2008) Balancing communication and grammar in beginning-level foreign language classrooms: A study of guided planning and relativization. *Language Teaching Research*, 12, 11-37.

Mori, H. (2002) *Error treatment at different grade levels in Japanese immersion classroom interaction.* Unpublished doctoral dissertation, University of California, Los Angeles.

Morris, F. A. & Tarone, E. E. (2003) Impact of classroom dynamics on the effectiveness of recasts in second language acquisition. *Language Learning,*53(2), 325-368.

Moskovsky, C. , Alrabai, F., Paolini, K. & Ratcheva, S. (2013) The effects of teachers' motivational strategies on learners' motivation: A controlled investigation of second language acquisition. *Language Learning*, 63(1), 34-62.

Mustafa, Z. (2008, October) *Teachers' levels of use in the adoption of task-based language teaching in Malaysian classrooms.* Paper presented at the Third International Conference on Language Learning, University Sains Malaysia, Malaysia.

Naiman, N., Fröhlich, M., Stern, H. & Todesco, A. (1978) *The Good Language Learner. Research in Education Series No. 7.* Toronto: Ontario Institute for Studies in Education.

Nakahama, Y., Tyler, A. & Van Lier, L. (2001) Negotiation of meaning in conversational and information gap activities: A comparative discourse analysis. *TESOL Quarterly*, 35(3), 377-405.

Nassaji, H. & Swain, M. (2000) A Vygotskian Perspective on Corrective Feedback in L2: The Effect of Random Versus Negotiated Help on the Learning of English Articles. *Language Awareness*, 9, 34-51.

Nassaji, H. & Wells, G. (2000) What's the use of triadic dialogue? An investigation of teacher-student interaction. *Applied Linguistics*, 21(3),

376-406.

Negata, N. (1993) Intelligent computer feedback for second language instruction. *The Modern Language Journal*, 77, 330-339.

Negueruela, E. (2003) *Systemic-theoretical Instruction and L2 Development: A Sociocultural Approaching to Teaching-Learning and Researching L2 Learning*. Unpublished doctoral dissertation, The Pennsylvania State University, University Park.

Newton, J. (1991) *Negotiation: Negotiating what?* Paper given at SEAMEO Conference on Language Acquisition and Second/Foreign Language Classroom, RELC, Singapore.

Nguyen, T. T. M. (2013) Instructional effects on the acquisition of modifiers in constructive criticism by EFL learners. *Language Awareness*, 22 (1), 76-94.

Nieman, L. & Smith, W. (1978) Individualized instruction: its effects upon achievement and interest in beginning college Spanish. *The Modern Language Journal*, 62, 157-167.

Norris, J. & Ortega, L. (2000) Effectiveness of L2 instruction: A research synthesis and quantitative meta-analysis. *Language Learning,* 50, 417-528.

Nunan, D. (1987) Communicative language teaching: making it work. *ELT Journal*, 41(2), 136-145.

Nunan, D. (1990) The questions teachers ask. *JALT Journal*, 12, 187-202.

Nunan, D. (1991) *Language Teaching Methodology*. London: Prentice-Hall.

Nunan, D. (2004) *Task-based Language Teaching*. Cambridge: Cambridge University Press.

Nunan, D. (2005) Classroom research. In E. Hinkel (Ed.), *Handbook of Research in Second Language Teaching and Learning* (pp. 225-240). Mahwah, NJ: Lawrence Erlbaum.

Nunan, D. & Bailey, K. M. (2009) *Exploring Second Language Classroom Research*. Heinle: Cengage Learning.

Nystrand, M. (1997) *Opening Dialogue: Understanding the Dynamics of Language and Learning in the English Classroom*. New York: Teachers College Press.

Ohta, A. S. (2000) Rethinking interaction in SLA: Developmentally appropriate assistance in the zone of proximal development and the acquisition of L2 grammar. In James P. Lantolf (Ed.), *Sociocultural Theory and Second Language Learning* (pp. 51-78). Oxford: Oxford University Press.

Ohta, A. S. (2001) *Second Language Acquisition Processes in the Classroom: Learning Japanese*. Mahwah, NJ: Lawrence Erlbaum.

Oliver, R. & Mackey, A. (2003) Interactional context and feedback in child ESL classrooms. *The Modern Language Journal,* 87(4), 519-533.

Ortega, L. (2005) What do learners plan? Learner driven attention to form during pre-task planning. In R. Ellis (Ed.), *Planning and Task Performance in a Second Language* (pp. 77-109). Amsterdam: John Benjamins.

Ortega, L. & Long M. (1997) The effects of models and recasts on the acquisition of object topicalization and adverb placement by adult learners of Spanish. *Spanish Applied Linguistics,* 1, 65-86.

Oxford, R. L. (1990) *Language Learning Strategies: What Every Teacher Should Know*. Boston: Heinle & Heinle.

Oxford, R. L. (2011) *Teaching and Researching Language Learning*

Strategies. Harlow, Essex: Pearson/Longman.

Oxford R. L. & Shearin, J. (1994) Language learning motivation: expanding the theoretical framework. *The Modern Language Journal,* 78, 12-28.

Paivio, A. (1975) Coding distinctions and repetition effects in memory. In G. H. Bower (Ed.), *The Psychology of Learning and Motivation* (pp. 179-214). New York: Academic Press.

Paivio, A. (1986) *Mental Representations*. New York: Oxford University Press.

Panova, I. & Lyster, R. (2002) Patterns of corrective feedback and uptake in an adult ESL classroom. *TESOL Quarterly,* 36(4), 573-595.

Pesce, S. (2008) Focuses tasjs ub L2 Spanish grammar teaching and learning. In Eckerth, J. (Ed.), *Task-Based Language Learning and Teaching: Theoretical, Methodological, and Pedagogical Perspectives* (pp. 67-88). Frankfurt am Main, Peter Lang.

Peng, J. & Woodrow, L. (2010) Willingness to communicate in English: A Model in the Chinese EFL classroom context. *Language Learning,* 60, 834-876.

Peterson, C.R. & Al-Haik, A.R. (1976) The development of the defense language aptitude battery (DLAB). *Educational and Psychological Measurement*, 36(2), 369-380.

Philp, J. (2003) Constraints on "noticing the gap": Nonnative speakers' noticing of recasts in NS-NNS interaction. *Studies in Second Language Acquisition,* 25(1), 99-126.

Pica, T. (1988) Interlanguage adjustments as an outcome of NS-NNS negotiated interaction. *Language Learning,* 38, 45-73.

Pica, T. (1991) Classroom interaction, participation and

comprehension: redefining relationships. *Systems*, 19, 437-452.

Pica, T. (1992) The textual outcomes of native speaker-non-native speaker negotiations: What do they reveal about second language learning? In C. Kramsch & S. McConnell-Ginet (Eds.), *Text and Context: Cross-disciplinary Perspectives on Language Study* (pp. 198-237). Cambridge: Cambridge University Press.

Pica, T. (1993) Choosing and using communication tasks for second language instruction. In G. Crookes & S. Gass (Eds.), *Tasks and Language Learning: Integrating Theory and Practice* (pp. 9-34). Bristol, PA: Multilingual Matters.

Pica, T. (1994) Research on negotiation: What does it reveal about second-language learning conditions, processes and outcome? *Language Learning*, 44(3), 493-527.

Pica, T. (1998) Second language learning through interaction: Multiple Multiple perspectives. In Regan, V. (Ed.), *Contemporary Approaches to Second Language Acquisition in Social Context* (pp. 9-31). Dublin: University College Dublin Press.

Pica, T. (2002) Subject-matter content: How does it assist the interactional and linguistic needs of classroom language learners? *The Modern Language Journal*, 86, 1-19.

Pica, T. (2005) Classroom learning, teaching, and research: A task-based perspective. *The Modern Language Journal*, 89(3), 339-352.

Pica, T. & Doughty, C. (1985) Non-native speaker interaction in the ESL classroom. In S. Gass & C. Madden (Eds.), *Input in Second Language Acquisition* (pp. 115-132). Rowley, MA: Newbury House.

Pica, T., Kanagy, R. & Falodun, J. (1993) Choosing and using communication tasks for second language instruction and research. In G.

Crookes & S. Gass (Eds.), *Tasks and Language Learning: Integrating Theory and Practice* (pp. 9-34). Clevedon, UK: Multilingual Matters.

Pica, T., Holiday, L., Lewis, N. , Berducci, D. & Newman, J. (1991) Language Learning through Interaction: What Role does Gender Play? *Studies in Second Language Acquisition*, 13, 343-372.

Pica, T., Young, R. & Doughty, C. (1987) The impact of interaction on comprehension. *TESOL Quarterly,* 21, 737-758.

Pienemann, M. (1984) Psychological constraints on the teachability of languages. *Studies in Second Language Acquisition*, 6 (2), 186-214.

Pimsleur, P.(1966) *Pimsleur Language Aptitude Battery (PLAB).* New York: Harcourt Brace Jovanovich.

Plonsky, L. (2011) The effectiveness of second language strategy instruction: A meta-analysis. *Language Learning*, 61, 993-1038.

Plough, I. & Gass, S. (1993) Interlocutor and task familiarity: Effects on interactional structure. In Crookes & S. Gass (Eds.), *Tasks and Language Learning: Integrating Theory and Practice*(pp. 35-56). Philadelphia: Multilingual Matters.

Polio, C. & Gass, S. (1998) The role of interaction in native speaker comprehension of nonnative speaker speech. *The Modern Language Journal*, 82, 308-319.

Porter, P. (1986) How learners talk to each other: Input and interaction in task-centred discussions. In R. Day (Ed.), *Talking to learn: Conversation in Second Language Acquisition*. Rowley, MA: Newbury House.

Prabhu, N. S. (1987) *Second Language Pedagogy*. Oxford: Oxford University Press.

Price, M. L. (1991) The subjective experience of foreign language anxiety: Interviews with highly anxious students. In E. K. Horwitz & D. J. Young (Eds.), *Language Anxiety: From Theory and Research to Classroom Implications* (pp. 101-108). Englewood Cliffs, NJ: Prentice Hall.

Pu, C. & Li, X (2011) Tapping the potential: A case study on interactive read-alouds in a Chinese heritage language classroom. *Journal of the Chinese Language Teachers Association*, 46(1), 61-88.

Ranta, L. (2002) The role of learners' language analytic ability in the communicative classroom. In P. Robinson (Ed.), *Individual Differences and Instructed Language Learning* (pp. 159-180). Amsterdam/ Philadelphia: John Benjamin.

Reber, A. (1989) Implicit Learning and Tacit Knowledge, *Journal of Experimental Psychology: General*, 118(3), 219-235.

Révész, A. (2011) Task complexity, focus on L2 constructions, and individual differences: A classroom-based study. *The Modern Language Journal, 95*(S1), 162-181.

Richards, J. C. (2002) Accuracy and fluency revisited. In Hinkel, E. & Fotos, S. (Eds.), *New Perspectives on Grammar Teaching in Second Language Classrooms* (pp. 35-50). Mahwah, NJ: Lawrence Erlbaum Associates, Inc.

Richards, J. C. & Rodgers, T. S. (2014) *Approaches and Methods in Language Teaching (Cambridge Language Teaching Library)*. Third Edition. Cambridge University Press.

Robinson, P. (1994) Implicit knowledge, second language learning and syllabus construction. *TESOL Quarterly,* 28(1),161-166.

Robinson, P. (1996) Learning simple and complex second language rules under implicit, incidental, rule-search and instructed conditions.

Studies in Second Language Acquisition, 18(1), 27-67.

Robinson, P. (1997) Generalizability and automaticity of second language learning under implicit, incidental, enhanced and instructed conditions. *Studies in Second Language Acquisition*, 19(2), 223-247.

Robinson, P. (2001) Task complexity, cognitive resources, and syllabus design: A triadic framework for examining task influences on SLA. In Robinson, P. (Ed.), *Cognition and Second Language Instruction*, (pp. 287-318). Cambridge: Cambridge University Press.

Robinson, P. (2003) The cognition hypothesis, task design, and adult task-based language learning. *Second Language Studies*, 21(2), 45-105.

Robinson, P. (2005) Aptitude and second language acquisition. *Annual Review of Applied Linguistics*, 25, 46-73.

Robinson, P. (2009) Task complexity, cognitive resources and syllabus design: A triadic framework for examining task influences on SLA. In Kris Van den Branden, Martin Bygate & John Norris (Eds.), *Task-Based Language Teaching; A Reader* (pp.193-226). Amsterdam/ Philadelphia PA: John Benjamins.

Robinson, P. (2011) Task-based language learning: A review of issues. [Special issue on] *Task-Based Language Learning,* Guest edited by Peter Robinson, *Language Learning,* 61 (Supplement 1), 1-36.

Rowe, M.B. (1974) Wait-time and rewards as instructional variables, their influence on language, logic and fate control: Parts I and II. *Journal of Research in Science Teaching*, 11, 81-84 and 291-308.

Rowe, M.B. (1986) Wait time: Slowing down may be a way of speeding up. *Journal of Teacher Education*, 37, 43-50.

Rubin, J. (1975) What the "good language learner" can teach us. *TESOL Quarterly,* 9(1), 41-51.

Rulon, K. & McCreary, J. (1986) Negotiation of content: Teacher front and small group interaction. In R. Day (Ed.), *Talking to Learn: Conversation in Second Language Acquisition.* Rowley, MA: Newbury House.

Rutherford, W. (1987) *Second Language Grammar: Learning and Teaching.* Longman.

Sacks, H., Schegloff, E. A. & Jefferson, G. (1974) A simplest systematics for the organization of turn-taking for conversation. *Language,* 50, 696-735.

Sangarun, J. (2005) The effects of focusing on mearning and form in strategic planning. In R. Ellis (Ed.), *Planning and Task Performance in a Second Language.* Amsterdam: John Benjamins.

Sato, C. (1986) Conversation and interlanguage development: Rethinking the connection. In R.R. Day (Ed.), *Talking to Learn: Conversation in Second Language Acquisition.* Rowley, MA: Newbury House.

Sato, C. (1990) *The Syntax of Conversation in Interlanguage Development.* Tübingen: Gunter Narr.

Sato, R. (2009) Suggestions for creating teaching approaches suitable to the Japanese EFL environment. *The Language Teacher,* 33 (9), 11-14.

Saville-Troike, M. (1988) Private speech: evidence for second language learning strategies during the "silent period". *Journal of Child Language*, 15, 567-590.

Schachter, J. (1974) An error in error analysis. *Language learning.* 27, 205-214.

Schachter, J. (1988) Second language acquisition and its relation to Universal Grammar. *Applied Linguistics*, 9, 219-235.

Schachter, J. (1993) A new account of language transfer. In S. Gass & L. Selinker (Eds.), *Language Transfer in Language Learning*. Amsterdam: John Benjamins Pub.Co.

Schachter, J. (1998) Recent research in language learning studies: Promises and problems. *Language Learning*, 48, 557-583.

Scherer, G. A. C., & Wertheimer, M.A. (1964) *Psycholinguistic Experiment in Foreign-Language Teaching*. New York: Graw-Hill.

Schmidt, R. (1990) The role of consciousness in second language learning. *Applied Linguistics,* 11, 128-158.

Schmidt, R. (1992) Psychological mechanisms underlying second language fluency. *Studies in Second Language Acquisition,* 14, 357-385.

Schmidt, R. (1994) Implicit learning and the cognitive unconscious: Of artificial grammars and SLA. In N. Ellis (Ed.), *Implicit and Explicit Learning of Languages* (pp. 165-210). London: Academic Press.

Schmidt, R. (2001) Attention. In P. Robinson (Ed.), *Cognition and Second Language Instruction* (pp. 3-32). Cambridge: Cambridge University Press.

Schmitt, N. (2008) Review article Instructed second language vocabulary learning. *Language Teaching Research*, 12(3), 329-363.

Schulz, R. (2001) Cultural differences in student and teacher perceptions concerning the role of grammar instruction. *The Modern Language Journal,* 85, 244-258.

Scovel, T. (1978) The effect of affect on foreign language learning: A review of the anxiety research. *Language Learning,* 28, 129-142.

Seedhouse, P. (1999) Task-based interaction. *ELT Journal,* 53(3), 149-156.

Seedhouse, P. (2004) *The Interactional Architecture of the Language*

Classroom: A Conversation Analysis Perspective. Malden, MA: Blackwell.

Selinker, L. (1972) Interlanguage. *IRAL,* 10 (3), 209-231.

Sharwood Smith, M. (1981) Consciousness-raising and the second language learner. *Applied Linguistics,* 2,159-168.

Sharwood Smith, M. (1991) Speaking to many minds: On the relevance of different types of language information for the L2 learner. *Second Language Research*, 7(2), 118-132.

Sharwood Smith, M. (1993) Input enhancement in instructed SLA: The retical bases. *Studies in Second Language Acquisition*, 15, 165-179.

Sheen, Y. (2004) Corrective feedback and learner uptake in communicative classrooms across instructional settings. *Language Teaching Research,* 8(3), 263-300.

Sheen, Y. (2006) Exploring the relationship between characteristics of recasts and learner uptake. *Language Teaching Research*, 10, 361-392.

Sheen, Y. (2007) The Effect of Focused Written Corrective Feedback and Language Aptitude on ESL Learners' Acquisition of Articles, *TESOL Quarterly*, 41(2), 255-283.

Sheen, Y. (2008) Recasts, language anxiety, modified output, and L2 learning. *Language Learning*, 58, 835-874.

Sheen, Y. (2010) Differential effects of oral and written corrective feedback in the ESL classroom. *Studies in Second Language Acquisition*, 32, 203-234.

Shehadeh, A. (2004) Modified output during task-based pair interaction and group interaction. *Journal of Applied Linguistics*, 1(3), 351-382.

Shen, H. H. (2005) An investigation on Chinese-character learning strategies among non-native speakers of Chinese. *System*, 33 (1), 49-68.

Shen, H. H. (2010) Imagery and verbal coding approaches in Chinese vocabulary instruction. *Language Teaching Research*, 14(4), 485-499.

Sheppard, C (2006) *The effects of instruction directed at the gaps second language learners noticed in their oral production.* Unpublished PhD thesis, University of Auckland, New Zealand.

Shintani, N. (2012) Input-based tasks and the acquisition of vocabulary and grammar: A process-product study. *Language Teaching Research,* 16 (2), 253-279.

Shintani, N. (2013) The effect of focus on form and focus on forms instruction on the acquisition of productive knowledge of L2 vocabulary by young beginner learners. *TESOL Quarterly*, 47(1), 36-62.

Shook, D. (1999) What foreign language reading recalls reveal about the input-to-intake phenomenon. *Applied Language Learning,*10 (1&2), 39-76.

Simani-Rolls, A. (2005) Rethinking task-based language learning: What we can learn from the learners. *Language Teaching Research*, 9, 195-218.

Sinclair, J. M. & Coulthard, R. M. (1975) *Towards an Analysis of Discourse: The English Used by Teachers and Pupils.* London: Oxford University Press.

Skehan, P. (1996) A framework for the implementation of task-based instruction. *Applied linguistics*, 17, 38-62.

Skehan, P. (1998) *A Cognitive Approach to Language Learning.* Oxford: Oxford University Press.

Skehan, P. (2001) Tasks and language performance assessment. In M. Bygate, P. Skehan & M. Swain (Eds.), *Researching Pedagogic Tasks:*

Second Language Learning, Teaching, and Testing (pp. 167-185). Harlow, UK: Longman.

Skehan, P. (2002) Theorising and updating aptitude. In P. Robinson (Ed.), *Individual differences and instructed language learning.* Amsterdam/Philadelphia: John Benjamin.

Skehan, P. & Foster, P. (1997) Task type and processing conditions as influences on foreign language performance. *Language Teaching Research*, 1(3), 185-211.

Skehan, P. & Foster, P. (1999) The influence of task structure and processing conditions on narrative retellings. *Language Learning,* 49(1), 93-120.

Slimani, A. (1989) The role of topicalisation in classroom language learning. *System*, 17, 223-234.

Spada, N. & Fröhlich, M. (1995) *The Communicative Orientation of Language Teaching Observation Scheme (COLT).* Sydney, MacMillan.

Spada, N. & Lightbown, P.M. (1993) Instruction and the development of questions in L2 classrooms. *Studies in Second Language Acquisition,* 15 (2), 205-224.

Spada, N. & Lightbown, P. M. (1999) Instruction, L1 influence and developmental "readiness" in second language acquisition. *The Modern Language Journal,* 83 (1), 1-22.

Spada, N., Jessop, L., Suzuki, W., Tomita, Y. & Valeo. (2014) Isolated and integrated form-focused instruction: Effects on different types of L2 knowledge. *Language Teaching Research*, 18, 1-21.

Spada, N. & Tomita, Y. (2010) Interactions between type of instruction and type of language feature: A meta-analysis. *Language Learning*, 60(2), 1-46.

Stenson, B. (1974) Induced errors. In J. Schumann. & N. Stenson (Eds.), *New Frontiers in Second Language Learning*. Towley, MA: Newbruy House.

Stern, H.H. (1975) What can we learn from the good language learner? *Canadian Modern Language Review*, 31, 304-318.

Storch, N. (2002) Patterns of interaction in ESL pair work. *Language Learning*, 52(1), 119-158.

Storch, N. & Aldosari, A. (2010) Learners' use of first language (Arabic) in pair work in an EFL class. *Language Teaching Research*, 14(4), 355-375.

Storch, N. & Aldosari, A. (2013) Pairing Learners in pair work activity. *Language Teaching Research*, 17(1), 34-48.

Storch, N. & Wigglesworth, G. (2003) Is there a role for the use of the L1 in an L2 setting? *TESOL Quarterly*, 37(4), 760-770.

Swaffer, J., Arens, K. & Morgan, M. (1982) Teacher classroom practices: Redefining methods as task hierarchy. *The Modern Language Journal*, 66, 1, 1-54.

Swain, M. (1985) Communicative competence: Some roles of comprehensible input and comprehensible output in its development. In S. M. Gass & C. G. Madden (Eds.), *Input in Second Language Acquisition* (pp. 235-253). Rowley, MA: Newbury House.

Swain, M. (1995) Three functions of output in second language learning. In Cook, G. & Seidlhofer, B.(Eds.), *Principle and Practice in Applied Linguistics* (pp. 125-144). Oxford: Oxford University Press.

Swain, M. (1998) Focus on form through conscious reflection. In C. Doughty & J. Williams (Eds.), *Focus on Form in Classroom Second Lauguage Acquisition* (pp. 64-81), New York, NY: Cambridge University

Press.

Swain, M. & Lapkin S. (2001) Focus on form through collaborative dialogue: exploring task effects' in Bygate, M., Skehan, P. and Swain, M. (Ed.), *Researching Pedagogic Tasks: Second Language Learning, Teaching and Testing* (pp. 99-118). Harlow, England: Pearson Education.

Swain, M. & Lapkin, S. (2002) Talking it through: two French immersion learners' response to reformulation. *International Journal of Educational Research, 37*, 285-304.

Swain, M. & Lapkin, S. (2007) The distributed nature of second language learning: Neil's perspective. In H. Nassaji (Ed.), *Form-focused instruction and teacher education: Studies in honor of Rod Ellis* (pp. 73-86). Oxford: Oxford University Press.

Swain, M., Lapkin, S., Knouzi, I., Suzuki, W. & Brooks, L. (2009) Languaging: University Students Learn the Grammatical Concept of Voice in French. *The Modern Language Journal, 93*(1), 5-29.

Swan, M. (2005) Legislation by hypothesis: The case of task-based instruction. *Applied Linguistics*, 26 (3), 376-401.

Tarone, E. (1983) On the variability of interlanguage systems. *Applied Linguistics*, 4, 142-163.

Tarone, E. (1985) Variability in interlanguage use: A study of style-shifting in morphology and syntax. *Language Learning*, 35, 373-403.

Tarone, E. (1987) Methodologies for studying variability in second language acquisition. In R. Ellis (Ed.), Second Language Acquisition in Context (pp. 35-46). London: Prentice-Hall International (UK) Ltd.

Tarone, E. & Parrish, B. (1988) Task-related variation in interlanguage: The case of articles. *Language Learning*, 38, 21-44.

Taylor, B. (1975) The use of overgeneralization and transfer learning strategies by elementary and intermediate students of ESL. *Language Learning*, 23, 73-107.

Terrell, T. (1977) A natural approach to second language acquisition and learning. *The Modern Language Journal*, 61, 325-337.

Terrell,T. (1982) The natural approach to language teaching: An update. *The Modern Language Journal*, 66, 121-132.

Tode, T. (2007) Durability problems with explicit instruction in an EFL context: the learning of the English copula *be* before and after the introduction of the auxiliary *be*. *Language Teaching Research*, 1 (11), 11-30.

Tomasello, M. & Herron, C. (1988) Down the garden path: Inducing and correcting overgeneralization errors in the foreign language classroom. *Applied Psycholinguistics*, 9, 237-246.

Tomasello, M. & Herron, C. (1989) Feedback for language transfer errors: The garden path technique. *Studies in Second Language Acquisition*, 11, 385-395.

Trahey M. & White. L. (1993) Positive evidence and preemption in the second language classroom. *Studies in Second Language Acquisition*, 15, 181-204.

Trucott, J. (1999) What is wrong with oral grammar correction? *The Canadian Modern Language Review*, 55, 437-455.

Tsui Bik-may, Amy. (1985) Analyzing input and interaction in second language classrooms. *RELC Journal*, 16, 8-30.

Tudge, J. R. H. (1990) Vygotsky, the zone of proximal development, and peer collaboration: Implications for classroom practice. In L. Moll (Ed.), *Vygotsky and Education: Instructional Implications and Applications of Sociohistorical Psychology* (pp. 155-172). Cambridge:

Cambridge University Press.

Tuz, E. (1993) From controlled practice to communicative activity: Does training transfer? *Temple University Japan Research Studies in TESOL*, 1, 97-108.

Vandergrift, L. & Tafaghodtari, M. H. (2010) Teaching L2 learners how to listen does make a difference: An empirical study. *Language Learning*, 60 (2), 470-497.

Van Lier, L. (1988) *The Classroom and the Language Learner: Ethnography and Second-Language Classroom Research*. Harlow: Longman.

Van Lier, L. (2000) From input to affordance: social-interactive learning from an ecological perspective. In J. Lantolf (Ed.), *Sociocultural Theroy and Second Language Learning*. Oxford: Oxford University Press.

VanPatten, B.(1990) Attending to content and form in the input: An experiment in consciousness. *Studies in Second Language Acquisition*, 12, 287-301.

VanPatten, B. (1993) Grammar instruction for the acauisition-rich Classroom. *Foreign Language Annuals*, 26, 433-450.

VanPatten, B. (1996) *Input Processing and Grammar Instruction in Second Language Acquisition*. Norwood, NJ: Ablex.

VanPatten, B. & Cadierno, T.(1993) Input processing and second language acquisition: A role for instruction. *The Modern Language Journal*, 77, 45-57.

Vygotsky, L. (1978) *Mind in Society: The Development of Higher Psychological Processes*. Cambridge, MA: Harvard University Press.

Wajnryb, R. (1990) *Grammar Dictation*. Oxford: Oxford University Press.

Wang, Y., Jongman, A. & Sereno, J. (2003) Acoustic and perceptual evaluation of Mandarin tone productions before and after perceptual training. *Journal of Acoustic Society of America*, 113(2), 1033-1043.

Wang, D. & Kirkpatrick, A. (2012) Code choice in the Chinese as a foreign language classroom. *Multilingual Education*, 2(3), 1-18.

Wang, Y., Spence, M., Jongman, A. & Sereno, J. (1999) Training American listeners to perceive Mandarin tones. *Journal of Acoustic Society of America*, 106(6), 3649-3658.

Waring, H. Z. (2008) Using explicit positive assessment in the language classroom: IRF, feedback, and learning opportunities. *The Modern Language Journal*, 92, 577-594.

Wells, G. (1993) Reevaluating the IRF Sequence: A proposal for the articulation of theories of activity and discourse for the analysis of teaching and learning in the classroom. *Linguistics and Education*, 5(1), 1-38.

Wen, X. (1995) Second language acquisition of the Chinese particle L2. *International Journal of Applied Linguistics*, 5(1), 45-62.

Wen, X. (1997) Motivation and language learning with students of Chinese. *Foreign Language Annals*, 30, 235-250.

Wendal (1997) *Planning and second language narrative production*, Unpublished doctoral dissertation, Temple University Press.

Wesch, M. (1981) Language Aptitude measures in streaming, matching students with methods, and diagnosis of learning problems. In K. Diller (Ed.), *Individual Differences and Universal Grammar in Language Learning Aptitude*. Rowley, MA: Newbury House.

White, L. (1977) Error analysis and error-correction in adult learners of English as a second language. *Working Papers on Bilingualism*, 13,

42-58.

White, L. (1987) Against comprehensible Input: The input hypothesis and the development of second language competence. *Applied Linguistics*, 6, 95-110.

White, L. (1991) Adverb placement in second language acquisition: some effects of positive and negative evidence in the classroom. *Studies in Second Language Acquisition,* 7, 133-161.

White, L. (1992) Long and short verb movement in second language acquisition. *Canadian Journal of Linguistics,* 37, 273-286.

White, L. (1998) The implications of divergent outcomes in second language acquisition. *Second Language Research*, vol. 14 (4),321-323.

White, L. & Lightbown, P. (1984) Asking and answering in ESL classrooms. *Canadian Modern Language Review*, 40, 228-244.

Widdowson, H. (1995) Discourse analysis: a critical view. *Language and Literature,* 4, 154-172.

Williams, J. (2001) The effectiveness of spontaneous attention to form. *System*, 29, 325-340.

Williams, J. & Evans, J. (1998) What Kind of focus and which forms? In C.Doughty & J.Williams (Eds.), *Focus-on-Form in Classroom Second Language Acquisition.* Cambridge: Cambridge University Press.

Williams, J. N. (1999) Memory, attention, and inductive learning. *Studies in Second Language Acquisition*, 21, 1-48.

Willis, D. & Willis, J. (2007) *Doing Task-based Teaching.* Oxford: Oxford University Press.

Willis, J. (1996) *A Framework for Task-based Learning.* Harlow: Longman Pearson Education.

Willis, J. (2009) The TBL Framework. In C. Van den Branden, M.

Bygate & J. Norris (Eds.), *Task-Based Language Teaching: A Reader,* (pp. 227-242). Amsterdam: John Benjamins Pub. Co.

Wong-Fillmore, L. (1985) Learning a second language: Chinese children in the American classroom. In J. Alatis & J. Staczek (Eds.), *Perspectives on bilingualism and bilingual education.* Washington, DC: Georgetown University Press.

Wood, D., Bruner, J. & Ross, G. (1976) The role of tutoring in problem-solving. *Journal of Child Psychology and Child Psychiatry,* 17, 89–100.

Woods, D. (1996) *Teacher Cognition in Language Teaching.* Cambridge: Cambridge University Press.

Woorddrow, L. (2006) Anxiety and speaking English as a second language. *RELC Journal,* 37, 308-328.

Xiao, Y. & Wong, Ka F. (2014) Exploring heritage language anxiety: a study of Chinese heritage language learners. *The Modern Language Journal,* 98(2), 590-611.

Yang, C., Hu G. & Zhang, L. J. (2014) Second language research on recasts: A critical Review in response to an ongoing debate. *Chinese Journal of Applied Linguistics,* 37(4), 411-440.

Yang, S-H (2008) Narrative of a cross-cultural language teaching experience: Conflicts between theory and practice. *Teaching and Teacher Education: An International Journal of Research and Studies,* 24, 1564-1572.

Yang, Y. & Lyster, R. (2010) Effects of form-focused practice and feedback on Chinese EFL learners' acquisition of regular and irregular past tense form. *Studies in Second Language Acquisition,* 32, 235-263.

Young, D. J. (1991) Creating a low-anxiety classroom environment: what does the language anxiety research suggest? *The Modern Language*

Journal, 75, 425-439.

Yuan, F. (2009) Measuring Learner Language of L2 Chinese in Fluency, Accuracy, and Complexity. *Journal of the Chinese Language Teachers Association,* 44(3), 109-130.

Yuan, F. (2010) Impacts of task conditions on learners' output of L2 Chinese. *Journal of the Chinese Language Teachers Association,* 45(1), 67-88.

Yuan, F. (2012) Effects of consciousness on 'LE' in L2 Chinese–A pilot study in a classroom setting. *Journal of the Chinese Language Teachers Association*, 47(3), 65-90.

Yuan, F. (2014a) Focused dictogloss, peer collaboration, and guided reconstruction–A case of time expressions in L2 Chinese. In Nan, Jiang (Ed.), *Advances in Chinese As a Second Language: Acquisition and Processing* (pp.133-151). Cambridge Scholars Publishing.

Yuan, F. (2014b) Pushed-output, peer collaboration, and L2 Chinese learning–product and process. *Teaching and Research of Chinese as a Second Language,* 3, 33-60.

Yuan, F. & Ellis, R. (2003) The effects of pre-task planning and on-line planning on fluency, complexity and accuracy in L2 Monologic Oral Production. *Applied Linguistics,* 24(1), 1-27.

Yule, G & MacDonald, D. (1990) Resolving referential conflicts in L2 interaction: The effect of proficiency and interactive role. *Language Learning*, 40(4), 539-556.

Zhang L. J. & Rahimi, M. (2014) EFL learners' anxiety level and their beliefs about corrective feedback in oral communication classes. *System*, 42, 429-439.

Zhang, D-B. (2009) Teacher questioning and construction of

opportunities for Chinese language learning. *Journal of the Chinese language Teachers Association*, 44(2), 81-101.

Zhao, S. & Bitchener, J. (2007) Incidental focus on form in teacher-learner and learner-learner interactions. *System*, 35, 431-447.

Zhao, Y. (2011) A tree in the wood: A review of research on L2 Chinese acquisition. *Second Language Research,* 27(4), 559-572.

Zuengler, J. (1993) Encouraging learners' conversational participation: The effect of content knowledge. *Language Learning,* 43, 403-432.

Zuengler, J. & Bent, B. (1991) Relative knowledge of content domain: An influence on native-nonnative conversations. *Applied Linguistics,* 12(4), 397-415.

曹贤文、牟蕾（2013）重铸和诱导反馈条件下语言修正与形式学习的关系研究，《世界汉语教学》第1期，第86—94页。

关之英（2008）语文学习的鹰架中文：作为第二语言教学的课堂研究，*Journal of the Chinese Language Teachers Association*, 45(3)。

郝琳（2003）对外汉语教师与汉语学习者交际时语言使用情况考察，《暨南大学华文学院学报》第2期，第27—34页。

洪炜（2013）汉语作为第二语言的近义词教学实验研究，《世界汉语教学》第3期，第424—432页。

贾琳、王建勤（2013）视觉加工对英语母语者汉语声调感知的影响，《世界汉语教学》第4期，第548—557页。

江新、张海盛（2011）对外汉语教师教学观念与教学行为的研究，《国际汉语教学理念与模式创新——第七届对外汉语国际学术研讨会论文集》，外语教学与研究出版社，第297—311页。

靳洪刚（2004）中文教师提问能力的培训，*Journal of the Chinese Language Teachers Association,* 39(3), 85-110。

靳洪刚（2010）任务复杂度及其互动、输出效应，*Journal of the Chinese Language Teachers Association*, 45(2), 101-135。

靳洪刚（2014）有效输出在汉语习得过程中的作用，《世界汉语教学学会通讯》总第25期。

刘弘、靳知吟、王添淼（2014）对外汉语课堂操练中教师等待时间研究，《世界汉语教学》第2期，第277—288页。

刘璇、江新（2010）教学实习对职前对外汉语教师语法教学观念的影响——基于问卷调查的研究，《汉语国际教育"三教"问题：第六届对外汉语学术研讨会论文集》，外语教学与研究出版社，第130—145页。

鲁健骥（1992）偏误分析与对外汉语教学，《语言文字应用》第1期。

亓华、杜朝晖（2008）中级汉语会话课堂提问类型研究，《云南师范大学学报》（对外汉语教学与研究版）第6期，第172—180页。

亓华、李雯（2010）"普北班"中级汉语课堂话语互动模式分析研究，《第九届国际汉语教学研讨会教学学术论文选》，北京：高等教育出版社，第323—329页。

王召妍、郑新民（2012）对外汉语教学中教师语码转换话轮序列的研究，《外国语言文学》，第172—180页。

温晓虹（2011）美国中文教学面临的挑战与对应策略，《世界汉语教学》第4期，第538—552页。

温晓虹（2013）汉语为外语的学习情感态度、动机研究，《世界汉语教学》第1期，第73—85页。

印京华（2003）美国大学生记忆汉字时使用的方法——问卷调查报告，*Journal of the Chinese Language Teachers Association*, 38（3），69-90。

袁芳远（2012）任务条件和写作形式对汉语二语写作质量和数量的影响，《台湾华语教学研究》第1期，第33—50页。

袁玲玲（2005）初中级留学生汉语听力策略训练初探，北京语言文化大学硕士学位论文。

张欢（2006）对外汉语课堂教师纠错反馈性研究，北京大学硕士学位论文。

周小兵（2007）《外国人学汉语语法偏误研究》，北京语言大学出版社。

朱宇（2010）再探电子抽认卡对美国汉语初学者汉字记忆的影响，《世界汉语教学》第1期，第127—137页。

祖晓梅（2008）汉语课堂更正性反馈的调查与分析，《汉语学习》第1期，第93—99页。

后 记

　　本书的写作断断续续用了三年的时间，用于思考整理的时间多于实际动笔的时间，困扰其中的最大问题是如何有机地把整体第二语言习得研究和汉语课堂的教与学结合起来。第二语言习得研究是个跨学科领域，理论框架、假说、模型繁多，研究定论不多，对很多问题的解读也很不一，诸多问题还在讨论之中。而汉语第二语言课堂研究起步晚，数量少，与整体第二语言习得研究的契合点很难拿捏。但庆幸的是，本套丛书的主编王建勤教授和郦帅博士的耐心和鼓励让我在几次停笔之后又重新开始，至最后完成书稿。在此，我深深地感谢他们两位的信任与支持。

　　在本书的写作当中，得到很多同行、同事、朋友的帮助，特别是江新教授、胡文泽教授、赵瑞雪和她的先生等。所在院系为我提供了暑期研究资金。我还要特别感谢我的导师Rod Ellis教授，没有他的教导，就没有本书的问世。

　　感谢家人在我日夜不分的写作当中对我工作的理解和支持。愿将此书献给我慈爱的父亲袁秉彝先生。

袁芳远

2015年5月于美国马里兰州